VOYAGE

AUX

PYRÉNÉES

FRANÇAISES ET ESPAGNOLES

IMPRIMERIE DE E. DÉZAIRS, A BLOIS.

VOYAGE
AUX
PYRÉNÉES
FRANÇAISES ET ESPAGNOLES,

DIRIGÉ

PRINCIPALEMENT VERS LES VALLÉES DU BIGORRE ET D'ARAGON;
SUIVI DE QUELQUES VÉRITÉS SUR LES EAUX MINÉRALES
QU'ELLES RENFERMENT, ET LES MOYENS DE
PERFECTIONNER L'ÉCONOMIE PASTORALE.

> At Pyrenæi frondosa cacumina montis,
> Turbatâ Pœnus terrarum pace petebat;
> Pyrene celsâ nimbosi verticis arce,
> Divisos Celtis late prospectat Iberos,
> Atque æterna tenet magnis divortia terris.
> SILIUS-ITALICUS, *liv.* III; v. 415.

Par J. P. P*** *Picquet*

SECONDE ÉDITION,

ENTIÈREMENT REFONDUE ET AUGMENTÉE.

PARIS,

BABEUF, LIBRAIRE, ÉDITEUR DE L'ENCYCLOPÉDIE
DU COMMERCE,

QUAI DE L'ÉCOLE, N° 10, EN FACE LE PONT-NEUF,
ET CHEZ LES PRINCIPAUX LIBRAIRES DE LA FRANCE
ET DE L'ÉTRANGER.

1828.

À ma Filleule.

Rappelez-vous ces jours heureux, où quittant les brillantes sociétés de Paris, vous vîtes pour la première fois les Pyrénées, quelles furent les sensations nouvelles & inattendues, l'étonnement, l'horreur & l'admiration dont vous fûtes saisie en approchant de ces montagnes !

Rappelez-vous les premières impressions que vous ont laissées les positions pittoresques, les tableaux pleins de charmes & de vie qu'elles vous offrirent depuis les cimes les plus élevées jusqu'aux plus profondes vallées ; votre imagination était préparée à ce pompeux appareil. Dès vos premières années, on vous a vue annoncer un goût sûr & cultivé, montrer une raison précoce qui a assuré le bonheur honorable & tranquille dont vous jouissez.

Une épître dédicatoire n'est souvent qu'un hommage menteur qu'on rend à un protecteur ; elle est pour moi un tribut d'amitié.

J. P. P.

ERRATA.

Page 11, ligne 17, *au lieu de* arts, pour *lisez* arts. Pour

11, 18, *au lieu de* religieux. Une *lisez* religieux, une

42, 18, *au lieu de* Ce vêtement *lisez* Le vêtement

79, 14, *au lieu de* rieuris *lisez* rieneres

107, 19, *au lieu de* du gave, au-dessous de Pau tout paraît *lisez* du gave de Lavedan, au-dessous de Pau. Tout paraît

120, 8, *au lieu de* pour eux : bornés *lisez* pour eux aux bornes

124, 24, *au lieu de* décidaient *lisez* décidait

125, 10, *au lieu de* des barbiers *lisez* ces barbiers

140, *lisez* ainsi au bas de la page : et dont la cruelle politique protégeait les protestants d'Allemagne. Auteur du concordat, ses flatteurs l'appellent le restaurateur des lettres.

159, 25, *au lieu de* dissimuler de la contradiction *lisez* dissimuler la contradiction

168, 2, *au lieu de* l'hydrologie fait *lisez* l'hydrologie a fait

172, 3, *au lieu de* eaux. *lisez* eaux thermales.

190, 19, *au lieu de* celui de Cauterets, *lisez* le chemin de Cauterets,

212, 26, *au lieu de* J'ai vu les pélerinages à Betarram, à Poey-Laüs, à Héas. *lisez* J'ai vu les pélerinages aux vierges de Betarram, de Poey-Laüs, de Héas, de Saragosse.

Page 215, ligne 1, *au lieu de* la vue de la cascade la plus élevée de l'Europe. *lisez* la vue de sa cascade.

229, 20, *au lieu de* à son université des moines, *lisez* à son université une armée de moines,

229, 24, *au lieu de* Les *lisez* Ces

238, 1, *lisez ainsi* : surpris par la nuit, je me hasardai à leur demander asile. Ma présence ne causa qu'un étonnement agréable.

285, 6, *après le mot* légende *ajoutez en note* : En adoptant les noms des saints catholiques, les habitants, dans leur simplicité, conservèrent, en les sanctifiant, les noms des patrons de leur ancien culte.

288, 17, *au lieu de* 1807, *lisez* 1827,

289, 15, *au lieu de* n'était *lisez* n'étant

AVERTISSEMENT.

Je dois dire un mot de cette nouvelle édition : l'indulgence avec laquelle le public a reçu la première ne m'a point fait croire que mon livre fût bon ; mais elle m'a fait un devoir de travailler à le rendre meilleur.

La Suisse et les Alpes avaient depuis longtemps le grand avantage d'attirer les voyageurs de tous les pays, les naturalistes et les peintres ; l'historien, le poëte et le romancier s'y rendaient avec le même empressement, riches de tout ce qui peut exciter la curiosité. Ces contrées avaient de plus, dans leur sein, des écrivains du premier ordre : les Haller, les de Saussure, Gesner, Bourrit, Senebier, avaient appelé l'attention de l'Europe savante et voyageuse sur ces belles montagnes, lorsque les Pyrénées n'étaient encore connues que comme un point géographique, une simple barrière pour séparer deux grandes nations. La satiété semble enfin avoir dirigé les curieux sur d'autres pays également favorisés de la nature, et les Pyrénées ont eu leurs admirateurs; mais le génie et le talent ne se sont point encore exercés sur elles. L'analyse a fait connaître leurs nombreuses et leurs célèbres sources d'eaux minérales, et des physiciens ont mesuré les pics les plus élevés; si quelques botanistes ont exploré la surface du département des Hautes-Pyrénées, en particulier, on n'a pas oublié que Tournefort n'accorda qu'un jour à cette intéressante contrée, et que Dietrich l'a visitée sans la faire connaître. Ramond, le seul qui ait parcouru la montagneuse partie du Bigorre en savant, à qui la physique et la minéralogie étaient également familières, devait être l'historien d'un pays où son exemple et ses leçons ont fait germer le goût des sciences naturelles; mais Ramond a fait assez pour sa gloire, et trop peu pour le pays qui l'avait accueilli. L'*Annuaire de la Boulinière* se recommande par un long travail administratif, aride comme ceux de ce genre. Ce qu'on recherche, surtout aujourd'hui, ce sont les vérités historiques sur le caractère, les mœurs, les habitudes des peuples qui ont moins souffert d'altération : on est curieux de voir leur physionomie aux diverses époques de leur existence politique; les amis des beautés naturelles aiment à retrouver l'alliance des libertés publiques et du gouvernement paternel dans les siècles d'ignorance, et des institutions qu'on croirait appartenir aux temps modernes; des coutumes particulières à chaque vallée, à chaque canton, pouvant soutenir, du côté du bon sens, la comparaison avec les codes des nations les plus civilisées. On doit avouer que ces connaissances sont, en général, des guides imparfaits pour arriver à des notions sur un pays si long-temps inaperçu parmi nous, après avoir marqué dans l'antiquité la plus reculée.

Le *Voyage aux Pyrénées françaises*, dont nous donnons aujourd'hui une nouvelle édition, publié au mois de janvier 1789, lorsqu'il n'existait sur ce pays que quelques analyses d'eaux minérales, eut le mérite d'appeler l'attention générale. Les explorations commencèrent ; on étendit le cadre pour embellir ensuite le tableau. L'auteur n'avait eu d'autre ambition que celle d'attirer les regards sur une contrée que la nature a dotée des plus précieux avantages ; il est arrivé que, pour venger les Pyrénées d'un long oubli, un déluge d'écrits médiocres et ridicules est venu fondre tout à coup sur nous. Des hommes fatigués du séjour des villes et de leur symétrie, préparés à l'admiration, ont rédigé, en courant la poste, des voyages ridicules ; leurs aperçus sont sans intérêt ; enfin des poëtes menteurs ont chargé leur palette et obtenu quelques succès. L'exagération, l'ignorance et la confiance ont tout gâté. On ne connaîtra pas les Pyrénées par les vers échappés à M. de Marcellus sur un petit coin d'une contrée qu'il avoue ne pas connaître ; il n'en intitule pas moins sa mince production : *Voyage aux Pyrénées*. On ne sait par quelle vocation un de ces Moscovites, Orlof, dont Montesquieu a dit que, pour les rendre sensibles, *on doit les écorcher*, a publié deux volumes de *Voyages au midi de la France*, dans lesquels il assure que les habitants des Hautes-Pyrénées, pour l'instruction et la civilisation, sont au-dessous des connaissances des Cosaques et des Basquirs : ce ne sont pas les seules sottises dont on occupe la crédulité des lecteurs.

Rassurons-nous, deux Bigorrais se placent parmi les historiens de leur pays (1818). M. Deville, estimable militaire, par ses *Annales* exclusivement consacrées à l'*Histoire du Bigorre*, et M. Davezac-Macaya, par ses *Essais historiques du Bigorre*, publiés en 1823. Ce dernier essaie de remonter aux temps des Gaulois; il retrace ce qu'on sait de la religion, des sacrifices, des usages des druides, de la conquête des Gaules par les Romains, de l'arrivée et des ravages des peuples du nord, des Goths, des Visigoths, de l'invasion des Francs, de l'époque de l'établissement de la monarchie française et de Clovis, époque encore couverte d'un nuage épais. Ce qu'il dit des Bigorrais, perdus parmi les conquérants, qui s'emparèrent successivement de l'Aquitaine et de l'Occitanie, est d'un bien faible intérêt; mais on ne saurait contester à M. Macaya des talents dans sa compilation. Rentré dans des limites plus naturelles, il abonde en détails sur le gouvernement féodal, sur celui de ces comtes dont il faut si péniblement chercher l'obscure existence; le récit de leurs guerres continuelles, les dévastations de leurs voisins, les exploits des gentilshommes tiennent une place considérable dans ses *Essais*, terminés par des commentaires sur les querelles et les guerres de religion, sur la liste des prélats et de quelques familles privilégiées.

A-t-on éclairci cette descendance des peuples celto-ibériens: Descendus de leur origine primitive, *nos Celtis atque Iberos* (l'Espagnol Martia)? Je cherche ces Bigorrais dans ce qu'ils ont conservé de leur antiquité; je les cherche à chaque pas, et je place des jalons jusqu'aux lieux les plus abandonnés. Mes observations, mes jugements s'étendent à tout; j'use de la liberté de ma pensée, et j'ignore ce qu'on pourrait retirer d'important des archives d'un peuple malheureux, attaché à la glèbe jusqu'au jour à jamais mémorable de la révolution de 1789, précédé de la construction des routes qui permettent l'accès de son pays. Un voyageur ne se charge pas d'un gros bagage, et rarement, à moins de courses lointaines, il peut se livrer à la composition de plusieurs volumes. Tout le monde partagera mon étonnement, en lisant les œuvres de nos deux historiens, sans trouver une seule trace des trésors que la nature a réunis dans la partie haute des Pyrénées, et qu'elle a partagés du reste de cette chaîne qui touche par ses extrémités à l'Océan et à la Méditerranée. Cependant l'étude de la physique générale n'est pas une vaine curiosité : le pays où se trouvent les mines les plus riches, les marbres les plus précieux, où les eaux qui rendent la santé jaillissent de toutes parts, où croissent les plantes les plus salutaires, n'offrira pas dans ses annales la moindre indication à l'ami des sciences naturelles, à l'archéologue, à ceux qui cultivent les arts, que l'habitude et la santé conduisent aux Hautes-Pyrénées : inconcevable distraction, oubli auquel on ne s'attend pas ! On pardonne quelques puérils détails sur les localités; mais comment excuser, devant tant de prodiges et de découvertes du génie, l'insensibilité des deux spectateurs : voilà cependant comme on écrit l'histoire. J'ai parcouru la série des écrivains les plus connus qui ont publié leurs observations sur les Hautes Pyrénées; j'ai voulu reprendre les miennes, et, dans une seconde édition, corriger ce que quarante années ont apporté de changements dans le mouvement général imprimé à toutes les connaissances: j'ai essayé ce que d'autres feront mieux sans doute. Je termine un avertissement nécessaire par la considération généralement sentie, que les *voyages au midi de la France* ne sont plus que d'agréables promenades, sans dangers : point d'événements extraordinaires ; il faudrait les aller chercher en Espagne, pour être dévalisé dans quelques aventures un peu romanesques.

VOYAGE

AUX

PYRÉNÉES

FRANÇAISES ET ESPAGNOLES.

———◆———

Arrivé au terme d'une carrière orageuse, libre enfin après un long esclavage, une inquiétude vague, le besoin de comparer les jouissances que procurent les arts avec des sensations nouvelles d'un autre ordre, deux états de la vie les plus opposés, me conduisirent aux Hautes Pyrénées, parmi les restes de ces peuplades celtibériennes, dont le temps n'a pu que modifier faiblement les mœurs, le langage, les coutumes et les habitudes. On les trouve isolées dans leurs enclaves divisées, mais toujours prêtes à se réunir pour défendre leur indépendance, étrangères en quelque sorte aux deux grandes nations qui les environnent. Avouerai-je que je vais chercher des exemples d'humanité, de civilisation dans des lois bien antérieures à notre législation? Non; il en résulterait des rapprochements, des comparaisons qui coûteraient trop à l'amour-propre contemporain. Il me serait cependant facile de justifier ma fantaisie, après tout, excusable comme bien d'autres, pour un pays que j'aimerais par choix, qui conserve ce qu'il y a de plus cher dans mes souvenirs et dans mes regrets. Je n'échappe pas à l'ennui de la grande ville, pour aller, personnage ridicule, rêver à ce bel âge trop vanté, dont il ne nous reste que des récits infidèles. Je soulage ma tête et ma mémoire occupées d'images également difficiles à retenir et à oublier. Voilà, je crois, assez de causes d'incorrections, qu'au reste je ne dissimule pas plus que je ne cherche à effacer, aimant mieux les abandonner à l'indulgence des lecteurs.

Lorsque le premier pas est fait, on est, dit-on, à moitié chemin. Quelques heures ont suffi pour me faire franchir la distance qui sépare Orléans de la ville des merveilles. Ici, deux routes se présentent : la plus belle, celle de Bordeaux, sera pour le retour. C'est tout simplement pour m'accoutumer aux privations, aux chemins rabotteux, aux mauvais gîtes. Nous traversons comme un éclair la Loire, le Cher, l'Indre, la Creuse; cent cinquante lieues sont devant moi, il y a peu d'observations à faire, et la malle-poste ne souffre pas qu'on s'oublie à table. Que dire d'ailleurs de la triste Sologne, perdue dans les sables; du Berri, de ses moutons et de ses marais pestilentiels? Sur le penchant d'un coteau d'où l'œil suit le cours de la Vienne, serpentant entre des vallons solitaires, Limoges se présente avec l'apparence d'une cité gauloise. Assemblés sur la grande place, hurlant de joie, les Limousins célébraient la fête de leur patron, et dans un cantique qu'ils chantent même dans les temples, n'étant ni ambitieux ni gourmands, ils ne demandent pour tout bien à saint Marceau, que des châtaignes et des raves.

Tout le temps que je passai à Limoges fut employé en souvenirs de ce bon Turgot, contemporain de Malesherbes, illustres et vertueux bienfaiteurs de la France au milieu de la corruption générale, proscrits par des courtisants imbéciles et des ministres déprédateurs, qui, dans leur ignorance, s'empressèrent à préparer les institutions dont nous devons jouir. L'oubli, ce tyran vorace et muet, qui suit la gloire de près pour dévorer ses amants, efface chaque jour le nom d'un administrateur placé à côté de L'Hopital et de Colbert. Chaque pas dans ce département rappelle le bien qu'il a fait et celui qu'il projetait pour le bonheur des Limousins. Il avait voulu les rendre à une meilleure culture par la destruction d'une partie de leurs forêts. Il abolit la corvée, le monopole des grains ; mais pour ce peuple éloigné de nos mœurs, en guenilles, en cheveux plats et longs, vivant comme les druides dans le creux des châtaigniers, privé des avantages dont jouissent ses voisins, le grand nom de Turgot n'est rien. On voit son portrait à l'hôtel-de-ville. Limoges, avec les restes d'un ancien cirque, sa manufacture de porcelaine et ses lourds chevaux, ne peut cacher sa misère.

La route de Limoges à Toulouse n'aurait rien de remarquable sans la jolie ville de Brives-la-Gaillarde, patrie du ministre et cardinal Dubois, de joyeuse mémoire. Le Périgord, où croît ce tubercule, champignon délicieux, si recherché des gourmands, et qu'on doit à un sale animal, ne peut me retenir. Ma dévotion me conduirait à Montaigne, où sont conservées l'habitation et les reliques du philosophe penseur, épicurien aimable, lu, relu plus qu'aucun autre livre, si notre inexorable conducteur ne nous eût forcés de regagner la voiture. Déjà, respirant l'air du midi, sous un ciel varié, nous arrivons à l'antique Cahors, que César s'est plu à comparer à Rome. Cette ville abandonne ses rues sombres, étroites et sales, pour s'établir sur un beau boulevard; mais les yeux n'ont, pour se reposer, que l'amoncèlement de vieilles roches rongées par le temps et les éboulements; elles produisent cependant, dans leurs enfractuosités, d'excellent vin qui n'est pas étranger à la vente de celui de Bordeaux. Je suis étonné du silence des voyageurs qui passent à Cahors, sans faire mention d'un saint et fameux personnage né dans cette ville (1316), généreux, habile financier, fondateur de la banque romaine et du tarif pour l'absolution non seulement de tous les péchés, mais des plus grands crimes. Jean XXII a rendu ce service important aux riches pénitents; et on nous vante Sixte-Quint, Léon X! Aucun pape ne peut lui être comparé. Plusieurs éditions de la banque de S. S. ont été faites en 1744 à Rome, et dans ces derniers temps sous le titre de *Taxes de la boutique du Pape*. Le premier épigrammatiste français, Clément Marot, dont on chante la traduction des psaumes, naquit à Cahors (1465). Persécuté par l'usurpateur du beau nom de restaurateur des lettres, il mourut dans la misère, exilé en Italie. Je passe le Lot toujours sale. Montauban, ville riche manufacturière, n'aura qu'un coup d'œil de ses belles terrasses sur le Tarn (*Tarnis*); et tout considéré, je n'ouvrirai mon porte-feuille que dans la ville des Tectosages.

J'arrive au midi de la France avec cette opinion généralement reçue, que le Français né dans le Languedoc et le Français né dans le département du Nord, ne se rapprochent que par l'éducation. Cette différence serait à l'avantage des hommes du nord; ils précéderaient les méridionaux dans les grandes conceptions, les arts, le commerce. La nature donnant abondamment des aliments aux peuples du midi, il leur en faut peu, parce qu'ils sont substantiels : pour se garantir de la chaleur, ils n'ont besoin que des arbres et du repos. On en conclut assez légèrement que l'esprit, la mobilité du cœur, les passions, l'inconstance, les caprices, établissent l'infériorité des méridionaux. Je ne décide pas entre Genève et Rome, mais je recueille quelques faits, sans recourir aux temps anciens, aux républiques de Tyr et de Carthage, à l'influence de la Grèce et de Rome dans tout ce que nous possédons de connaissances. En me renfermant dans la comparaison du nord et du midi de la France, je ne sais quelle partie du nord peut opposer des penseurs plus forts, au pays qui a vu naître Montaigne, Bayle, Montesquieu, esprits créateurs et sublimes. Le climat, la patience, la fatigue qu'on attribue de préférence aux habitants du nord sur la légèreté, la vivacité, les caprices des méridionaux, les manufactures de Lyon, du Languedoc sont-elles délaissées ; si le commerce de Marseille, de Bordeaux languit, est-ce faute d'industrie ? Bayonne peut opposer ses navigateurs aux plus intrépides marins du Groenland. On les voit attaquer et poursuivre jusque dans les régions où l'été et l'hiver ne composent plus qu'un jour et une nuit, ces énormes cétacées que leur masse, leur force prodigieuse et la profondeur des eaux qu'ils habitent, semblaient mettre à couvert de la témérité de l'homme. Les baleines, refugiées vers le Spitzberg, ont détruit cette pêche, remplacée par le commerce avec l'Espagne qui avoisine les Basques. On rencontre partout des commerçants instruits, des poëtes, des orateurs, des musiciens, des peintres célèbres. Que peut envier la France aux pays les plus fortunés ? Les hommes sont sans doute le résultat du climat, des habitudes et de l'industrie. Le soleil et la terre qui mettent la différence entre l'ananas et la citrouille, entre l'âne et l'éléphant, établissent une différence entre l'Africain et le Russe : je ne rappelerais que des redites, elles n'échappent à personne; les hommes naissent partout avec les mêmes besoins et ne les éprouvent pas tous au même degré. J'avais besoin moi-même de retracer le tableau des contrées que je vais parcourir.

Toulouse rappelle les plus attachants souvenirs. Une abondance d'images et de sentiments vient occuper à la fois l'esprit et le cœur. Sous ce beau ciel, dans la patrie des rêves et du bonheur, il est facile de satisfaire sa curiosité sur une infinité de choses non moins utiles qu'agréables et toujours assorties au goût particulier de chaque voyageur. Mon premier embarras est de trouver un guide instruit qui puisse me faire bien connaître la cité palladienne, rivale d'Athènes. Comme chez la reine de l'Attique, Minerve avait un temple à Tolosa, dont la fondation précéda celle de Rome. On sait que ses nombreuses colonies s'étendaient dans la Gallo-Grèce, dans la Thrace et jusque dans la Phrygie (1). Ce furent les Tectosages qui bâtirent Ancyre. Mon

(1) Strab., l. IV; Just., l. VII.

guide ne me disait rien de tout cela : ce pauvre homme n'avait que le nom de ces *cicerone*, si communs en Italie, et qui, s'ils n'instruisent pas, amusent du moins le voyageur ; porte-chape de cathédrale, qui prétendait avoir fait ses classes avec distinction, et n'avait pourtant jamais entendu parler de Tolosa. C'était un petit homme au col court et au visage pourpré, forçant une voix fausse à travers un organe apoplectique. Il fallut donc se contenter de quelques vagues indications, sur la foi desquelles j'abordai les coteaux de Puy-David et de Blagnac, que baigne la majestueuse Garonne. Ils forment une vaste plate-forme, et dans cette situation imposante, ils dominent la nouvelle Toulouse.

L'inconcevable silence de nos historiens, joint aux incertitudes que laissent les *Annales* de cette ville, afflige ici les curieux. Sans les travaux de quelques érudits, nous aurions presque perdu les traces de sa grandeur et de son importance, au temps où les Gaules n'avaient rien à comparer à cette métropole. Dion, Tite-Live, Justin et Strabon, sont les seuls qui nous parlent du sénat, des temples, du Capitole, des Flamines et des théâtres de la cité des Tectosages. La charrue découvre de temps en temps des débris de ces monuments, perdus pour la gloire nationale.

Mais que reste-t-il de Thèbes, de Carthage et d'Athènes!

Mon guide n'aimait pas les antiquités; en revanche il se disait très instruit de tout ce qui peut exciter la curiosité sur une grande ville moderne. Nous étions au palais des anciens comtes, près du moulin du château. « C'est ici,
» s'écria mon conducteur, qu'existèrent jusqu'en
» 1789 les prisons du saint-office. Gusman,
» dont nous avons fait saint Dominique, fonda
» l'inquisition dans notre ville en 1198. Nous
» conservons un tableau qui représente le saint
» homme à cheval, l'épée à la main, assiégeant
» Pamiers. Vous savez la suite de la guerre contre
» les Albigeois, l'excommunication de Ray-
» mond VII, et les exploits de Montfort (1).
» Toulouse a long-temps célébré, par une pom-
» peuse procession, l'anniversaire de la Saint-
» Barthélemi, commandée par le roi Charles IX,
» pour l'honneur de la religion. Notre compa-
» triote Pibrac en a fait l'apologie. L'abbé La-
» veyrac et des membres de l'académie des

(1) L'inquisition détruite et rétablie en 1204 avec ses bûchers, ne fut entièrement abolie que par le massacre des inquisiteurs, qui avaient atrocement abusé des pouvoirs usurpés par le plus horrible fanatisme; leur mort excita de nouveaux ennemis contre Raymond VII.

» bonnes lettres de Paris, ont applaudi à ces
» coups d'état salutaires. Trois mille habitants
» et les présidents d'Assis et Duranty, dont
» vous verrez le beau mausolée aux Domini-
» cains, furent les victimes de ces rigueurs
» salutaires. » Des rigueurs! quel mot, pour
désigner une des plus grandes cruautés dont le
crime ait épouvanté le monde! C'est assez, ajou-
tai-je, vivement ému. J'ai également en horreur
et ceux qui commandaient et ceux qui souffraient
ces horreurs. Mon guide voulait se traîner encore
sur d'autres souvenirs de cette nature; je le
congédiai. Mon ame se soulageait en pensant que
de pareilles scènes ne reviendront jamais. Je
cherchais à confirmer cette douce espérance en
rappelant l'heureuse époque de la renaissance
des arts pour venger l'humanité, si souvent ou-
tragée par le fanatisme religieux. Une jeune Tou-
lousaine, brillante d'esprit et de beauté, Clémence
Isaure, dont on ne peut prononcer le nom qu'a-
vec une admiration mêlée de reconnaissance,
appela les poëtes amis du *gay savoir*, pour com-
poser, en 1323, l'*Académie des jeux floraux*.
L'Europe encore barbare n'offrait rien de semblable à cette réunion de beaux esprits. La fon-
datrice dota son institut de trois prix annuels, la
Violette, l'*Églantine*, le *Souci*, trois fleurs en

or. Les membres de cette académie, sous le nom de *mainteneurs*, conservent précieusement les anciens usages. Dès le matin du jour de la distribution du prix, ils sont exposés en public au Capitole (nom de l'hôtel de ville), accompagnés d'un grand cortége et de fanfares. La ville entière prend part à la fête des poëtes en applaudissant aux triomphateurs. Qu'il y a loin de ces hommages rendus par une population entière aux belles lettres, et par goût à ces froides distributions faites sur le ton de l'étiquette, dans un local étroit où l'on ne peut pénétrer qu'à travers une consigne importune et des gendarmes (1)!

(1) *Bibl. arabico-hispan.* On dit qu'à Fez, dans ce Maroc qu'on ne connaît que par la barbarie de son gouvernement, il existe depuis fort long-temps une académie, où les poëtes récitent leurs ouvrages dans de délicieux jardins, et reçoivent pour prix un cheval arabe ou une belle esclave; faible souvenir de la galanterie arabe aux fêtes de Cordoue et de Grenade! On parle encore à Toulouse des moines; il existait dans cette ville soixante couvents qui dévoraient la contrée. Le savant et vertueux Camus, évêque du Bellay, a calculé que, de son temps, les ordres mendiants coûtaient au-delà de 34 millions d'or à la chretienté, chaque moine n'entrant que pour cent francs dans le calcul. Il ne manque pas d'observer que, quoique pauvres, *Jésus* et les *Apôtres* ne demandèrent ni l'aumône, ni les dignités de ce monde, et recommandaient le travail comme l'oraison, la modestie.

Les noms d'Arnaud, Vidal et de Raymond, troubadours de cette époque, sont également conservés dans la mémoire des Toulousains. Le travail, qui rend l'homme meilleur, chasse les besoins et l'ennui. Les vérités qui développent partout le génie national, commençaient à germer dans les cœurs d'une population nombreuse et pauvre, dans un pays riche, sous un ciel heureux. Il semblait permis de tout attendre du mouvement général imprimé par l'esprit du siècle à l'industrie. Par le plus inconcevable retour, une bande de perturbateurs audacieux, chassés de toutes les parties de la terre, envoyés de Rome, ont rapporté un fanatisme sacrilége et brutal, dont les excès heureusement ne se retrouvent qu'en Espagne. Toulouse emprunta plus d'une fois la superstition de ses voisins ; est-ce qu'elle irait encore jusque-là ? Je ne me rassure pas au milieu de cet ascétisme mêlé d'ignorance et de paresse, qui domine ce peuple aimable : une simple mesure de police pourrait le débarrasser de ces étrangers, spoliateurs effrontés semblables au polype, dont chaque morceau coupé forme un nouveau corps (1).

(1) On rougit pour ce peuple de sa docilité à recevoir, il y a peu de jours, les bénédictions du furieux Trapiste armé d'un crucifix en fer et d'un grand sabre, honoré à Tou-

Toulouse, destinée, lorsqu'elle le voudra, à devenir, par sa situation, le centre d'un commerce étendu, riche de toutes les productions d'un sol fertile, assise sur les deux mers où ses marchandises peuvent arriver par un grand fleuve et l'admirable canal du midi, n'en voit pas moins ses habitants rester, par système, étrangers à presque toutes les professions utiles, se contenter de fantasmagorie, vivre dévotement dans l'indigence, sous un climat si favorable aux arts d'imagination, à la peinture, à la musique, au bonheur, enfin d'une médiocrité qui pourrait être aisément le partage du plus grand nombre. Ce séjour des plaisirs, que le soleil, suivant un de ses poëtes, regarde avec tant d'amour; ce peuple spirituel, avec lequel on voudrait vivre, peut être conduit à tous les excès par la dévotion et l'amour : pays où le plaisir est plus estimé que la fortune. Je ne suivrai pas les désordres

---

louse, où on lui baisa les pieds, et où on le combla de largesses. Rentré en Espagne, les absolutistes eux-mêmes le renfermèrent dans une prison où il est mort fou. On ne cesse de redire à la classe malheureuse des Toulousains, qui prie Dieu par oisiveté et jeûne par famine, qu'en vain la nature bienfaisante l'appelle à une existence honorable : sa paresse orgueilleuse, ridicule et bigote, est la honte de la nation française.

des vices, les vertiges, les ruses qu'un séjour de quelques semaines a suffi pour démêler, l'effet prodigieux des retraites, des pratiques, des chambres noires sur des ames ardentes et faibles. Ce travail, je le livre à l'euphémisme médical; il se présente de lui-même au philosophique scalpel de l'éloquent Laromiguère.

Mon guide est remplacé par un Anglais qui se rend aux bains. Nous parcourons ensemble les quais, les promenades, les rues solitaires : nous avons admiré l'élégante solidité du pont; nous n'avons pas dédaigné d'entrer au Basacle, moulin si hardiment construit sur le courant si rapide de la Garonne. Que dire des temples..... La *Daurade* nous intéresse par sa situation et les souvenirs qui s'y rattachent. Les maisons bâties en briques noircies et sans ornement; leur triste uniformité fatigue. Au lieu du mouvement qui, partout ailleurs, annonce la grande ville et les places de commerce, vous n'êtes frappé que d'un silence prolongé. On se croit sous le ciel espagnol; un essaim de prêtres tourbillonne, leur contenance sévère et impérieuse les fait remarquer. Toulouse est un vaste monastère. Dans cette apathie des Toulousains, pour tout ce qui tient aux arts industriels, on entend les concerts des boutiquiers psalmodiant en faux bourdon le lamentable *miserere*, entremêlant pieusement les cantiques de nos opéra-comiques, heureuse diversion : on peut un moment se croire en Italie, tant il y a de justesse et d'harmonie dans leurs accords. C'est souvent parmi ces Orphées que les directeurs des théâtres de Paris vont recruter les dieux de l'Olympe, les Geliote, les Laïs, les Nourrit, etc.

N'allez pas croire que Toulouse soit déshéritée du nom de savante, qu'elle a reçu des temps les plus anciens pour ses célèbres écoles, pour ses trois académies et le grand nombre d'hommes, plus ou moins connus, qu'elle a produits, et par les plus estimés de ses poëtes riches d'images et de ces expressions méridionales, en général si vives et si pittoresques (1).

Les voyageurs qu'attirent les monuments historiques perdus pour les méridionaux, peuvent satisfaire leur curiosité en visitant les riches co-

(1) Il n'est pas indifférent de savoir, pour la connaissance de l'histoire du midi, qu'indépendamment des grands hommes de l'antiquité, nés à Toulouse, cette ville s'honore des noms de Cazenave, auteur des *Origines françaises* ; de Cujas, de Dufaure, de Domat, de Fermat, de Doujas, de Ferrier Bertrandi et Lafaille, historiens; de Meynard, disciple de Malherbe ; de Campistron, élève de Racine ; du voyageur Loubère, de Toureil, de Jean Puget, peintre, de Rivals, de

teaux de l'Ardenne. Les eaux de ces coteaux parviennent à la rivière, aux bains de la reine Ragnachilde, femme de Théodoric II, roi des Visigoths, connue sous le nom de *Pédauque*. On voit les ruines de son château de Peyrolade. Cette reine a long-temps exercé les recherches des historiens; elle était peut-être désignée aux *pieds d'oie* (*pédauque*), pour quelque difformité aux pieds : les relations visigothes assurent qu'elle avait réellement les pattes d'une oie.

Goudouli a du charme et de la grâce, mais ses vers n'ont pas le bonheur de se chanter comme ceux de Métastase. Au reste, le buste de ces illustres anciens et modernes Toulousains ornent le portique du Capitole, ainsi que ceux de mesdames Montégut, de Castelan, du Ferrier. De nos jours, Villèle aura sans doute une statue équestre.

Un voyageur ne peut discuter longuement la moralité d'un ministre, et je ne suis pas chargé

Mondonville, Dalayrac. Parmi les femmes, on compte Azelaïs, Roquementine, Clara d'Anduze, Azelaïs du Passurages, Castillosa. On ne rappellera pas ici le grand nombre de ces hommes célèbres, Marcus-Antonius, sous le règne de Néron; Statius-Surculus, Amilius-Magnus, Raymond-Gilles, comte de Toulouse; Guillaume et Jean Nougaret, Bertrand, comte de Toulouse, Sulpice-Sévère, Pibrac, etc.

de cette tâche. On parlait dans la patrie de M. de Villèle, comme dans toute la France, de sa fidélité aux principes qu'il manifesta étant maire de Toulouse, de son courage à braver l'opinion publique, qu'il traita de vaine clameur, ne reculant devant aucune atteinte, et, comme le héros de l'*Arioste*, livrant des combats journaliers aux libéraux, aux rentiers, aux pensionnaires de la vieille armée, aux commerçants, aux gens de lettres, aux imprimeurs, aux journalistes, etc. : on le croit une des têtes de cette puissance occulte et ambitieuse qui égare les gouvernements. Versificateur exact et facile, traducteur du *Tasse* et membre de l'Institut, M. Baour-Lormian excita la colère de Pindare-Lebrun : on n'a pas oublié ses épigrammes contre le Toulousain.

Je quitte Toulouse pour continuer mon voyage. Au moment de mon départ, toute la ville agitée des joyeuses ballades du bruyant *Fenetras*; des chants de jeunes filles accompagnaient une procession de pénitents gris, bleus, blancs, noirs. Comment peindre l'étonnement d'un étranger, qui, pour la première fois, assiste à des scènes aussi bizarres (1) ?

(1) On ignore généralement, en France, l'origine de ces farces, on ne peut donner d'autre nom à l'exaltation

Déjà les Pyrénées présentent, quoiqu'à une distance de vingt lieues, un aspect imposant qui donne une grande idée de leur élévation. La

des Languedociens et surtout des Provençaux. La confrérie des pénitents, couverts d'un sac, allant en procession dans les rues et se donnant la discipline, s'établit, en 1260, à Perouza, et s'étendit en Provence et en Languedoc. Singulièrement favorisée par Henri III, lui aussi pénitent, courant les rues de Paris avec ses mignons. A son retour de Pologne, il se fit agréger à la confrérie des pénitents bleus de Toulouse, et figure encore dans leur liste. Ces pénitents, dans leur origine, s'appelaient les *battus*; divisés en *pleureurs*, en *auditeurs*, en *prosternés* et *courtisans*, ou *debout*, secte de *flagellants*, dont la fougue insensée et libertine tomba entièrement avant 1789. Une espèce de fanatisme pareil à celui de quelques prêtres, parmi les gentils, a rétabli les restes d'une triste manie qui, loin d'être agréable à Dieu, fait injure à sa bonté et déshonore l'humanité. Devant ces pieuses extravagances, j'avouerai que les fous Toulousains sont encore loin de ce que racontent les voyageurs de la rigueur, de la manie incroyable des bramines, pénitents, prêtres de l'Indoustan, dans la vue de plaire à la divinité, condamnés à garder toute leur vie la même posture une fois choisie; ils brûlent la plante de leurs pieds, leur nez se balance comme leurs oreilles, sous le poids des instruments de pénitence, etc. La vénération des femmes, pour ces faquirs, ne permet pas de citer les pratiques qu'elles emploient pour se sanctifier. Les pères de la foi peuvent-ils espérer de remplacer des vertus modestes et utiles, par les pratiques absurdes et les mascarades ridicules des nouveaux flagellants?

Garonne sépare la belle Occitanie, que nous appelons du nom barbare de *Languedoc*, du haut Armagnac. On passe de la province la plus fertile, la plus riante, à la moins favorisée du côté du sol, étrangère au commerce, à l'industrie, aux douces habitudes d'une aisance générale, aux charmes d'un idiôme délicat et passionné, qui ne sont plus les mêmes à quelques myriamètres de Toulouse.

Dans la même journée on arrive à la capitale de la Gascogne. Ce pays, dont le nom n'a pas encore épuisé les brocards du léger Parisien, Auch (1) est le chef-lieu du département du Gers. Ce triste pays, de vingt-deux lieues de long sur seize de large, n'est qu'une continuité de coteaux qu'on trouve sans interruption jusqu'aux limites du Bigorre. Le terrain, tourmenté par des atterrissements, annonce le voisinage des Pyrénées, et se ressent des violentes commotions qu'ont éprouvées ces monts célèbres. L'Armagnac, dépourvu d'eaux, est réduit aux deux petites rivières de la Baïze et du Gers; il trouve heureusement dans ses terres fortes et d'une culture difficile, une abondance d'assez bons vins et de céréales (2) : c'est à peu

---

(1) *Augusta-Auciorum.* Ptolomée, Méla.
(2) Auch possède un phénomène de végétation, des poires

près sa seule ressource; il n'en renferme pas moins cette pépinière de fiers hoberaux gascons, dont les châtels couronnent d'ordinaire le sommet des collines du Gers, où leur burlesque importance veut singer le monarque de Versailles. Le pinceau du paysagiste chercherait en vain à s'exercer ici; mais l'histoire des arts a fait entrer dans son domaine la métropole d'Auch à double tour et d'un style gothique très remarquable. Cette ville est la patrie du général Dessoles.

Les ruines d'Eauze, *Elusa*, ancienne capitale de la Novempopulanie, à sept lieues nord-ouest d'Auch, méritent l'attention particulière de ceux qui s'occupent de la connaissance des antiquités. Indifférent autant qu'on peut l'être sur ces sortes de richesses, l'habitant de l'Armagnac attend que les étrangers aillent lui rappeler le souvenir de ses ancêtres.

---

sans pepins. *Pira Auscorum celebrata speciei, dictæ* bon chrétien, *grano carent, et solum cum piris seruntur in urbis ambitu illud cum multis experimentis confirmatur et in dubium revocari nequit.* On a cueilli des poires du poids de trente-six livres, et sans pepins. (FILHOL., D. M., *Auscorum medica topographia*, 1806, page 75.)

Les eaux minérales de Barbotau (1), à peu de distance de ces ruines, ont été soumises à l'analyse sans en devenir plus célèbres. Elles possèdent un médecin très instruit de leurs vertus : c'est tout ce qu'on peut dire jusqu'à présent de ces eaux et de ces boues. Les malades ne s'arrêtent qu'aux Pyrénées, véritable laboratoire de la nature pour les eaux minérales.

Ces pauvres et tristes Armagnacs, au teint hâvre, à la face maigre, couverts d'un mince sarreau de toile grise, ne conservent pas la moindre idée, ne se doutent pas du rôle qu'ils ont joué, de la puissance de leur fameuse faction, sous le nom d'Armagnacs, durant les règnes de Charles VI et de Charles VII, s'opposant si vigoureusement aux efforts des Bourguignons, et désolant pour leur part la malheureuse France. On a peine à concevoir comment elle a pu se relever de tant de désastres, dont MM. Lemercier, Delavigne et de Barante viennent de retracer l'affligeant tableau. L'oubli, ce tyran muet, a dévoré les annales de peuples plus célèbres que les Armagnacs ; comment

(1) Chaleur des eaux de Barbotau, de 22 à 30 degrés de Réaumur; celles de Bassones Castera, 11° du thermomètre de Réaumur.

quatre siècles n'auraient-ils pas suffi pour faire oublier à ces derniers leurs titres à une funeste célébrité ? Mais une observation cause quelque surprise au voyageur curieux, c'est de se trouver dans la capitale de la Gascogne sans rencontrer ces êtres d'un courage équivoque, que trahissent l'accent et la vivacité, et qui, sans fortune comme sans caractère, familiers avec l'hyperbole et la saillie, qu'impitoyablement on immole à la risée publique, sur les théâtres, et dont les grotesques caricatures, sont plus que jamais en possession d'amuser le Parisien des boulevards.

D'après les voyageurs instruits, les villes d'Auch, de Gimont, de l'Isle-Jourdan, de Lectoure, de Sammatan, de Mirande, de Condom et de Lombez, sont le rendez-vous du goût et de la politesse. Comment oser le contester ici ? On me permettra du moins un trait d'érudition dont les voyageurs ont quelquefois besoin pour faire diversion à l'ennui que les plus habiles mêmes, ne sont pas toujours sûrs de sauver à leurs lecteurs.

C. Silius-Italicus, recommandable par les intéressants détails dont son poëme de la seconde guerre punique est plein, trace la marche d'Annibal à travers les Pyrénées. Le général carthaginois, dit cet illustre Espagnol, renforça son armée d'un grand nombre de Gascons, qui se distinguèrent dans toutes les batailles contre les Romains (1). Ces vaillants auxiliaires combattaient sans casque.

Vasco levis,
Tùm, quo non alius venalem in prœlio dextram
Ocior attulerit, conductaque bella probârit,
..... Contempto tegmine Vasco.
Sil. Ital., l. V, v. 195.

En voilà plus qu'il ne faut pour répondre aux héros d'antichambre, aux détracteurs des Gascons. Parmi les militaires que la révolution a distingués dans le département du Gers, de grands noms honorent ce pays, noms historiques qui rappellent tant d'exploits et d'infortunes : Lannes-Montebello, né à Lectoure, la Tauropolis des anciens (2). L'historien Dupleix était aussi de cette ville.

(1) Tous les historiens avouent que le prince de Galles, à la bataille de Poitiers, où le roi Jean fut fait prisonnier, n'eut besoin que de ses huit mille Gascons pour battre les soixante mille hommes de l'armée française, composée en grande partie de gentilshommes. On ne contestera pas non plus que le Béarnais dut le trône de France à l'indomptable courage des Gascons.

(2) On trouvait, il n'y a pas encore long-temps, des

Hâtons-nous de quitter l'Armagnac pour passer dans le Rustan : on ne s'en aperçoit pas, tant ces deux pays ont des traits de ressemblance, surtout dans leur partie élevée. Les atterrissements d'un côté, de l'autre les dépôts de l'Arros, donnent à ce canton un air sauvage dont il a bien pu tirer son nom, et qui le justifient encore. L'Arros, torrent dévastateur, qui prend sa source dans les montagnes du Nébouzan, n'est d'abord qu'un faible ruisseau ; mais, grossi par la fonte des neiges, il inonde les campagnes, déchire ses bords, et des terres qu'il entraîne, il étend chaque année les coteaux qu'il a formés. L'Adour reçoit l'Arros à Riscle, dans le Bas-Armagnac.

Aux fréquents ravages du torrent ajoutons les fléaux de l'atmosphère, destructeurs des vins salubres et délicats de Mun, de Peyre-Higuire et d'Aubarède. Par une constante et fâcheuse direction, les vents déchaînés des divers points de l'horizon et surtout des Pyrénées, lorsque leurs émanations réduites en pluie, ou condensées, se raréfient, leur courant habituel fixe ces

---

inscriptions conservées d'un temple. Les Romains y avaient institué des sacrifices en l'honneur de la mère des dieux. GOLZIUS, SCALIGER.

fiers enfants d'Éole, de préférence sur le Rustan et l'Armagnac, qui se trouvent alors inévitablement dévorés par la grêle qu'accompagnent ces épouvantables orages.

Les habitants du Rustan, partagés en soixante-cinq villages connus des Romains sous le nom de *Rusticani*, se distinguaient des Bigorrais par leur avilissement sous de grands propriétaires et des moines, puissants seigneurs d'une grosse abbaye. Ces moines fainéants, après avoir acquis des richesses par leurs austérités, perdirent leur austérité par leurs richesses. L'abbaye qui n'a plus que le travail pour faire des miracles, est devenue le patrimoine d'une honorable famille. On s'embourbe dans la voie romaine qui traverse le pays dans la direction du Comminges (*locus convænarum*); à Bordeaux, elle a conservé le nom de Césarée. Je retrouverai le Rustan lorsqu'il sera question des coteaux de la vallée de l'Adour.

J'entre dans le département des *Hautes-Pyrénées*; il présente une grande variété de paysages : des montagnes couvertes de nuages, de neiges et de sapins, des masses d'ombre plus ou moins fortes, de vastes tapis de verdure, des pics décharnés, dont le front sourcilleux brille au loin d'une teinte azurée. Tout cela se trouve dans un ordre sublime, sous mille aspects différents. La gradation ménage à chaque pas quelque surprise. Les siècles pèsent sur les Pyrénées et leur donnent un air de vétusté que n'ont point les Alpes et moins encore nos montagnes de l'intérieur. De l'arrangement, de la richesse des formes capricieuses de leurs couches, résulte l'effet extraordinaire, inattendu, inexprimable des impressions subites.

Rabastens, à l'entrée des plaines du Bigorre, et sur la route qui mène de Toulouse à Bayonne, en passant par Tarbes, se présente avec ses ruines. Trois siècles n'ont pu réparer les malheurs de cette ville. Etrangers aux querelles de l'ambition cruelle dont la religion fut le prétexte, ses habitants indiquent aux voyageurs la place où Mont-Luc fut blessé près de leurs murailles. Fléau des calvinistes, ce farouche chef, barbare dans la victoire, convient d'avoir fait périr plus de protestants par les supplices que par l'épée. Il se faisait suivre de deux bourreaux qu'il appelait ses laquais. Le nom de protestant le faisait entrer en fureur. Voici comment il raconte lui-même, dans ses mémoires la suite du siége de Rabastens : « Après
» la capitulation, je dis à Mandillano, mon lieu-
» tenant : montrez-moi toute l'amitié que vous

» m'avez portée ; gardez qu'il n'en échappe un
» seul qui ne soit tué » (1). Jamais ordre plus cruel ne fut suivi d'une exécution plus prompte. Les ministres furent mis en pièces et précipités du haut d'une tour. Vieillards, femmes, enfants, tout périt dans la ville embrasée. L'atroce Gusman avait donné l'exemple de ces horreurs dans la guerre contre les Albigeois, cette sanglante succession des croisades. Dans Pamiers et Béziers il n'épargna ni les innocents ni les coupables. « Dieu reconnaîtra les siens, » s'écriait dans ses fureurs l'impie Espagnol. Ces exemples ne furent pas perdus pour les dragonades apostoliques et les exécuteurs sanguinaires dans nos guerres civiles. Je n'écris pas un livre de sermons, mais je me demande par quelle horrible préférence de paisibles habitants du midi, si barbarement traités par les Louvois et les jésuites, pourquoi, sous l'empire de la tolérance, qui n'est après tout que celui de la justice, il se trouve dans ce beau pays des villes qui protègent des monstres tels que Trestaillons et ses horribles complices de Nismes !

Mais oublions, s'il est possible, ces temps d'ignorance et d'horreurs pour ne fixer nos regards

---

(1) Tome III, pag. 222.

que sur les prodiges de la nature dont le Bigorre est si riche; compensations tardives, mais consolantes dans un avenir auquel nous touchons. La plaine du Bigorre doit en partie sa fécondité aux canaux pris dans l'Adour, l'Alarie et le Lechez. Elle compte soixante beaux villages, entourés de vergers, de vignes, suspendues en guirlandes aux branches de l'érable et du cerisier, tels qu'on les voit dans le Modénois. Ces villages présentent une population de plus de six cents habitants par lieue carrée; elle est dans la proportion de celle de l'Orléanais : mais rien n'est comparable à l'effet des perspectives lointaines et sauvages, en opposition aux efforts de la culture sur des coteaux en amphithéâtre, qui forment un cadre à ce grand tableau qu'on peut regarder comme le vestibule des Pyrénées.

Entre les productions les plus abondantes du Bigorre, on doit compter le maïs, le cara des Indiens, qu'on appelle en Gascogne *milloc*, *turquet*, plante précieuse et d'une végétation facile, qui fournit une nourriture aussi saine que substantielle. Avant l'acquisition du maïs, à la fin du quinzième siècle, on ne semait dans la plaine du Bigorre que du millet et du blé, dont les récoltes étaient incertaines, et par là même insuffisantes. Le maïs, qui manque rarement, fut un bienfait qu'on célèbra dans le langage de Nostradamus :

> « La faim sera aux abois,
> » Quand les campagnes seront en bois (1). »

En parcourant ces champs couverts de cette heureuse végétation, on se croirait transporté dans les riches plantations des tropiques. Ils ont inspiré ces vers à un poëte bigorrais :

Du maïs nourricier, l'aigrette fleurissante,
Se balance gaiement sur sa tige élégante ;
Son feuillage avec luxe étale dans les airs
Sur les champs réjouis ses rubans toujours verts.
Agréable au climat......
Poëme inédit.

(1) Les innovations les plus utiles éprouvent les plus grandes résistances. Le maïs, ou blé d'Inde, blé d'Espagne, et que l'Europe doit à l'Amérique, apporté de la Turquie à l'époque des croisades, ne fut long-temps employé que pour les bestiaux. Labat écrivait, en 1696, que dans les îles d'Amérique on en faisait du pain jaune assez bon quand il est tendre. Aujourd'hui on le mange en riz, en pâte; il est devenu une grande partie de la nourriture du peuple; il entre dans la composition du pain de froment. La même répugnance s'opposa à la culture des pommes de terre ; elles suppléent aujourd'hui à la disette des céréales. Les amis de l'humanité attendent qu'on naturalise la *gave*.

Les Indiens retirent, par la fermentation du maïs, du vinaigre, du sucre et du miel très délicat. Toutes les terres, pourvu qu'elles aient un pied de fond et qu'elles soient bien travaillées, lui conviennent; mais il les amaigrit, si l'on néglige de laisser des jachères, ou plutôt, dans un pays où la culture est bornée, d'employer des engrais considérables. On le sème après les gelées, de manière que la plante soit assez espacée pour permettre différents sarclages. Ces travaux ressemblent à ceux qu'on donne à la vigne, et demandent d'être répétés jusqu'à trois fois. Quand le maïs est à son point de maturité, vers la fin d'octobre, les plaines de Bigorre et de Béarn présentent le coup d'œil de celles d'Amérique, lorsqu'elles sont couvertes de cannes à sucre.

Rendons grâces au docte et vertueux Parmentier, dont les préceptes et l'exemple sont enfin parvenus à vaincre des préjugés coutumiers, en indiquant différentes préparations du maïs, qui, mêlé dans une juste proportion aux pommes de terre, peut donner un pain savoureux. La pomme de terre, comme le chien, amie de l'homme, s'acclimate partout où l'homme peut vivre; elle pare aujourd'hui les pentes escarpées des monts pyrénéens : puisse la *gave* s'unir à ces dons précieux pour écarter à jamais la famine! Ce ne sera pas le seul bien que nous aura fait l'Amérique; or, ce que nous lui devons déjà n'est rien, en comparaison de ce qu'elle nous promet.

Au milieu de ces richesses de la nature, l'étranger, il faut en convenir, trouve dans cet heureux pays, peu de ces souvenirs, et n'éprouve aucune de ces délicieuses sensations qui le suivent sur les montagnes de l'Italie et de la Grèce; il ne reçoit aucune de ces impressions que font sur son ame les bosquets de Clarens et les rochers de la Meilleraye; il n'a pas de tribut d'hommage à payer au génie dans les Pyrénées. Ces montagnes ne le revendiquent jusqu'ici que pour l'Arioste et les paladins de Charlemagne vaincus à Roncevaux. Livré, avant la mémorable époque de 1789, presque exclusivement aux besoins physiques, le Bigorrais était agricole ou pasteur. Ceux de ses enfants qui craignent la fatigue, cherchent la considération et tous les agréments de la vie dans une pieuse oisiveté trop disposée à la fainéanterie. Au nord, comme au midi des Pyrénées, on n'entrevoit pas moins l'époque où cette terre, vierge pour le poëte, pour le philosophe, le politique, fournira une mine aussi riche, et des ouvrages d'une empreinte originale, facile et brillante, tracés, pour ainsi dire, sur le berceau de Montaigne, de Bayle et de Montesquieu.

Tarbes, par sa situation sur les grandes routes de Toulouse, de Bayonne et de Bordeaux, devrait être commerçante; elle a des marchés très fréquentés, qui doivent être visités par ceux qui veulent connaître les mœurs du peuple, et des rapports journaliers avec trois villes remarquables et voisines; *Bagnères*, dont les eaux attirent la foule des étrangers; *Lourdes*, par sa position pittoresque et liée aux événements historiques de l'Aquitaine; *Vic*, enfin, riche de son territoire. Malgré ces rares facilités de communication, l'esprit manufacturier n'a rien fait encore à Tarbes. Cette ville a de dix à douze mille ames. L'Adour, distribuée en canaux dans une rue de plus de deux milles de long, entretient une agréable fraîcheur avec une rare propreté. Rien ne remplace ce double avantage dans un pays qui n'a guère que deux saisons, et dont les chaleurs sont souvent au même degré que celle du Sénégal (1).

Au reste, n'y cherchez pas des monuments; vous n'y trouvez pas même de ces noms historiques qui rappellent quelque événement. Le Vieux-Bourg renferme les restes d'une masse gothique,

(1) Élévation du pôle, 48° 24′ 2″, longitude 17° 38′.

ancienne demeure des comtes de Bigorre. Elle n'a presque pas changé de destination en devenant une prison moderne. C'étaient aussi d'effroyables prisons qu'habitaient, avec leur cour, ces fières châtelaines, qui se faisaient traîner par des bœufs. Quel si grand mal y a-t-il donc à remplacer, par des habitations agréables et commodes, ces donjons où la salle d'armes servait d'antichambre, et le salon avait des embrasures pour fenêtres? Laquelle de nos hautes et puissantes dames oserait regretter, même tout bas, ces châtels bastionnés où le cabinet de toilette, placé dans une tour, était éclairé par des meurtrières?

Tarbes, à 9 lieues S.-O. d'Auch, 6 au lev. de Pau, long. 17° 35′, lat. 43° 10′, à 209 lieues de Paris, n'est pas beaucoup plus élevé que Toulouse, à 3 lieues des montagnes. En réunissant ce qu'on trouve dans quelques ouvrages sur les différents noms de Tarbes, on voit qu'elle a porté tour à tour celui de Turba, Tarba ou Turvia, Turbia et de Tursembilla. *Turba ubi castrum Bigorræ*..... Niébur a trouvé dans l'Arabie-Mineure une ville appelée Tarbes.

A l'autre extrémité de la ville est la Sede, ancien château, que des moines, devenus riches, changèrent en église, et dont les évêques ont fait depuis la Sede (siége ou cathédrale), remarquable par six colonnes de marbre, qui soutiennent un couronnement d'une assez belle ordonnance. Apportées à grands frais d'Italie, ces colonnes accusent d'insouciance les habitants d'un pays où les beaux marbres abondent à tel point qu'on en bâtit les maisons, quand ils ne sont pas réduits en chaux pour l'usage le plus commun.

Je cherchais à me rendre compte des progrès des découvertes et de l'influence des arts sur les mœurs et les habitudes de contrées aussi éloignées du centre de la civilisation que le sont les Pyrénées, lorsqu'un ami de ces beaux-arts, bienfaiteurs du genre humain, m'apprit tous les heureux changements qui se sont opérés à Tarbes, pour embellir la ville et rendre sa population plus intéressante. La construction d'une salle de spectacle et des casernes, l'établissement d'un haras, qui promet d'améliorer cette race de chevaux navarrains déjà si belle, ne sont pas les seuls bienfaits que Tarbes doive à l'esprit du temps. La colonie avocassière, qui jadis vendait les mensonges de la chicane à tant la page, est remplacée aujourd'hui par des hommes probes et de talent. L'étude des arts entre dans l'éducation que les jeunes gens vont puiser dans les écoles de Toulouse, de Bordeaux et de Paris. Ces études ne peuvent manquer d'avoir d'heureux résultats pour un pays où le peuple est d'une organisation si perfectible, et qu'on ne peut tromper, qu'en abusant de ses dons naturels et de ses dispositions à l'enthousiasme, par un principe de zèle et de sensibilité.

Ce peuple chantant donne une préférence marquée à la poésie élégiaque. Ses complaintes touchantes, dans l'idiôme du pays, et presque toujours improvisées, sont toujours l'objet de ses chants favoris. *Musique des troubadours.* Lorsqu'une jeune fille chante un couplet, ses compagnes répondent en chœur, et ce n'est pas sans quelque charme. A la ville, on cite les grands musiciens, ceux mêmes qui vont emprunter des mathématiques les principes de l'harmonie et la mélodie du chant à l'imagination; mais ils ne peuvent dissimuler que les chefs-d'œuvre des plus grands maîtres n'ont qu'un temps, la vogue d'un jour; que le charme de la musique ne consiste pas seulement dans les plaisirs de l'oreille; qu'il est surtout dans l'expression des sentiments délicieux qui ne changent jamais, dans les inflexions vives ou tendres, et, si l'on veut, dans ce beau idéal qu'on ne peut définir. Le plaisir physique, qui ne résulte que de l'harmonie, devient souvent l'expression fausse des passions. Les acteurs de l'opéra, chantant sur le ton passionné, n'ont-ils pas quelquefois imité les cris de la colique, plus que les accents de l'amour ou du désespoir? La partie du sentiment étant du ressort de toute personne bien organisée, il n'est besoin ni de combiner, ni de réfléchir pour savoir si l'on est ému. Le suffrage du cœur est un mouvement rapide sur lequel on ne saurait se tromper. En tout cas, je rends compte du mien. Le genre idéal donnant un grand ressort au mélange de mélancolie et de volupté, l'imagination rappelle alors plus vivement les lieux, les circonstances, les émotions de sensibilité, les retours intéressants, ineffaçables; ils se retracent involontairement dans le repos de la pensée; on chante jusque dans la douleur. Ce chant grégorien de la musique des campagnes ne fait une profonde impression sur l'ame des villageois, que par le sens qu'ils y attachent. Que serait-ce donc s'ils savaient ce qu'ils chantent? On traitera, si l'on veut, de mauvais goût la préférence qu'on donne, dans le pays, à la voix douce et touchante, qui, dans le calme d'une nuit d'été, se mêle aux sons harmonieux de la flûte pastorale ou de la harpe. J'en demande pardon aux *dilettanti*, cet accompagnement me plaît beaucoup plus, que l'infernal tapage d'un concert d'Urlandini (1).

Je ne suis pas sorti de Tarbes pour faire ces réflexions. J'ai trouvé là comme ailleurs des oisifs de profession, désœuvrés avides d'anecdotes scandaleuses, et déchirant sans pitié le beau sexe par des sobriquets malins, quelquefois plaisants. Ils tiennent d'ordinaire lieu d'esprit à leurs auteurs. Les dames de Tarbes m'ont paru généralement belles, et, ce qui vaut mieux encore,

(1) Une sorte de routine a déshérité la musique de sa grande puissance sur l'ame, qui n'est que l'harmonie. Si elle ne fait pas les lois, elle dispose à les suivre. Les anciens législateurs de la Grèce avaient cette opinion de son pouvoir. Réduite à des sons qui amusent les oreilles, ces sons insignifiants, perdus pour la multitude, ne sont agréables qu'aux peuples de l'Europe et repoussés partout ailleurs. L'antiquité eut ses Tyrtées ; on sait les miracles de la Marseillaise, et à quelle époque cet hymne de la liberté et de la victoire effraya la tyrannie et fut sévèrement proscrit. Le *Ranz des Vaches* exerce encore en Suisse un si puissant souvenir de la patrie, qu'on n'en permet pas le chant dans les régiments qui servent hors de leur pays. Les sauvages mêmes s'excitent au combat par des chants guerriers. Après tant de siècles et de révolutions dans les mœurs et le gouvernement, on retrouve les hauts faits de Roland. La chanson de ce héros, composée par les successeurs des bardes et le chef-d'œuvre de ces versificateurs barbares, s'est transmise de bouche en bouche ; elle fait, dans les montagnes, l'amusement des veillées.

elles peuvent passer pour des modèles de vertu.
Quoique initiées au mystère des toilettes les
plus recherchées, elles m'ont paru n'être point
étrangères à la science de l'économie domestique,
cette providence des familles. Parmi tant de
jolies femmes, dans cette terre natale des plaisirs, je n'assurerai point qu'il ne se trouve
quelques coquettes. Où n'y a-t-il pas des travers (1)?

Quoi qu'il en puisse être, mon séjour dans
cette ville, que les étrangers admirent sans
pourtant être tentés de l'habiter, ne fut pas

(1) M. Laboulinière, qui écrivait son *Annuaire statistique*
sous les yeux des dames de Tarbes, en 1807 (pag. 307),
assure qu'elles sont flattées des hommages de notre sexe, que
peut-être elles savent contenir dans de justes bornes les prétentions de ceux que la mode rend leurs adorateurs, et qu'une
fréquentation, qui n'est habituelle ni journalière, ne peuvent
faire admettre dans une telle intimité que la paix du ménage
ne soit troublée, etc. Il est peu de maris qui se montrent
jaloux, etc. A Tarbes, des habitudes de l'enfance commandent
et entretiennent les assiduités qu'on a pu remarquer chez
quelques dames. Presque toutes ont beaucoup de sensibilité,
l'imagination prompte et les passions très vives; mais celles-
ci n'ont pas toujours une longue durée. L'amour y dégénère
en galanterie, et les goûts remplacent les passions : en général
elles sont aimantes, etc. Est-ce un éloge, est-ce une critique?
Qui expliquera cette phraséologie?

perdu pour mon instruction; j'appris qu'il existe encore des différences sensibles entre les habitants de la plaine et ceux des montagnes, du côté du caractère et des habitudes. Je suis tenté d'en rechercher les causes.

C'est moins dans le langage, qui me paraît assez généralement le même, que dans les mœurs, et surtout dans les formes plus ou moins gracieuses, que je trouve ces différences. Le vêtement des femmes varie par quelques nuances dans chaque canton. Elles ont presque partout des traits réguliers, avec un fraîcheur de teint qui relève les avantages d'une belle taille. Elles sont parées, jusque dans ces derniers temps, d'un simple habit de bure, bien juste, les jambes et les bras nus, et, sur la tête, un très petit manteau de laine, appelé *capulet*, de couleur écarlate et quelquefois bleue. Les veuves le portaient bleu. Aux jours de fête, des tours de gorge de tavelle sous un long voile de barèges à longs plis, voile de la pudeur, avant que la coquetterie en eût fait un moyen de plaire; ce voile formait une véritable draperie grecque singulièrement élégante. Cet ancien costume disparaît chaque jour, pièce à pièce, devant les modes qui passent en poste. Malgré cette affectation de parure, les femmes sont encore jolies.

Les géographes ont, en général, fait si peu de cas des peuples aborigènes de ces montagnes, que ceux-ci n'occupent qu'un point dans les annales anciennes et modernes (1); à peine figurent-ils de nom parmi les peuples de la Novempopulanie. Il n'est donc pas surprenant qu'on sache si peu de chose des anciens Bigorrais que Rome honora du nom d'alliés. On en trouve dans la correspondance de Paulin, évêque de Nole, avec le poëte Ausone, alors consul, et dans ses lettres à Sulpice-Sévère, un portrait peu flatteur, s'il n'était celui de tous les anciens peuples pasteurs. D'après ces historiens, voisins des Pyrénées, le Bigorrais, quoiqu'un peu sale avec sa longue barbe, avait donné aux Gaulois la mode du manteau *palla bigorrica* (2).

(1) Un peuple sans art, sans commerce, sans connaissances a peu de droits aux regards de l'observateur. Cependant on est frappé, dans les recherches sur l'origine des Pyrénées, de les voir se dérober aux siècles; elle échappe même aux traditions. C'est ici que commencent les temps historiques pour le Bigorre; mais l'antiquité compte peu d'écrivains qui aient parlé des peuples des Pyrénées; l'auteur lui-même des *Commentaires* s'est bien moins occupé de transmettre les mœurs, que de raconter ses exploits militaires, et de multiplier les noms des peuples subjugués par les lois, les divisions et les intrigues qu'il excita.

(2) « *His suta bigorrica palla... Bigorrica vestis hispida...*

La cape de Bigorre, adoptée par les Gaulois sous le nom de *sagun*, *sayon*, à double tissu croisé ; cette cape, d'un usage commode et universel chez le peuple, lui sert de parapluie et de manteau. On y trouve encore les cheveux épars et tombants à la lygurienne, surmontés d'un bonnet rond qui donne un jeu singulier à la physionomie, le berret, d'origine grecque, qui tient à peine sur la tête, et ne garantit ni du froid, ni du chaud, ni de la pluie. (*Caylus*, *Rec. d'antiq.*). La toison des troupeaux fournissait, comme chez tous les peuples pasteurs, la matière des vêtements. Ces laines étaient filées par les femmes, et la mode fut long-temps sans pouvoir soumettre à ses caprices cette coutume toute patriarchale. Sous le gouvernement navarrais, on adopta la fraise ou rabat avec les larges culottes et le gilet croisé. Ce vêtement commun, tel qu'on le voit aujourd'hui, fait trouver une similitude de mœurs dans l'uniformité de mise.

» *à proximis tabernis bigorricam vestem, brevemque atque hispidam quinque comparatam argenteis rapit... Bigorrica vestis grossa.....* » Après avoir présenté ces Bigorrais comme nous pourrions parler des plus sauvages, il décrit leurs habitations enfumées, « *Nigrantesque casas et tecta nepalia culmo dignaque pellitis habitas, deserta Bigorris.*»
» Paulin. ad Auson.

Tout se confond en effet dans une même couleur d'idées et de vêtements, privilége de l'égalité sociale, qui donne au peuple plus d'estime pour lui-même, et qui triomphe des livrées et des décorations des esclaves, incommodes et avilies.

La plus simple réflexion sur ce contraste des mœurs des peuples, conduit naturellement à comparer des mœurs, si différentes dans les effets qu'elles doivent produire et dans les habitudes de la société; traits caractéristiques, curieux, qui méritent l'attention des observateurs. Nous ne sommes plus au temps où chaque peuple voulait se distinguer en conservant des distinctions locales, des costumes de vanité, des airs de suprématie et le scrupule religieux, source de haines éternelles entretenues par les gouvernements; prédilections tellement fortes, que la suppression des longues barbes en Russie et des grands chapeaux en Espagne, excita de violentes séditions. Le bon sens fait rougir aujourd'hui de ces graves sottises qui voulaient que le génie fût un vice et la rime un blasphème. Les préjugés dangereux disparaissent successivement et sans secousses. Toutes les classes aisées ne souffrent plus entr'elles de choquantes distinctions. Nous tendons la main au peuple d'Haïti dont nos pères rivaient les fers.

L'habitant de la plaine du Bigorre, sous l'apparence d'une constitution moins forte que celle du montagnard, l'emporte incontestablement sur celui-ci pour l'amour du travail; il en résulte qu'il est plus propre et mieux nourri. Exposés à des hivers moins longs, comme à des travaux moins rudes, rapprochés d'ailleurs des besoins et des événements des villes, les habitants de la plaine sont en général plus disposés que ceux des vallées, à l'adoption des usages de la société civilisée. La fondation d'un collége à Tarbes, en 1600, favorisa les études préliminaires, d'un développement qui manquait à ce peuple, aujourd'hui libre par son caractère spirituel, vif, élégant même sans culture.

Je m'arrête avec plaisir au souvenir de quelques illustres Bigorrais, parmi lesquels, sans compter Arisca, roi d'Aragon, on croit devoir placer le capitaine Barbazan. Attaché personnellement à Charles VI, il se signala dans le combat des sept Français contre sept Anglais, périt glorieusement à la bataille de Bacqueville et fut porté par l'ordre de son maître à Saint-Denis, où ses cendres se mêlèrent à celles des rois. On lui devait cet honneur, puisqu'il avait mérité qu'on le surnommât le sauveur de la France. Les mémoires et les ambassades de Castelnau placent ce Bigorrais entre les diplomates les plus distingués. Hume et Rapin-Toiras accordent une grande influence à Gabriel de Grammont, évêque de Tarbes, chargé de négocier le mariage du duc d'Orléans avec la fille de Henri VIII. Ce prélat contribua sans aucun doute à la révolution qui changea la religion des Anglais : c'était le temps des réformes amenées par les mœurs du clergé, plus que par les dogmes nouveaux auxquels se mêlaient des intérêts politiques encore plus puissants. De nos jours, M. B. Barrère-Vieuzac a fait preuve d'incontestables talents. Si, dans le labyrinthe des combinaisons politiques, et les circonstances difficiles d'une opposition nécessaire aux attaques de tous les oppresseurs de l'Europe, il se montre le défenseur ardent de l'indépendance nationale, la haine aveugle dans ses vengeances l'en a puni. En aggravant ses torts, la calomnie n'a pu faire oublier que l'éloge historique de Louis XII, est un des ouvrages de ce proscrit, et qu'après avoir longtemps exercé sa part du pouvoir suprême, il est rentré pauvre dans la vie privée (1).

(1) L'école centrale du département, que l'ignorance et le

Cependant Ausone et Scaliger font mention d'Axius-Paulus, né dans les montagnes du Bigorre, au pays des Crébéniens, orateur et poëte célèbre de son temps. Il devint professeur d'éloquence à Rome. On doit en conclure que le pays qui donnait un professeur à une ville savante, n'était pas tout-à-fait dans la barbarie.

On doit compter au nombre des hommes célèbres, le major Larrey, créateur de l'ambulance volante, et dont les infatigables soins, l'intelligence et l'humanité ont sauvé tant de braves; le père Côme, le plus expert lythotomiste de l'Europe, avant que l'ingénieux Civiale n'eût consolé l'humanité par l'heureuse invention du brise-pierre.

La route d'Aire, au nord de Tarbes, conduit, à travers une belle plaine, au plus riche canton des Hautes Pyrénées, Rivière-Basse. Il s'étend d'un côté jusqu'aux limites des Basses

---

fanatisme ont seuls pu détruire, rappellera long-temps les noms de Torné, de Ramond, d'Augos et des jeunes doctrinaires qui, les premiers ont appris aux Bigorrais les avantages qu'ils peuvent retirer des dons d'un climat favorable aux sciences. Au milieu du magnifique spectacle des merveilles qui se multiplient chaque jour à l'infini, on est étonné qu'un plus grand nombre méconnaissent l'avantage et les agréments de l'histoire naturelle. Parler des montagnes à un habitant de la plaine, c'est lui parler de la Chine.

Pyrénées, et de l'autre à celles de l'Armagnac. Vic-Bigorre, riche au milieu de sa copieuse abondance de vins acides, n'arrête pas le voyageur. Maubourguet. Quelle origine a imposé le nom de *Mauvais petit bourg* à cette petite ville sur l'Adour; elle a donné, aux départements des Hautes et des Basses-Pyrénées, un avocat-général aussi intègre qu'éclairé. M. de Luscy, membre de la chambre des députés, en 1828, ne cherchera point la considération sur les échasses de la vanité; il jouit de l'estime et de l'attachement de ses concitoyens.

Castelnau, dans sa belle position, partageant avec Madiran, l'excellence de ses vins, est le berceau des militaires infatigables et honorés par des services importants; le colonel Lafithe, les frères Noguez. La liste trop nombreuse ne peut entrer dans ces courtes notices.

La nature du terrain est si favorable à la vigne, qu'elle couvre tout le pays. Du beau village d'Oriabat on jouit d'un point de vue admirable, qui n'a de bornes que les Pyrénées. C'est en savourant ses bons vins que l'on se demande comment le bois le plus fragile, le plus informe, le plus inutile à nos usages, peut produire une liqueur si précieuse. Si tant est qu'il faille du vin, faisons-le bon, en bannissant la vigne des terres grasses que la nature destine aux céréales, plus précieuses encore que le vin. Dans cette abondance de mauvais vins de la plaine, des propriétaires ont souvent leurs celliers pleins et leurs granges vides, et, dans l'éloignement de l'Adour, manquent d'un verre d'eau claire pour se désaltérer. L'observateur qui n'est condamné nulle part à faire l'histoire de chaque village et de chaque madone qu'il rencontre, doit se hâter de sortir de Rivière-Basse, et chercher ailleurs des sujets à ses méditations. Je suis convaincu que, dans son opulence, l'habitant se trouve dans un isolement qui doit rendre sa vie très monotone. Étranger en quelque sorte au mouvement des contrées voisines, et sans cesse agité de la crainte des inondations et de la grêle, il a peu de moyens d'éviter l'ennui. J'ai vu dans ce pays, d'ailleurs riche, les cœurs en général moins épanouis qu'à Tarbes, et de grands propriétaires regrettant les eaux vives et les riants bocages des montagnes, enviant au pâtre de ces belles vallées, ses laitages, sa pâte de maïs et son paisible sommeil. Là, comme ailleurs, la richesse est triste, parce qu'elle est intéressée; le rire veut de l'indépendance; il n'ose se déployer sous les yeux que la cupidité rend sévères. Allez au pays où les vignobles ne produisent que des vins peu recherchés, et qui, par cette raison, se consomment sur les lieux mêmes : c'est là que le travail se mêle véritablement à la joie folâtre. Chaque cultivateur est propriétaire, il boira sa vendange; c'est assez pour qu'il travaille gaiement. Tel n'est pas le sort du riche en général : le bonheur habite rarement avec lui. Ces réflexions éloignent toutes les idées de servitude. La vue de ces châteaux forts, si multipliés en Bigorre, ne menacent plus que de leurs ruines, sur lesquelles le lierre et la clématite se balancent : les temps sont changés. Les voyageurs voient des cultivateurs occuper ces repaires odieux changés en bâtiments commodes et riants :

« Les fossés sont remplis de fleurs et d'arbrisseaux,
» Le chèvre-feuille croit autour des vieux crenaux ;
» Bacchus trouve un cellier dans la poterne obscure,
» Cythérée un réduit dans l'oblique embrasure ;
» Et symbole de paix, le gracieux pigeon,
» Roucoule ses amours sur l'antique donjon. »

Le code de la tyrannie féodale s'est fondu dans celui de la fatuité. J'appris que dès les temps les plus anciens, le Bigorrais jouissait du privilége des hommes libres; il le conserva en le défendant avec courage aux frontières, n'étant astreint à aucun autre service, jusqu'à la révolution de 1789. Il n'eût souffert aucun de ces usages infâmes, honteusement établis au centre et au nord de la France, et protégés par des lois aussi ridicules qu'humiliantes. Le mariage des prêtres, durant la domination des Anglais en Bigorre, fut long-temps le gage des mœurs ecclésiastiques. (Voyez *Almanach Gascon*, papiers gardés à la tour de Londres, depuis l'expulsion de ces insulaires.)

Certes, il y a loin de cet esprit d'indépendance à l'avilissement des peuples, aux temps où des prêtres et des gentilshommes jouissaient impunément du droit de coucher avec les jeunes mariées. Occupé de ces souvenirs sur une caste homicide, à la fois religieuse et vaine, qu'on trouve encore partout avec des dettes qu'elle ne paie pas et des manières méprisantes, qui n'en imposent plus, j'avais besoin de distraction. Le hasard me procura la ressource d'une table d'hôte: c'était une bonne fortune en province. Là, sont confondus tous les états et toutes les conditions. Les prétentions n'oseraient s'y montrer, et l'opinion y règne libre comme la pensée (1). Vous y

---

(1) L'esprit qui anime les Bigorrais se manifesta en 1814, à l'entrée de l'armée anglaise. Les proclamations et les guinées n'ayant pu séduire la population, Wellington se vengea sur un pauvre berger nommé Latour, qui n'avait voulu lui servir ni d'espion ni de guide. Ce malheureux expira sur un échafaud (à Tarbes), contre les lois de l'humanité et celles de la guerre. Si le maréchal Suchet, rentrant en France avec son armée, à l'époque de la célèbre bataille de Toulouse, se fût

trouvez des chevaliers d'industrie et des espions, d'ennuyeux bavards et d'agréables conteurs. C'est encore là que sont les liaisons faciles. Les tables d'hôte méritent un historien. Un beau parleur proposa d'aller aux courses des chevaux navarrins, dont on se préparait à donner le spectacle à la Loub, près de Tarbes, et nous voilà partis. Le château de ce lieu, rendez-vous de la cour plénière des hobereaux de la province, excita vivement ma curiosité. Dans ces sortes d'occasions, la qualité d'étranger sert assez souvent d'introducteur. Je me jetai dans la mêlée. Il ne fut question d'affaires politiques que par quelques signes, et le mot d'ordre fut donné gravement à l'oreille des congréganistes.

Les nobles d'aujourd'hui se distinguent, en

réuni au maréchal Soult, c'en était fait du héros d'Albion, traqué dans sa retraite, durant 40 lieues, n'ayant aucune place forte pour regagner les défilés des montagnes. Après trente années des plus lâches perfidies, des crimes d'une combinaison qui assure aux Anglais l'oppression qu'ils exercent sur tous les peuples, la France vengée se serait résignée à supporter l'épreuve du nouveau gouvernement. Quelle est donc la malheureuse destinée d'une nation belliqueuse qui possède autant le sentiment de l'honneur, dont la nuance se répand dans toutes les conditions et sur tous les objets, et dont les plus honteuses trahisons déshonorent les plus belles pages de son histoire !

général, par une politesse dont l'égalité leur fait un besoin. Leurs ancêtres consentaient plus difficilement à descendre des hauteurs féodales. Mais approfondissez ces brillantes superficies, et ces mortels, si jaloux de rubans et de titres, se montreront à vous pleins d'orgueil et de préjugés. Autrefois la caste se contentait de mépriser le peuple ; aujourd'hui elle se borne à le haïr.

Quelqu'un d'entre eux paraît-il s'élever au-dessus des distinctions flétries par le temps ; s'il se trouve un duc de Larochefoucault...., ne vous y trompez pas ; c'est moins pour renoncer à ces hochets de la vanité, que pour en usurper de nouveaux. S'ils reviennent à ces belles manières si vantées, c'est pour cacher l'art de graduer et d'assaisonner l'indifférence pour l'instruction, le commerce et les arts libéraux.

Je ne dois pas oublier de dire que les dames se trouvaient en grand nombre dans cette réunion, avec un air solennel qui faisait ombre au tableau. Une d'elles me témoigna sa surprise de ce que tous les regards se portaient sur de jeunes plébéiennes enjouées et de bonne mine. Notre châtelaine ne leur trouvait rien du bon ton. J'étais trop honnête pour ne pas en convenir. En présageant qu'à la prochaine fête, la dignité ne manquerait pas de l'emporter sur la fraîcheur et les grâces. La vanité le croyait-elle? Madame de *** en parut au moins consolée.

Nous en étions là, lorsqu'une proclamation du village de Bénac vint nous annoncer que les habitants joueraient les jours suivants une pastorale accompagnée de divertissements. Tous les Bigorrais étaient invités suivant l'ancien usage. Une représentation de ce genre venait à souhait pour moi, qui voulais juger de l'esprit, des mœurs et des coutumes du pays dans les grands rassemblements populaires. Cette occasion ne se présente guère que dans les foires et les marchés: c'est, en effet, là que le peuple est véritablement dans ses salons.

Les fêtes pastorales ressemblent aux fêtes antiques, les lieux, les sites les rendent poétiques. On y voit se déployer l'agilité, la souplesse du corps : c'est la danse de la gaieté, de l'étourderie et du plaisir. Quelle vivacité de réparties! qui peut peindre toute la justesse et l'amabilité de l'esprit d'un peuple joyeux!

Après avoir parcouru la plaine de l'Anne-Mourine (*Landes des Mores*), dont la tradition fait le théâtre d'une sanglante action où les Sarrasins d'Espagne auraient été taillés en pièces, la même tradition place dans ce même lieu des mines d'or dont on a perdu la trace. Peu recherchées des habitants, on voit dans cette plaine quelques éminences élevées avec des terres rapportées. Il en existe une à Lourdes, à peu de distance de la ville, connue sous le nom d'*Avertron*, étymologie perdue. Ces monuments appelés *tumuli* sont-ils celtiques, ou consacrés par les peuples du nord qui ont séjourné dans ces contrées ? On a trouvé dans ces éminences, des haches, des flèches, des fragments d'ossements. Le peuple, qui change rarement son langage, conserve une origine commune dans beaucoup de dénominations, mais dénaturées par les différentes manières dont elles sont prononcées, elles sont perdues pour les historiens.

Ibos est près de là. Cette petite ville eut sa bonne part aux ravages de la guerre religieuse de 1592, guerre impie, cruelle, repoussée par la sagesse des habitants des vallées, qui ne permirent pas aux sectateurs des deux partis de parler de Dieu, ni en bien ni en mal. Ibos fut livré par un prêtre aux ennemis qui l'assiégeaient. Ces désastres, dont la politique se fait un jeu, que le pouvoir ordonne et qui frappent comme la foudre, il a fallu deux siècles de privations et de travail pour en réparer les pertes : on ne peut y penser sans douleur. Ibos n'est plus qu'un riche village au milieu de terres bien cultivées. On est presque tenté de regretter les soins qu'on y donne au vignoble, qui ne donne que de mauvais vin acerbe (1).

La négligence qui règne ici sur les objets d'agrément et d'utilité, négligence qui fixa l'attention du célèbre Bernard de Palissy et les reproches de Vauban, nous fait voir, au milieu du désordre de la nature, d'immenses champs de maïs, plantés en quinconces réguliers avec une autre sorte de décoration, dans les vignes suspendues en guirlandes à des arbres. Lorsque les ceps ont atteint la tête des érables et des cerisiers, on recourbe les branches sur des conducteurs, dirigés d'un arbre à l'autre, ce qui forme des guirlandes d'une agréable symétrie. Le même champ de terre, communément argileuse, porte ainsi du vin de la qualité de Surène, du froment, du lin, des fèves, des haricots, des pommes de terre, etc.

Ossun, à peu de distance d'Ibos, est un gros bourg peuplé de commerçants intelligents et de rouliers qui se faisaient distinguer autrefois par un costume particulier. La culotte bleue, large et plissée, avec le bonnet béarnais. Les voisins d'Ossun ne sont pas tentés d'imiter son active industrie (2).

(1) *Amat colles, ibi felicius uvæ*, Georg. Virg.

2) On trouve ici en abondance ces plantes cosmopolites,

Bénac, gros bourg assis sur des atterrissements d'ardoises et de pierres roulées, conservait un vieux château bâti par les ancêtres de la maison de Navailles. Le peuple, qui n'est pas sans avoir sa mythologie, croyait fermement qu'un seigneur du lieu, fort ennuyé de son séjour dans la Palestine, avait, ni plus ni moins, fait marché avec le diable pour être transporté chez lui plus promptement. La tradition porte que ce damné n'avait mis qu'une nuit à son voyage, et qu'une fois au donjon, il se crut en état de narguer le diable, en ne lui donnant qu'une poignée de mauvaises noix pour prix de sa course. Satan, comme de raison, indigné de la mauvaise foi du paladin croisé, s'en vengea de la bonne manière, en faisant une brèche à l'une des tours du château. J'ai vu ce trou diabolique, qu'aucun maçon au monde n'aurait le pouvoir de boucher. Quoiqu'il en soit de l'aventure, le château tombait en ruines : on l'a vendu pour payer des créanciers et réparer les maisons des villageois. Le

dont les vents transportent les germes, les bistortes, la pimprenelle, la sauge piquante, le thym odorant, les aristoloches, les orchis ; des prairies entières sont couvertes de soucis, de renoncules, de matricaires. Dans cette profusion de la nature, le paysage rit de fraîcheur, de verdure et de joie.

diable a laissé faire; il a sans doute perdu son crédit. En effet, les historiens des fées, des revenants et des sorciers, les enchantements et les loups-garous, ne trouvent presque plus d'auditeurs, même au village. Seulement quelques prêtres paraissent avoir conservé le pouvoir de faire des miracles, pour retrouver les choses perdues et la santé des troupeaux, pour conjurer et dissiper les orages, faire, comme on dit, la pluie et le beau temps... C'est conserver une assez grande puissance...

Je faisais ces réflexions, lorsque les éclats d'une bruyante joie m'attirèrent sur la place du bourg. Un vaste théâtre, élevé sur des tonneaux, ornait cette place. L'assemblée était très nombreuse. Instruits par le régent du lieu, les acteurs de la pastorale jouèrent Zaïre avec les gestes forcés et les plus plaisantes fautes de langue, on ne parle français que dans les villes. Si on ne pleura pas aux beaux vers de la tragédie, on riait d'un Orosmane en grande perruque et en robe de palais. Les femmes étaient exclues des rôles : on aimait mieux, sans doute, les laisser à leurs soins domestiques (1). Qu'on imagine une vertueuse Zaïre

(1) *Casta vixit, lanum fecit, domum servavit.* Une fausse

en barbe, agitant l'éventail de la même main qui, la veille, conduisait la charrue; la princesse était ornée d'ailleurs de tous les falbalas du pays. Ce spectacle devait amuser le spectateur le plus mélancolique. Le dirai-je ? dans ce fracas de mœurs grossières, moitié comiques, il régna dans cette attellane un je ne sais quoi qu'on ne trouve pas toujours dans l'enceinte étroite de nos spectacles. C'est un fait digne de remarque et sûrement bien rare, que le peuple bigorrais ne supporte pas les pièces des boulevards : il faut, pour l'intéresser, nos chefs-d'œuvre dramatiques. Pour avoir mal jugé du goût de ce peuple, un premier acteur des Variétés fut sifflé sur le théâtre de Tarbes. Remarquez que des farces pieuses, jusqu'à la fin du 16e siècle, manière grossière où le diable joue un grand rôle, amusèrent long-temps les Parisiens : encore aujourd'hui, les Parisiens recherchent Bobèche. Cette pièce fut suivie de danses et de farandoles. Dans ces danses de la gaieté, du plaisir et jusqu'à un certain point de l'innocence, l'homme le plus leste et le plus vigoureux mène une sorte de gavotte qui

décence avait fait exclure de la scène les femmes, à Lisbonne, il y a quarante ans : c'est par bienséance que celles de Bénac adoptent la vie sédentaire.

ne demande que de la vivacité et le sentiment de la mesure; tout le reste, filles et garçons, se tenant par la main dans les éclats d'une joie folâtre, gambadent au bruit aigu et cadencé du tambourin et de la flûte basque. Des torrents de vin coulèrent en l'honneur des artistes fort applaudis. Les pastourelles ont succédé aux troubadours; elles rappellent l'origine informe de la tragédie, ou les louanges du dieu des raisins. Le législateur de notre Parnasse a dit, et l'on reconnaîtra sans peine les pastoureaux de Bénac à ces vers:

> Là, le vin et la joie, échauffant les esprits,
> Du plus habile chantre, un bouc était le prix.
> Thespis fut le premier, qui, barbouillé de lie,
> Promena dans les bourgs cette heureuse folie,
> Et d'acteurs mal ornés, chargeant un tombereau,
> Amusa les passants d'un spectacle nouveau.

Je quittai Bénac pour me rendre à Betarram, dont la madone était depuis long-temps en possession d'attirer les dévots des départements voisins. Elle rassemble tous les ans des pèlerins en grand nombre et d'autant plus empressés de remplir les devoirs extérieurs de la religion, qu'ils se croient quittes, par là, de conformer leurs mœurs privées à leur croyance. On sait au reste que la madone à visiter est toujours à plusieurs lieues. La liberté et la grosse joie qui la suit, offrent des commodités au plaisir autant que des revenants-bons aux gardiens du sanctuaire. Je ne m'astreins pas à la marche régulière des compositions académiques; mon unique but est de rencontrer les occasions de connaître un pays que je suis venu chercher de si loin pour le voir dans ce qu'il offre de curieux.

La chute de la toile avait été le signal d'une débâcle complète ; je me hâtai de prendre une place dans la voiture qui conduisait quatre jeunes pélerines et l'Orosmane de la pastorale à Betarram. Mes compagnes de voyage avaient quelque chose des tailles sveltes, et leur costume élégant ajoutait à l'expression de leurs yeux vifs et tendres. Pour dissiper l'ennui de la route, elles s'entretinrent des agréments de leur village et des faveurs qu'elles attendaient de la vierge; conversation animée et piquante par un singulier mélange de réserve et de liberté. Ce fut à travers les débris des forêts qui couvraient anciennement tout le pays, que nous arrivâmes à la chapelle de Betarram (bel ombrage), située au bord du gave, sur une montagne. On y passe un pont qui se fait remarquer par la hardiesse de sa construction. Ce lieu solitaire est couronné d'arbres à l'ombre desquels serpente le sentier qui conduit aux chapelles. Ce sentier de pénitence est bordé d'oratoires et de groupes de figures de grandeur naturelle, la plupart avec des formes grossières et souvent grotesques, telles qu'on peut les imaginer pour produire un grand effet sur des ames simples. Si l'on ajoute à cette fantasmagorie les dispositions des pélerins accourus de fort loin, on peut se faire une idée des vives impressions que reçoit une imagination ardente. Cette imagination doit s'enflammer à l'entrée de la nuit du premier jour des fêtes, où se trouvent réunis au calvaire Basques, Béarnais, Bigorrais et pénitents toulousains. Ces pélerins ont visité les stations; la dernière présente trois figures colossales. Jésus est entre deux voleurs; c'est véritablement une inconvenance qui, pour n'être pas sentie de tout le monde, n'en est pas moins une sorte de dégradation de la divinité, un sujet de dérision et de raillerie pour les non catholiques. Ceux qui tiennent encore aux signes extérieurs pour conserver à la religion quelque chose de plus imposant que la morale, devraient au moins s'étudier à mieux assortir ces signes dont la raison se passe fort bien.

Jetez maintenant les yeux sur cette foule

agenouillée et dans le recueillement. Ce silence profond n'est interrompu que par un orateur qui, d'une voix de Stentor, prononce un discours qui fait répandre un torrent de larmes. Pour marque de repentir, on se meurtrit la poitrine. Les *meá culpá* comme les larmes ont quelque chose de contagieux. Le peuple accorde beaucoup de pouvoir à l'exemple. L'éloquence de ces sermons solennels tire sa principale force des passions tendres qu'il est si facile d'émouvoir, lorsque le lieu, l'heure, un grand appareil de pénitence enveloppé du sombre et mystérieux calme de la forêt où vont se perdre de longs gémissements, se réunissent au talent pour produire ces émotions extraordinaires : aussi le comptoir de la vierge fait-il d'amples recettes, en imposant la dévotion des uns et les plaisirs ou la curiosité du plus grand nombre. Je doute que nos fougueux apostolomanes de missions puissent jamais se flatter d'un pareil succès.

Le village de l'Estelle ne pouvant pas loger ce peuple de pélerins, ils se dispersent dans le bois pour y passer la nuit pêle-mêle. Le lendemain les divertissements commencent avec le jour. Hommes et femmes, jeunes et vieux, tout danse ; il faut avoir au moins 70 ans pour se croire dispensé de couler bien ou mal son menuet. Ces danses enjouées au son du galoubet plus gai qu'harmonieux, une foire très animée, le mélange des femmes des trois peuplades, distinguées par leurs grâces particulières, un chœur de jeunes filles chantant dans un coin nos vieilles romances sur des airs attendrissants, chant sauvage, moins savant qu'amoureux, qui fait naître de profondes émotions et procure une harmonie que les paroles ne sauraient exprimer; plus loin d'autres groupes, le rosaire à la main, s'occupant de Dieu, et la foule qui se trouve sous les yeux mêmes de la madone, dont la présence la touchait hier jusqu'aux larmes; ce spectacle, je l'avoue, me parut plein de charmes. Vernet aurait pu là rivaliser Teniers dans ses Kermesses.

Il est permis de croire que cet heureux accord de la religion et des plaisirs a contribué parmi nous à bannir les excès funestes et les farouches ressentiments. La paix de ces réunions fraternelles apprend à nos agioteurs de dévotion et de politique qu'il n'y a d'odieux que les méchants dont le zèle impie outrage la divinité, lorsqu'il la rend complice de ses fureurs.

Les jeux de l'ancienne gymnastique, auprès desquels les exercices militaires ne sont que des jeux d'enfants, terminaient ces fêtes populaires.

Betarram n'est qu'à deux milles de Coaraze. Un voyageur ne se refuse jamais au plaisir de rappeler que c'est à Coaraze que fut nourri ce roi, le seul

> Dont le peuple ait gardé la mémoire.

Ne pouvant que répéter ici sur notre Henri ce qu'en ont dit tant d'autres, je me contente de faire des vœux pour l'exécution de celui du bon roi :

> La poule au pot nous est acquise,
> Nous pouvons bien la réclamer ;
> Depuis cent ans qu'elle est promise,
> On ne cesse de la plumer.

Le ciel était serein et la nuit délicieuse. Ces belles nuits d'été sont une jouissance réservée aux pays méridionaux. Tout ce qui venait de frapper mes regards, m'avait jeté dans une douce rêverie, et je m'y livrais tout à mon aise en remontant le gave. Les chants un peu sauvages des Tyrtées montagnards m'accompagnaient en fatigant les échos des montagnes voisines d'Asson. Au point du jour je me trouvai dans Saint-Pé, chez un ami.

La ville de *Saint-Pé* se dérobe à la vue sous un rideau de coteaux. Sa longue rue, parallèle à la rivière, semble ralentir son cours pour se promener plus long-temps dans ce vallon charmant et solitaire, également cher aux poëtes et aux amants. Il invite à la paix. La paix! c'était la devise des heureux enfants de Saint-Benoît; elle devrait être la devise du monde entier. Ces moines n'avaient rien de l'ignorance et de la grossièreté claustrale; ils contribuaient à la population de Saint-Pé, pendant qu'ils l'enrichissaient de deux branches d'industrie assez considérables et parfaitement appropriées aux besoins du pays qui manque de culture et de troupeaux. La fabrication des clous de fer et celle des peignes de buis, sont une source de profit pour Saint-Pé, qui trouve le débit de ce dernier objet en Espagne, où l'on sait que les peignes sont d'une indispensable nécessité, depuis surtout que la fainéantise a placé les poux au rang des privilégiés, en les déclarant nobles: *Los piojos tambien son hidalgos* (proverbe), ce qui veut dire: les poux aussi sont gentilshommes. Devenus seigneurs, les bénédictins séduits oublièrent l'évangélique simplicité des premiers temps de leur institution, et remplacèrent la crosse de bois. Alors, ils cherchèrent dans les douceurs de l'hospitalité les moyens de réconcilier les yeux jaloux avec les

richesses du monastère. Mais comment échapper à cette condamnation solennelle : « mon rè-
» gne n'est point de ce monde »?..... Saint-Pé leur devait des encouragements utiles à son industrie... J'absous leur mémoire.

Le voyageur qui passe tout à coup des délicieuses campagnes du Béarn aux montagnes du Bigorre, ne voit pas sans surprise, les sombres forêts et les collines inclinées à travers lesquelles la route comme suspendue sur le gave, s'incline et s'élève alternativement. La surprise cesse aux approches de Lourdes.

Deux montagnes pyramidales, où l'on exploite des carrières de marbre et d'ardoise, le Gers et le Beut renferment cette ville. Dans l'enceinte dont elles marquent l'étendue, on découvre le château dont la situation sur un rocher calcaire, isolé de la chaîne, a quelque chose d'aérien. Sa tour carrée, de construction romaine, occupe la partie la plus élevée de ce rocher escarpé. Plus loin est un ancien pont romain, sur le gave, qui coupe le cirque. Le torrent se déploie sur un beau tapis de verdure, au milieu d'accidents qui donnent un aspect imprévu et nouveau pour les yeux accoutumés à l'uniformité des plaines.

Je doute qu'on trouve aux Pyrénées des sites

plus pittoresques. Dupereaux essaya de le peindre; il demande les pinceaux de Vernet. De ce pays que je vais parcourir, je me reporte à des époques où tant d'émigrations du midi et du nord sont venues l'habiter, attirées par l'indépendance isolée et souveraine qu'elles y trouvaient (1).

Je touche enfin à ces Pyrénées que, depuis un mois, j'ai sous les yeux, et dont je mesure par la pensée les proportions colossales avec toute l'impatience de la curiosité.

Lourdes est le premier degré de ce magnifique amphithéâtre. Je dois avant tout aller au-devant des questions des historiens qui ne manqueront pas de demander en quoi consiste une ville à peu près inconnue de nos jours, mais dont il est fait mention dans les premières pages de la monarchie et dans les traités avec les Anglais, long-temps maîtres de l'Aquitaine (1). L'existence de Lourdes vient tout récemment d'être révélée par le savant historien des ducs de Bourgogne, M. de Barante. Lourdes que nous

(1) Les Pyrénées françaises ont environ cent lieues du levant au couchant, et huit lieues du nord au midi; leur centre se trouve au département des Hautes Pyrénées.

(1) Lorde ou Lourdes, sous Charlemagne, appelé Mirambel. *Voyez* la donation de Chilpéric, de 391; l'un des plus anciens actes qu'on connaisse, *Grég. de Tours*, tom. I,

comptons à peine parmi nos plus petits postes militaires, a soutenu des siéges mémorables ; ce fut donc autrefois une place de quelque importance. « Le duc d'Orléans, frère de Charles V,
» dédaignant les conseils des chevaliers..... On
» était au mois de janvier, les pluies avaient
» pourri les tentes, on enfonçait dans la boue
» jusqu'à mi-jambe, les vivres manquaient, les
» maladies commençaient à ravager le camp.....
» L'honneur du royaume ne fut soutenu que
» par quelques chevaliers qui, se mettant sous
» la conduite du sire Robert de Chalus, allèrent
» assiéger la redoutable forteresse de Lourdes,
» et s'en emparèrent en 1406. » (Voyez, *Relig. de Saint-Denis*, Monstrelet et Barante, tom. III. pag. 74.)

La résistance qu'opposa Lourdes aux efforts du duc d'Anjou, du connétable et de l'élite de la noblesse de France veut que j'indique quelles étaient les fortifications de cette place, qui jusqu'à la découverte de la poudre à canon, brava

---

pag. 196. Childebert s'empara des villes d'Albi, de Couserans et de Lourdes. En 1374, Armand de Vire défendit le château contre le duc d'Anjou, *Froiss.*, tom. ..., pag. 409. En 1573, le baron d'Arros, commandant d'un corps de Béarnais, brûla la ville en haine du nom et du voisinage. *Scalig. Froiss.*, etc.

des armées entières, et qui ne tiendrait pas vingt-quatre heures aujourd'hui. Ce sera rendre service à la paresse de l'insouciant Lourdois, qui ne garde sur son pays aucune de ces traditions que les peuples les plus sauvages se montrent jaloux de conserver sur le leur. Consolons-nous, ce dépôt de traditions qui nous manque, confié à l'ignorance, ne serait pas d'un grand usage pour la postérité.

Ceinte de montagnes et de coteaux entièrement boisés, entre lesquels il n'existait que des landes infertiles, des bruyères que l'industrie a rendues depuis à la culture en leur conservant toujours le nom celtique de *lanes*; les eaux des lacs, dont il reste quelques traces, s'étendaient jusqu'à la ville du côté du nord. Au midi deux autres lacs appelés du nom celtique de grand et petit Iw (1), que l'affaissement des terres ou quelque mouvement souterrain ont fait disparaître, étaient une barrière dont aucun chemin praticable ne permettait les approches. Au couchant, le gave défendait la place et les châteaux; plusieurs points de ces fortifications, le pont et le fort de la Merlasse s'opposaient au seul passage qui s'offrît aux entreprises par la

(1) *Iweu*, diminutif de rivière. (IWET. *Dictionnaire celtique*, pag. 49.)

forêt de Subet-Carrère, elle s'étendait jusqu'à la porte de Baus, dont elle avait pris le nom sur *Ere Carrère;* fortifiée en avant du chemin pour les communications des deux châteaux. L'ancien, le plus considérable, et celui de Gavarnie, où l'on voit encore une tour, les restes d'un chemin couvert, et la place d'armes ; une double enceinte de remparts et huit tours fort élevées contribuaient à faire de Lourdes, une forteresse d'importance et de première ligne.

L'assemblée d'un peuple libre, partout ailleurs soumis au pouvoir absolu, est assez remarquable; elle se tenait sous l'ormeau séculaire du porche de Lourdes : il couvrait de son ombre protectrice la pierre où s'asseyait le comte de Bigorre pour recevoir l'hommage de ses vassaux : tout rappelait des mœurs antiques, de vieilles institutions, l'indépendance des hautes régions confiées aux montagnards. Plus que la faux du temps, des mains sacriléges ont dispersé ces restes mémorables, aucun habitant ne m'a paru frappé de leur destruction.

L'ancien bourg de Lourdes adossé au bas de deux châteaux forts comme toutes les villes de Bigorre, à cette époque, n'avait que des maisons à un étage; le rez-de-chaussée en pierre, le reste en torchis, à pans coupés, soutenus par des piliers de bois et de sombres auvents ; chaque maison avait son *mirador*, jalousie à la moresque, constructions, habitudes espagnoles.

Le comté de Bigorre, de vingt-cinq lieues d'étendue, n'avait que cette place pour s'opposer à tous ses ennemis, à ceux de la France, aux Sarrasins d'Espagne et aux Goths que ne pouvaient arrêter les précipices des gorges de Gavarnie et d'Azun. Les Anglais conservèrent Lourdes jusqu'au moment de leur expulsion du royaume. Cette ville s'étant agrandie par l'arrivée d'une colonie qui s'établit à l'orient de ses murailles, on a vu presque jusqu'à nos jours, par une étrange bizarrerie, et durant plusieurs siècles, les citoyens du même lieu avec les mêmes besoins, sous les mêmes gouvernements, ne pouvant s'entendre, divisés, jaloux, exister, les uns sous l'empire d'une ancienne coutume, et les autres sous le droit romain dans une triste et ridicule incompatibilité.

Le lieutenant-général J. P. baron de Maransin est un des plus illustres enfants de Lourdes (1). Ses talents, de nombreuses et d'honorables blessures, et la noble indépendance de son ca-

(1) Au moment où l'on trace les justes éloges d'un de nos plus grands généraux, la France est consternée en apprenant aussi la perte d'un de ses meilleurs citoyens. (15 mai 1828.)

ractère, furent ses seules recommandations auprès du grand appréciateur qui le comptait parmi ses meilleurs capitaines. Le bâton de maréchal n'a pas manqué à sa gloire, mais à ceux qui le prendront pour modèle (1).

A côté de ce brave, se place naturellement l'héroïque fidélité d'un des châtelains de Lourdes et dont ses compatriotes ont oublié jusqu'au nom. Un contemporain, Bellé-Forêt, au service du comte de Foix, rapporte qu'Armand de Béarn fut mandé par ce comte à Orthez. « Quand
» il dut partir, il vint à Jehan de Béarn, son
» frère, présents les compagnons : monseigneur
» le comte de Foix me mande, irai, si, veux que
» ne rendiez le châtel de Lourdes, qu'au roi
» d'Angleterre, monseigneur, naturel de même,
» que je le tiens ; ainsi le jura. Avint que le troi-
» sième jour qu'il fut arrivé à Orthez en pré-
» sence de plusieurs chevaliers, écuyers, le
» comte de Foix lui fit commandement de re-
» mettre le châtel pour le duc d'Anjou. Armand
» fut tout ébahi. Vraiment vous dois-je foi et
» hommage, car je suis pauvre chevalier, de
» votre sang et de votre terre ; mais le châtel ne
» rendrai-je ja... Vous m'avez mandé, si, pouvez

(1) *Pensée de D'Alembert*, dans l'épitaphe de Chevert.

» faire de moi ce que vous voudrez. A personne
» ne le rendrai-je qu'au roi d'Angleterre... Quand
» le comte de Foix entendit cela, tirant sa dague,
» oh! oh! traître, as-tu dit que non ! et le férit de
» cinq coups de sa dague sans que les barons et
» chevaliers osassent aller au-devant. Le cheva-
» lier disait : oh ! Monseigneur, vous ne faites
» pas gentillesse, et mourut bientôt après. »

Lourdes, sous Louis XV, fut une de succursales de la Bastille. La tour du château renferma long-temps de nombreuses victimes, frappées des verges flétrissantes du pouvoir absolu, sous la garde du geolier commandant.

Les templiers gardiens du fort de Gavarnie, des deux portes du Baus et des postes extérieurs, avaient établis des correspondances par des feux allumés sur les cimes correspondantes des montagnes de Barèges. Ces feux, précurseurs du télégraphe, annonçaient depuis l'extrême frontière l'invasion des ennemis, qui trouvaient un premier rempart dans la valeur des intrépides templiers. Leur hospice existe encore sous le nom de Gavarnie. Ce généreux et rare dévouement est d'autant plus remarquable qu'il n'y avait alors d'autre asile que les hospices des chevaliers du temple, ni routes praticables, ni sûreté contre les bandits, les miquelets espagnols, les lavanges, les loups et les ours. Tant de services rendus par ces illustres martyrs furent méconnus de la tyrannie cruelle de Philippe-le-Bel et du pape Clément V. Ces bourreaux voulaient les biens de ces braves et malheureux militaires. Ils furent, sous les plus infâmes prétextes, enlevés à la défense de ces déserts, qui devaient les garantir de la persécution générale, et conduits à Auch par le sénéchal du Bigorre. Ils périrent avec un courage héroïque; leurs têtes furent portées à la chapelle de Gavarnie. Elles y sont encore pour rappeler cette honteuse époque de la monarchie. Je cherche à me débarrasser de ces fastidieux détails, ils ne peuvent intéresser que le très petit nombre d'archéologues qui savent attacher du prix aux recherches sur les origines.

Le *Lavedan* (*Levitanium Pagus*) (1), commence aux portes de Lourdes. Il se présente avec des formes tranchantes. Je pénètre dans ces monta-

(1) L'itinéraire d'Antonin annonce l'existence d'une ville, *Oppidum novum*, dans le territoire de Lourdes, au nord, située dans la partie du Buala, où se trouvent Strade et *Podium solum*, dont on a fait Poey solus. Ce nom de *Pocy*, *Podium*, est commun dans ces contrées et désigne des lieux élevés : c'est le poggium des Italiens. Ces dénominations ne sont pas indifférentes à ceux qui veulent connaître l'ancien

gnes par un beau jour. Qu'on se représente le nombreux concours d'oisifs, d'aventuriers avec le costume et les mœurs de leur pays; des malades faisant effort pour respirer la joie en se livrant aux douceurs de l'espérance d'une prochaine guérison. Ils arrivent en caravanes et de toutes les parties du monde aux bains de Bigorre, comme les dévôts vont à Lorette. Les routes de Toulouse et de Bordeaux sont couvertes de piétons, de voitures et de brancards qui vont et viennent. Vous croiriez que toutes les nations s'y sont donné rendez-vous par des députés et pour y étaler leurs caractères originaux sans aucun esprit de rivalité.

Je voyageais à pied, dans ces jours printaniers qui font aimer la vie; j'entends les dialectes du pays, avantage que n'ont pas toujours les voyageurs pour apprécier les hommes et les choses. Ce n'est que par un assez long séjour qu'on peut avoir occasion d'observer les différentes situations de la vie de ce peuple, si différent d'origi-

---

état du pays. Les étymologistes y trouvent *es-poucys*, *poey-tata*, *poey-ferré*, *poey-laüt*, *bet-poey*, *betpla*, *poey-estruc*, *poey-d'argos*. A l'orient, et à peu de distance, le ruisseau le *Lourdet*, ou *tape-ça*, prend sa source, baigne la basse ville, et s'unit au gave bruyant et dévastateur, surtout à la fonte des neiges.

nes, conservant dans chaque vallée, des formes, des habitudes, des mœurs particulières qu'il est encore facile de distinguer, mais négligées des faiseurs de voyages aux Pyrénées. Remarquons, en passant, que les étrangers connaissent souvent mieux un pays que l'habitant lui-même : familiarisé de bonne heure avec les objets qui l'environnent, il finit par n'y rien voir que de fort ordinaire. Aussi s'étonne-t-il de l'empressement que montrent les étrangers, qui vont admirer la nature dans les précipices, les rochers et leurs neiges.

On n'a cessé de former des hypothèses sur l'origine des montagnes, ainsi que sur les traces de ces grandes catastrophes du globe qu'il faut chercher dans l'histoire la plus ancienne des peuples asiatiques. Je ne me charge point d'expliquer ici comment s'est formée la cosmogonie de l'univers. Je ne dirai rien non plus des divers systèmes qu'on a bâtis sur la composition des Pyrénées. Je mets de côté ces systèmes avec leurs éloges et leurs critiques. Tout ce que je puis faire, c'est de rapporter ce qui m'a paru de plus frappant dans le plus raisonnable de ces écrits.

Il n'est personne qui parcoure les montagnes sans se laisser involontairement entraîner à des recherches plus ou moins laborieuses. Le marteau à la main, le lythologiste gravit les hauteurs les plus escarpées, passant de roche en roche pour étudier la nature. Il ne peut oublier l'ingénieuse opinion qui prit naissance dans la tête d'un potier de terre né à Agen, Bernard de Palissy, ce naturaliste philosophe qui vivait en 1520, alors que la physique n'était pas encore née (1).

Bernard de Palissy devançait de plus de deux cents ans les savantes théories de notre siècle. Ce grand observateur ébaucha le premier ce brillant système, qui fait aujourd'hui la gloire du Pline français et de ses disciples. J'aurai de fréquentes occasions de faire connaître les nombreuses variétés qu'on trouve dans la composition et les formes des Pyrénées ; mais, avant tout, je veux établir avec de célèbres géologistes, que ces montagnes sont assez généralement formées de trois sortes de pierres. Le schiste, ou pierre

---

(1) Les anciens observateurs, tels que les Grecs, Thalès et Platon, et plus tard Lucrèce, Strabon, Ovide même, et Virgile, doivent être comptés parmi ceux dont les travaux ont préparé et aplani plus d'un obstacle dans la route longue et difficile des découvertes. Virgile a dit si poétiquement :

Incipiunt sylvæ quam primum surgere quamque,
Rara per ignotos errent par animalia montes.
EGL. VI.

argileuse; le marbre, ou terre calcaire, et le granit, ou terre vitrescible, exclu des grandes régions du centre de ces montagnes. Ces pierres présentent huit situations ou formes différentes dans leurs couches parallèles à l'horizon ou perpendiculaires; on en voit diversement inclinées, courbées en arcs concaves ou convexes; ondoyantes, arrondies, angulaires. Ces différentes formes paraissent dépendantes des bases sur lesquelles elles sont assises; mais la nature s'est jouée de toutes les règles qu'on dit qu'elle a presque toujours observées ailleurs (1).

Quoiqu'il en soit, la constitution physique des Pyrénées diffère de celle du reste des grandes éminences du globe. Contentons-nous d'abord de ce premier aperçu.

La nature a posé les limites des six vallées, correspondantes à celle du Lavedan. La plus

(1) *Vidi ego quod fuerant quondam solidissima tellus,*
Esse fretum. Vidi fractas ex œquore terras,
Et procul à pelago conchœ jacuere marinœ.
Jussit et extendi campos, subsidere valles,
Fronde tegi sylvas, lapidosos surgere montes.
     Ovid., *Metamorph.*, l. I, 4.

Les modernes auteurs n'ont pas tant à s'enorgueillir de leurs observations sur les montagnes.

étendue et qui porte le nom d'Avant-Aigue (coline à la main de l'eau). Chacune de ces vallées a son torrent dont la force est proportionnée à l'étendue du pays et surtout à la hauteur des montagnes où se trouve sa source. Ces torrents occupent le fond de la vallée ; mais on ne saurait juger de ce qu'ils furent par ce qu'ils sont aujourd'hui. Tout porte à croire qu'ils diminuent, parce que les montagnes, les neiges et les brouillards qui s'arrêtent à leurs cimes et sont la première source des rivières, diminuent aussi chaque jour.

Dans le langage du pays, on appelle ces bassins, *riberis*, *rieueris*, *rivières*, *rivus erat* (c'était un ruisseau). Partout on les voit s'élargir en descendant vers la plaine, et se resserrer au contraire, devenir gorge ou ravin en remontant à leur origine. Les déblais apportés dans les plaines, superposés de sables et de débris sur d'autres amas inférieurs en position, comblent les anciennes vallées, en élèvent continuellement le sol fertilisé par leur décomposition ; mais sensiblement à leur extrémité. Ces changements enchaînés les uns aux autres par des causes physiques, ont incontestablement formé les vallées telles qu'on les voit aujourd'hui. Nous entrerons là-dessus dans quelques développements qui sont nécessaires pour donner une idée d'événements probables, mais dont on ne trouve que des traces souvent incertaines, sans pourtant laisser de nous apprendre ce qu'était cette partie des Pyrénées à ces époque reculées, qui se perdent dans la nuit des temps. *Lucain*, dans ses vers, n'a-t-il pas voulu rappeler une de ces révolutions ?

Jamque Pyrenææ quas nunquam solvere Titan
Evaluit, fluxere nives, fractoque madescunt
Saxa gelu. Tum quæ solitis è fontibus exit,
Non habet unda vias : tam largas alveus omnis
A ripis accepit aquas.....

Ph., lib. IV, pag. 94.

Val Surguère et Castel Loubon Ces deux petites vallées s'offrent les premières des deux côtés de la grande route du Lavedan. Val Surguère, bornée dans son territoire, mais rocailleuse et riante, renferme cinq beaux villages. Les habitants, assez industrieux et sobres, donnent un soin particulier à la culture du lin, exploitent avec avantage les forêts supérieures, les carrières d'ardoise et de marbre. Celui qu'on connaît sous le nom de marbre d'Aspin, est noir avec des veines spathiques, et fort recherché.

S'il est un préjugé salutaire parmi les hommes, c'est bien celui qui les fixe au pays qui fut leur berceau. Le Pyrénéen en général est esclave de cette loi de la nature. Plus attaché que l'habitant des Alpes, aux lieux qui l'ont vu naître, il n'envie point la richesse des pays plus favorisés que le sien. Son sol lui suffit, parce qu'il y trouve la véritable indépendance. Vous ne le verrez point assiéger la porte des grands, former leur cortége, porter leur livrée, grossir la troupe insolente de leurs valets. Voici un exemple de leur indépendance. Le roi de Prusse, père de Frédéric II, offrit 30,000 francs pour entrer à son service, à un chasseur aux ours. Le roi perdit son temps; l'Hercule des Pyrénées préféra sa vie indépendante au sein des précipices de Marboré. Quelle distance de cet homme au Limousin et même à l'Auvergnat! Les besoins et les ressources sont à peu près les mêmes dans les trois pays; mais un ciel heureux ôte à l'habitant des Pyrénées, l'aspect de ses malheurs. Rien ne trouble sa sérénité. Plus fier que l'Helvétien dégénéré, ce mercenaire des rois dont il recherche la livrée,

« Barbares dont la guerre est l'unique métier,
» Et de vendre leur sang à qui veut l'acheter. »

On ne se refuse pas au plaisir de comparer deux

peuples qui devraient avoir des traits de ressemblance par les lieux qu'ils habitent.

La vallée de *Castel Loubon* est privée de toute perspective sous l'affaissement de ses montagnes couvertes de sapins, et la plupart ardoisées. L'atterrissement de trois rivières, le Lechez, l'Ouey et le Nez, y rendent les courses fatigantes et de peu d'intérêt. Cette vallée n'en possède pas moins dans un petit espace, seize villages dont celui de June Calas est le plus considérable. Presque toutes les habitations sont isolées et dans des positions presque inabordables. Les familles cherchent à se suffire à elles-mêmes, en profitant du voisinage des marchés de Lourdes, où leur industrie, quoique très bornée, n'est pas sans avoir quelques objets d'échange à fournir. Cette industrie est surtout remarquable dans la conduite et la distribution des eaux qui servent à l'arrosement de leurs prés. Ces eaux sont reçues dans des tuyaux et des augets de bois, que de minces étais soutiennent à peine; c'est ainsi qu'ils en règlent la dépense avec économie; ils savent également en ménager la pente dans les lieux difficiles, au moyen de petites écluses mobiles. Tout ce mécanisme, au reste, n'est que l'art de placer à propos quelques ardoises, art ingénieux qui ne doit rien à l'école des ponts et chaussées.

Si ces bons montagnards ont toujours les mêmes idées et les mêmes désirs, c'est qu'ils voient toujours les mêmes objets, leur petit champ et leurs troupeaux. Ils ne prévoient rien, parce qu'ils réfléchissent peu. Leur maison est-elle entraînée par des éboulements ou la chute des rochers ? ils la réparent eux-mêmes ; si des périls renaissants ne viennent les chasser, ils y vivent machinalement avec une sécurité dont s'effraie pour eux le voyageur le plus intrépide ; ils savent, sans qu'on le leur ait appris, que trop de prévoyance entraîne trop de soins.

Castel Loubon possède au village de Gazos dans une position inabordable, des sources minérales froides, qui probablement sont pour quelque chose dans le nom de ce village. L'appareil modeste de ces fontaines privées de bâtiments commodes, ajoute aux désavantages d'un accès difficile. Elles sont aussi sans prôneurs et trop rapprochées de Cauterets et de Barèges : comment pourraient-elles réclamer leur rang ? Dans tout autre pays où la nature se serait montrée plus avare de ses bienfaits, les eaux inconnues et délaissées de Gazos oseraient peut-être disputer des propriétés exclusives à des sources orgueilleuses. Des mines de zinc, de fer et de plomb, anciennement exploitées par les Anglais, sont dans le voisinage du torrent du Nez et des eaux minérales.

Les habitants ont d'ailleurs très peu de ressemblance avec leurs voisins : mœurs, coutumes, sobriété, ces hommes diffèrent en tout.... La petite rivière du Lechez, remarquable par l'étonnante variété de poissons qu'on y pêche, prend sa source au village de Cheus; elle traverse la plaine du Bigorre, et va grossir l'Adour près de Maubourguet. L'Ouey et le Nez viennent du pic de Montaigu, le plus élevé de la chaîne qui sépare la vallée de celle de Barèges. Au Lechez près, tous les torrents de cette partie des Pyrénées se précipitent dans le gave.

La vallée de *Castel-lou-Bon* ou du *Bon Château* (dans l'idiome du pays) tire son nom d'un vieux château dont on trouve les ruines à l'extrémité de la vallée, sur un rocher désert, escarpé, près du village de Coldossau, l'effroi de la partie la plus sauvage de ces montagnes. On ignore ce qui peut avoir mérité ce nom de faveur à l'affreuse et aride demeure d'un de ces châtelains dont l'usurpation féodale fixa dans ces montagnes des brigands oppresseurs. On ne séjourne pas long-temps dans ces déserts; d'énormes débris d'ardoisières interceptent le chemin qui conduit aux jolis villages de Lugagnau et de

Gers. Vous laissez sur la droite la grande route de Barèges et de Caüterets, ainsi que les vallées de l'Extrême de Sulles, de Saint-Savin et d'Azun. Je me réserve de les visiter à mon retour du bassin oriental du Lavedan. Les montagnes s'écartent pour présenter aux regards étonnés du voyageur les plus frappants contrastes, et l'intéresser aux accidents les plus rapprochés. La culture des champs est très bornée; on trouve en revanche de belles prairies et beaucoup d'asiles ombragés, mais peu fréquentés des étrangers, qui d'ordinaire préfèrent les routes commodes et fréquentées autant que je les regrette peu.

Mon voyage à pied ou à cheval est délicieux dans les allées continues et solitaires de cerisiers et de noyers, accompagnés de hêtres, de frênes, de châtaigniers, et de prairies que coupent agréablement des ruisseaux d'eaux vives, depuis Boos jusqu'à Ville-Longue, l'espace de trois lieues. Les pentes sont ornées de châlets sans nombre qu'entoure une verdure riante; on les découvre comme des points dans l'immensité. Cette abondance de pâturages annonce la richesse des troupeaux et l'aisance du pays. Peu s'en faut aussi que je n'y trouve l'intention des jardins chinois, avec cette circonstance qu'ici l'on ne plante que pour se garantir des vents, avoir de l'ombre et des fruits. On peut compter à la fois toutes les saisons de l'année; cueillir les plantes de l'Appennin et du Spitzberg, le mousseron odorant, la morille, la digitale pourprée; l'aconit-nape y élève sa tige funeste; les fleurs causent avec vous, et la place qu'elles occupent dans l'échelle végétale, vous avertit de la hauteur où vous êtes parvenu. Le rocher le plus sauvage de ce vaste musée efface tout ce qu'on voudrait lui comparer. Il faudrait un volume pour citer la seule nomenclature des plantes qui attachent à chaque pas l'attention aux rapports sous lesquels on peut envisager le plus aimable des trois règnes de la nature. Je me borne au tableau général de la partie vraiment montagnarde, c'est à dire celle des Pyrénées, qui présente les plantes propres aux pays des montagnes : il s'étend depuis le Canigou jusqu'au pic du midi de Pau, tableau qu'on doit au célèbre et ingénieux de Candolle.

Aux deux extrémités de la chaîne, les montagnes s'abaissent assez pour ne présenter dans toute leur étendue, que les végétaux propres aux plaines qui les entourent. Sous la latitude des Pyrénées, c'est entre cinq à six cents mètres de hauteur qu'on voit commencer les plantes montagnardes. La partie inférieure des vallées (c'est une loi générale) présente des végétaux analogues à ceux de la plaine où la vallée aboutit. Ainsi les vallées des Pyrénées orientales, qui descendent dans le Roussillon, sont remplies de plantes méditerranées. Celles de l'Ariège et de la Haute-Garonne ont les végétaux communs dans la plaine de Toulouse, et celles des Hautes-Pyrénées occidentales participent à la végétation de l'ouest : cette région de l'ouest est très prononcée. A peine est-on sorti des Hautes-Pyrénées, dans lesquelles il faut comprendre le pic du midi de Pau et quelques sommets voisins, qu'on entre dans les régions occidentales. Aussitôt on voit commencer ces vastes landes couvertes d'ajoncs et de bruyères ciliées. Là croît en abondance le chêne taurin, qui se trouve partout jusqu'à Nantes. Ce changement de végétation entre les Hautes et les Basses-Pyrénées est d'autant plus remarquable que la nature physique du terrain est restée la même, mais l'exposition seule a changé et semble avoir déterminé l'aspect de la végétation.

Ici le code de l'égalité n'admet d'autre distinction que celle qui naît naturellement de la division du travail ou de la portion de talents départie à chaque individu. Ce n'est pas, comme on pourrait le croire, une contrée sauvage au sein des précipices et des habitants malheureux et grossiers : vous n'y trouvez ni filoux, ni mendiants qui détroussent les passants; les assemblées ne sont pas des réunions d'étiquette où l'on se toise, où l'on médit avec grâce, et où l'on fait assaut de luxe..... Et si on demande ce qui peut retenir, sur les revers, au sommet, au bas de ces montagnes, parmi ces peuplades isolées, des hommes qui ont connu toutes les jouissances qu'on trouve dans les grandes cités, où l'on passe le temps en désirs inutiles, en superfluités qui n'amusent pas toujours l'oisiveté inquiète et languissante; pourquoi ces avantages souvent frivoles et honteux ne seraient-ils pas perdus pour des citadins fatigués de l'effet que produit la disproportion énorme des richesses, affligés des lois absurdes, d'une police ombrageuse, qui trouvent plus consolant de contempler ici le germe primordial de la société établie pour le bien général, spectacle intéressant, scènes instructives qu'ils ne rencontreraient pas dans d'autres climats, en Suisse, par exemple, en franchissant les Alpes pour voir des peuples dégénérés qui, depuis la période où ils méritèrent le respect de la terre et l'attention des historiens, n'offrent plus que des ruines et les monuments de la décadence. Les voyageurs, les amis des arts, les curieux, trompés par les souvenirs de la belle Ausonie, marchent sur les bouleversements des volcans dans la solitude et le silence de la dépopulation et de la plus honteuse misère.

J'écris sans devenir le garant de l'intérêt que peuvent causer les sites de ces montagnes, les habitudes pacifiques, les mœurs heureuses que naguère encore les Français s'avisaient rarement de chercher. Ils peuvent comparer aujourd'hui les dispositions primitives en quelque sorte des Hautes-Pyrénées, belles sans culture, libres, fécondes, sous des cieux favorables et tempérés, avec les hordes sauvages, vagabondes et boréales, ou les contrées brûlées des feux du midi, privées de la liberté, sauve-garde de tous les biens. L'amant de Délia a parcouru sans doute les bosquets de Miramont et les jardins d'Areit (1).

Un spectacle inattendu et très agréable s'offrit sur mon chemin; c'était un lendemain de noces; l'amour berger, la joie naïve, un peu bruyante, fête rustique, où l'on danse en rond, on se croise au son de la flûte et du tambourin, fête de bonheur, du bonheur paisible et durable. J'acceptai les embrassades de la jeune et jolie

(1) On sait que Tibulle visita la Garonne, l'Adour et le golfe de Biscaye avec son ami Messala, dans son *Voyage d'Aquitaine.*

mariée; je trinquai avec de joyeux vieillards, et reçus des compliments bien au-dessus de la politesse ordinaire. Les douces idées que me laissèrent ces bons montagnards m'accompagnèrent jusqu'à Ayros.

Ceux qui m'accuseraient d'exagération et d'une complaisance forcée, ambitieuse et déplacée en faveur du midi de la France peuvent-ils ignorer les dangers des voyages en Italie, les préventions des geoliers de cette belle partie du monde contre tout Français? De quelle sécurité peuvent jouir les amis des arts à côté des cachots de Turin, de Milan, de Rome et de Naples? Est-on rassuré par l'arrestation et la longue détention du célèbre professeur Cousin en Allemagne?

Je sens bien que le détail dans lequel je vais entrer n'est pas amusant pour un grand nombre de lecteurs, mais je ne peux oublier que j'écris un *Voyage aux Pyrénées*.

Des villages mieux bâtis que beaucoup de villes de France s'étendent sur la croupe de la vaste montagne de d'Avant-Aigue entièrement cultivée. Ce ne sont pas les dégoûtantes demeures qu'on trouve chez les montagnards auvergnats et ceux de la Haute-Loire qui couchent avec les animaux; on ne citera plus le midi au-dessous de la propreté du nord. Quelques uns de ces villages se sont placés plus commodément sous le penchant des collines, et d'autres s'alongent sur la pointe des rochers isolés et correspondants, où chaque village et presque chaque maison devient une citadelle, et chaque rocher une redoute. Ces forteresses naturelles ont dû sauver le pays des incursions du miquelet, ce cannibale dont les exploits ordinaires étaient l'assassinat et l'incendie. Le souvenir de ces horreurs, déjà loin de nous, fait désirer que cette milice sanguinaire accepte enfin les bienfaits de la civilisation..... En attendant, l'imagination se repose avec délices en contemplant le bonheur que la paix procure au bon Pyrénéen. On voit qu'il jouit sans trouble des solides richesses d'un climat aussi favorable au plaisir qu'à la santé. Il trouve dans ces montagnes toutes les beautés des Alpes, sans être silencieux et grossier. L'Alpin est esclave au sein des démocraties et des olygarchies suisses, avec toutes les dispositions à la douce sociabilité. Le Pyrénéen montagnard est léger, un peu malin, mais poli sans simagrée. Aimant le vin, je n'ai pas trouvé un homme ivre. Ce n'est pas seulement le plaisir de boire qu'il cherche dans son isolement, c'est le chant, la gaieté, l'agrément des réunions. Ardent, jamais cruel, il n'est ni fanatique, ni crédule, quoique le rituel des superstitions semble être le même partout. Le respect pour les propriétés est si grand qu'on trouve rarement des serrures et des clefs aux portes des maisons, fermées d'un simple loquet; mais chacune possède une carabine et des ustensiles de bois. Lorsqu'un montagnard reçoit quelque éducation, il manifeste par une mobilité d'imagination ce coloris de sentiment, cet art de peindre qui caractérise les peuples du midi. Vous ne trouvez pas parmi eux cette foule de mendiants qui attestent l'imperfection des institutions sociales. Comme ils sont sans palais, ils sont sans hôpital. La vue et l'ouïe sont les sens que cultivent le plus les habitants des vallées supérieures; leur voix est forte et bruyante; on reconnaît qu'elle appartient à des hommes errant souvent dans de vastes solitudes, et dont les accents, traversant de profondes vallées, vont provoquer sur la montagne opposée la voix des pâtres voisins. Les femmes sont généralement habillées avec peu d'élégance; on rencontre souvent ces femmes laborieuses, infatigables, ayant à elles seules tout le poids des soins de leur ménage, partager les travaux de la campagne, qui ne devraient être exécutés que par des hommes; porter, dans des chemins raboteux, deux cents livres de foin sur la tête, avec la quenouille à la ceinture, filant le lin et la laine qui doit servir à leur famille. Depuis quelques années les chants funèbres et l'*epulum ferale* ont cessé ; les pleureuses en manteaux noirs s'acquittaient de cet exercice, à la gloire des morts ; les mœurs patriarchales disparaissent chaque jour devant les lois et les habitudes nouvelles. Il ne manquerait rien à ce peuple s'il possédait ceux des arts industriels dont les produits pourraient embellir pour lui la vie sans le corrompre.

Quoique les communications y soient faciles, il est remarquable qu'il n'existe pas un seul aubergiste dans toutes les vallées éloignées de la grande route. Cela n'empêche point que vous n'y trouviez toutes les commodités de la vie au sein de la plus affable hospitalité. J'interrogeai l'honnête cultivateur du village d'Ayros, qui m'avait accueilli, sur l'origine du nom de *mauvais pas* par lequel on désigne l'entrée du village de Boos. Je le laisse parler : « Nous devons, répon-
» dit-il, l'affranchissement de la gabelle au Basque
» Audijos. Les commis de cet odieux impôt et la
» troupe qui les protégeait osèrent entrer dans le
» Lavedan. Les habitants menacés choisirent aussi-
» tôt le poste le plus propre à seconder une vigou-

» reuse résistance. Lorsque les premières disposi-
» tions furent faites, des députés allèrent repré-
» senter aux gabeloux que ces contrées avaient des
» fontaines salantes et des mines de sel gemme (1);
» qu'il était absurde de vouloir introduire des
» sels étrangers et d'un prix bien au-dessus des
» facultés d'un pays dépourvu d'argent, et qui ne
» s'accoutumait point aux vexations. Le sel indis-
» pensable à la santé des hommes et des animaux
» étant l'objet d'une grande consommation, coû-
» terait quarante francs le quintal, tandis que la
» même quantité d'un sel meilleur et librement
» importé ne coûtait que six francs (1). Pour
» toute réponse, le commandant militaire donna
» l'ordre de marcher en avant. Les habitants
» postés, suivaient des yeux les troupes. Lorsque
» celles-ci se trouvèrent bien engagées dans les
» défilés, l'attaque commença, les rocs roulèrent
» en bondissant; le régiment de la reine, cava-
» lerie, qui formait l'avant-garde, fut écrasé
» pendant que le reste des troupes périt sous
» une grêle de pierres lancées de toute part
» par la population tout entière armée de fron-

(1) Salines en Béarn, au départ de l'Ariège, etc.

(1) Mille brebis, en Espagne, consomment en cinq mois vingt-cinq mille quintaux de sel. La consommation, en France, moins grande, est encore considérable.

» des, et qu'animait le désespoir. On n'entendit
» plus parler de gabelle.... ».

Les historiographes du grand roi absolu n'ont rien dit du fait; c'est par discrétion. Nous remarquerons aussi que la plume des économistes a quelquefois moins fait qu'une poignée de paysans résolus, portés au désespoir après d'inutiles doléances. L'odieux impôt n'a cessé en France qu'en 1789.

A mesure que j'avance, la direction des chaînes des montagnes permet de distinguer le cours des trois branches du gave, *gabarrus*, comme autant de lignes tracées, et les points principaux de la topographie des vallées supérieures.

Ces gaves n'en forment qu'un seul près d'Argellez. Dégagé des obstacles qui s'opposent au développement de ses forces, il se montre alors dans un lit peu profond, et promène ses eaux d'émeraude de Pierrefite à Lourdes. Ses bords ne s'élèvent guère au-dessus de sa surface, ce qui facilite les inondations. Après avoir baigné les murs de Nay et de Pau, cette rivière bruyante et rapide rencontre les gaves béarnais, et se jette avec eux dans l'Adour, à Peyres-Hourades. Dans ses trente-six lieues de cours, le gave n'est flottable sur aucun point : cependant la destruction de quelques rochers, depuis Lourdes jusqu'à Saint-Pé, l'espace d'environ deux lieues, deviendrait d'une grande ressource pour le transport des bois, des marbres, des ardoises dont ce pays abonde.

Tous ces torrents sont entretenus par des lacs et la fonte des neiges. On y pêche d'excellentes truites, des saumonaux et des aloses de la plus forte espèce. A l'embouchure du gave il se trouve des loutres et jusqu'à des castors, s'il faut en croire quelques habitants d'Orthez et Liébaut qui en a trouvé dans plusieurs provinces, mais surtout aux bords du Rhône où ils deviennent assez rares.

La fertilité de la partie du Lavedan, appelée rivière de Saint-Savin, la dédommage de son peu d'étendue. Sa population se divise en trente-trois villages. Tous les grains et tous les arbres à fruit y croissent; la vigne même qui s'attache jusqu'à la cime des arbres les plus élevés, ose s'y montrer pour rappeler qu'à la même latitude, du côté méridional de ces montagnes, il existe des plants d'oliviers et les vignobles de Péralta. C'est là que l'épaisseur d'une montagne suffit pour faire trouver le froid de la Sibérie et le climat ibérien. La négligence montagnarde laisse les légumes et les fruits arriver sans soins. Les pommes reinettes de Saint-Savin sont délicieuses ; on n'en trouve que dans son territoire.

Le village de Saint-Savin avait reçu ses anachorètes, vivant d'aumônes, qui les enrichirent. Il les vit en peu de temps hauts et puissants seigneurs. Les bénédictins avaient amené l'abondance. L'Espagnol Sapin ou Savin, retiré dans cette vallée, et bientôt encouragé par les dons d'un comte de Bigorre, dans ces temps d'odieuse mémoire, où les plus grands coupables croyaient expier leurs crimes en fondant des monastères ; Savin bâtit l'abbaye de son nom sur les ruines du palais Émilien ; elle domine la plaine. Les châteaux de Bidalos, de Beaucem, le Lavedan avec ses beautés, forment l'admirable perspective de cette abbaye. Des sites enchanteurs se déroulent devant l'homme qui sait sentir et raisonner les impressions qu'il reçoit, plaisir si séduisant pour l'étranger qui ne fait que séjourner quelques mois dans ces montagnes. Mais, poétiquement parlant, tous les regards sont appelés par de jolis vergers, des guérets fertiles et de riantes prairies qu'arrosent mille sources d'eau vive. Vous arrivez au plateau par une pente douce et bien ombragée. On y trouvait des moines hospitaliers,

> Toujours reposés et contens ;
> Visitant peu la sacristie,
> Mais quelquefois les jours de pluie,
> Priant Dieu pour passer le temps.

On croirait le Lavedan paré de villages, de prairies, de bosquets pour le seul plaisir des yeux; les moines avaient trouvé le moyen de s'établir dans les plus belles expositions de la France.

Un vieux goutteux à robe noire, depuis la suppression des bénédictins, était là pour faire la police des consciences et les honneurs du lieu. Le bonhomme, adaptant son code aux circonstances, avait aplani le chemin du ciel. Il n'avait jamais connu, me disait-il, que deux passions, l'amour du bon vin et l'amour de Dieu ; on voyait bien à qui l'apôtre donnait la préférence. Je lui dois quelques anecdotes qui ne sont pas sans intérêt, et que je rapporterai volontiers, parce qu'elles entrent naturellement dans le tableau des mœurs que j'esquisse.

Il m'apprit donc, et ses paroles méritent toute croyance; il m'apprit que les RR. PP., appelés à l'exercice des droits seigneuriaux les plus étendus, en jouissaient dans toute leur plénitude. Une de ces belles redevances obligeait douze jeunes filles des villages de Solon et d'Adat à faire le lit des bons pères aux jours des grandes fêtes. Aucune hypocrisie n'accompagnait l'accomplissement du devoir ; on s'en acquittait en conscience (1). On y voit qu'un seigneur de Solon, voulant aussi que son lit fût fait par les filles de son village, s'avisa d'opposer des prétentions coupables aux tout-puissants bénédictins. Le différend fut, selon l'usage, soumis au jugement d'un tribunal. La chronique ajoute que la querelle se termina par un combat judiciaire au bâton, et que le champion des moines resta vainqueur.

On ne finirait pas si l'on voulait rapporter les opinions absurdes et souvent criminelles que l'artifice et le mensonge nourrissaient dans le peuple à l'ombre des préjugés et de l'ignorance, ce qui faisait dire à Montaigne que « lorsque les » vignes gèlent, un prêtre argumentait que les » cannibales avaient la pepie. » Les mœurs de ces temps barbares n'ont certes rien d'intéressant ; mais parlons-en, puisque MM. de Bonnald et de la Mennais travaillent à nous ramener ce bon temps où, lorsque Savin voulait allumer sa chandelle, il n'avait qu'à l'ap-

(1) La continence de ces moines est consignée dans les dénombrements du trésor d████artes à Pau.

procher de sa poitrine, et cette merveilleuse chandelle brûlait sans se consumer (1). Voilà bien le miracle de la chandelle d'Arras, *qui toujours brûle et ne s'éteint pas....*

Il paraît, au reste, que le saint moine n'était rien moins qu'un bon voisin. Un habitant du village d'Uz osa lui demander de quel droit il avait bâti sur son champ sans l'en prévenir. Savin étonné de tant d'audace, magnétisa l'importun questionneur en le donnant au diable. Je ne sais si l'affaire fut arrangée ; mais l'abbé resta maître du champ. Voulez-vous une autre preuve de l'ancienne puissance cléricale et même du pouvoir magnétique qu'on croit si moderne. Un prêtre passant sur le pont de Solon tomba dans le gave, saint Savin qui se promenait près de là, crie à ce prêtre de piquer des deux et de ne pas perdre courage : en même temps il lui fit signe du doigt, et le prêtre passa comme dans un gué. Le miracle était patent, et l'abbé fut, comme de raison, reconnu pour saint. Ce n'est pas tout : une transaction conservée dans la vallée d'Aspe, limitrophe de celle d'Azun, et rapportée par le savant auteur de la minéralogie des Pyrénées (2), donne la juste mesure de l'es-

(1) *Brev.* 5, *benedict.*
(2) L'abbé Palazzo.

prit des habitants de ces vallées au bon vieux temps.

Voici les propres paroles du traité de paix : « Un petit abbé de Saint-Savin, monté sur un » sureau, ayant exorcisé des maraudeurs béar- » nais, à l'aide de ses enchantements ils furent » tous massacrés. »

Le pape prit parti pour les maraudeurs, frappa d'interdit le Lavedan, et, comme on le pense bien, toutes les malignes influences suivirent le terrible anathème. Bref, pour apaiser le ciel et les moines, on se soumit à la redevance de forces messes. Nous savions déjà qu'on n'a la paix avec l'église qu'en l'achetant.

Ces égarements d'une piété ridicule et d'une servile soumission seraient sans doute oubliés, si les Béarnais n'avaient exigé, jusqu'en 1789, l'exécution du singulier traité. C'est ici le lieu de dire que de temps immémorial, une mésintelligence très marquée règne entre les deux peuples. Les Béarnais traitent leurs voisins de *vilains*: le mot n'est pas poli. Les Bigorrais à leur tour accusent leurs rivaux d'être *faux* et *courtois*, ce qui n'est pas un sanglant outrage. Je suis dans la patrie des cœurs jaloux. Espérons que des passions trop vives pour être durables, que leur feu même consume et qui ne sont plus dans nos mœurs le gage de l'amour et du bonheur, espérons qu'elles feront enfin place à des sentiments réciproques d'estime et de bienveillance. De nation à nation, ces rivalités sont un mal; de département à département, ces rivalités seraient plus qu'un ridicule.

La richesse des vallées supérieures est bornée comme leur horizon. Le commerce des bestiaux se règle nécessairement sur la quantité de pâturages; il en résulte une heureuse égalité dans les fortunes. Le produit d'une brebis est d'un écu par an. Trois toisons de bélier rendent communément vingt-cinq livres de laine ; une vache donne assez de crème pour faire jusqu'à trente livres de beurre par semaine. Ces hommes n'ont d'ailleurs rien fait pour le perfectionnement de l'économie pastorale par le croisement des races. La mauvaise qualité de leurs fromages accuse leur négligence. Un excès de présure contribue à détruire la qualité des laitages. L'exemple d'un commerce de plusieurs millions, à Gruyères, au Mont-d'Or et dans la Brie, est malheureusement perdu pour les habitants des Pyrénées. On peut en dire autant du commerce des jambons. Ce comestible délicat, si connu sous le nom de *jambons de Bayonne*, est en grande partie acheté aux marchés de Lourdes et d'Argellez. Les étrangers profitent de l'insouciance du montagnard, pour s'enrichir quand le producteur reste toujours pauvre.

Rien n'égale cette stupide insouciance que le sang-froid avec lequel ce montagnard voit la chute impétueuse des torrents grossis par l'orage et des lavanges plus effrayantes encore; il ne sort de cette apathie qu'aux menaces d'une contagion. Les épizooties l'accablent de douleurs, parce qu'elles les ruinent. Heureusement pour lui, l'économie est naturelle dans les pays où l'ambition se borne le plus souvent à la possession de quelques chèvres et de quelques moutons. Cette partie des Pyrénées dût offrir beaucoup d'attraits et peu de ressources à ses premiers habitants. Le sol était couvert d'épaisses forêts; il ne pouvait être fécondé que par des hommes libres.

Je ne suis pas la route ordinaire des voyageurs, qui conduit directement aux eaux de Cauterets et de Barrèges. J'arriverais tout comme eux si je le voulais. Mais un projet d'excursion, dans les vallées d'Azun et de l'Extrême-Salles; m'entraîne vers cette partie du Lavedan, bel et vaste amphithéâtre que couronnent majestueusement les grandes montagnes de cinq autres vallées, et qui toutes méritent une attention particulière. Ces merveilles, qu'on ne saurait voir sans être tenté de les expliquer, font sans cesse tourner la pensée du côté de la physique générale et de cette science aimable, qui fixe l'esprit sans le fatiguer, et communique à l'ame cette douce sérénité qu'on croirait perdue, s'il n'y avait pas de botanistes. La nature montre dans les plus légères de ses productions le cachet de l'immortalité; des palais font place à des chaumières et à des tombeaux : les plus illustres dynasties se détruisent par les tempêtes politiques, et les familles éternelles des plantes gardent invariablement leurs propriétés, leur éclat; elles répandent le même parfum.

VALLÉE D'AZUN.

Cette vallée semble appartenir à une région nouvelle, écartée, plus âpre et moins fréquentée. Il faut la chercher dans son site élevé, depuis Argellez, suivre une gorge longue et étroite, dévastée par deux branches du gave impétueux, portant le désordre sur les champs où l'on cultive le sarrasin et le lin et quelques prairies fécondées par les atterrissements et les éboulements de la partie supérieure qui termine la vallée. Dix villages construits en marbre et en granit, couverts d'ardoises, n'empêchent pas d'être frappé au premier coup d'œil de la nudité et de la solitude d'un pays riche en métaux les plus précieux mais inutiles aux Azunois, moins favorisés de la nature généreuse et riante que les autres contrées du Lavedan. On a cherché les causes d'une population inférieure, qui compte à peine quinze cents habitants, dans le peu de mélange des races, les indigènes contractant rarement des alliances avec les étrangers; l'insalubrité de l'air doit y avoir contribué, elle a suivi la ruine des antiques et vastes forêts absorbant une quantité de gaz carbonique, laissant, depuis ce déboisement, à des vents furieux et à des gros nuages humides amoncelés, la liberté de parcourir sans obstacle un sol nu, dépouillé de sa terre arable. Le changement dans l'ordre des saisons, la sécheresse dont on se plaint jusque dans les deux Castilles n'ont pas d'autre cause. La constitution géologique d'Azun, d'ailleurs très remarquable, offre un autre climat, un autre ciel, des productions en petite quantité; ses perspectives sauvages se présentent sans cesse, elles augmentent à mesure qu'on arrive au point de partage de la vallée. Le gave grossi par les débordements des lacs et des avalanches, entraînant dans sa rapidité tout ce qui s'oppose à son passage, réveille par son bruit effrayant ce pays silencieux et agreste que tous les éléments semblent avoir contribué à rendre du plus misérable aspect. Des troupeaux errants de chèvres sont presque les seuls qu'on trouve ; leur chair salée et conservée, nourriture ordinaire des Azunois, les font distinguer à une forte haleine. On ne rencontre que quelques bandits des deux pays qui trouvent l'impunité dans ces lieux inaccessibles.

A l'entrée du port de Penticouze, val de Thena, en Aragon, passage d'un accès difficile sur un pont pastoral formé d'une solive, on arrive aux lacs d'Artous et d'Arreus, peu éloignés des sources du Gaillego qui se jette dans l'Ébro, près de Saragosse. Des sentiers périlleux qu'on passe à dos de mulet, n'ont pas arrêté les armées d'Arabes; les Espagnols les franchirent plus d'une fois pour entrer en France. Je ne fus pas tenté de pénétrer dans ces vastes déserts et de voir jusqu'où la nature se refuse aux hommes et aux animaux; et, dirigeant ma course de l'autre côté de la vallée, peu satisfait en traversant les défilés des montagnes qui se montrent avec toute leur farouche et triste aspérité, je marchai un jour entier n'apercevant plus autour de moi que quelques arbustes sans sève, dernières productions de ces régions arides; c'est là que s'arrête la végétation, la vie ne s'étend pas plus loin. En quittant ce jour de frimas, les montagnes qui forment la ceinture d'Azun s'inclinent au couchant; l'œil ne trouvait de repos jusqu'ici que des rochers et des brouillards menaçants, précurseurs annonçant d'effroyables tempêtes; l'air paraissait enflammé, un terrible ouragan continua tout le jour ; je le passai dans une pauvre cabane où, la lassitude l'emportant sur la frayeur, j'attendis tranquillement le lever du soleil. Quel est mon étonnement à mon réveil ! c'était un jour naissant, une aurore nouvelle; en un instant je découvre les campagnes fertiles du Béarn, l'image de l'abondance, une température douce, les odeurs suaves du matin coulent dans mon sang avec l'air que je respire. Plus près de moi, se dessinent en longues bandes, les vallées d'Ossau et d'Aspe, sillonnées par deux gaves dans leur marche capricieuse, réunis à celui du gave, au-dessous de Pau: tout paraît nouveau dans cette belle contrée; je n'étais séparé des Eaux-bonnes et des Eaux-chaudes que par une petite distance, mais pour y arriver, il faut descendre une montagne très rapide, éviter des abîmes, et suivre les sentiers à peine tracés des *Ferrières*, si l'on ne veut prendre un long détour par la plaine. Il se trouve des hommes qui habitent le pauvre village qui porte ce nom, écarté de toutes communications, exemple incroyable de la force de l'habitude, de l'influence et de l'attachement aux déserts les plus affreux. L'exploitation des mines de fer qu'on y trouve doit naturellement appartenir aux habitants laborieux, intelligents, certainement les plus malheureux de la France, auxquels il ne reste que des roches pelées, infertiles, dont la coupe des bois, pour alimenter l'exploitation et les éboulements, ont entraîné la terre végétale; n'ayant plus ni champs, ni prairies, quelques chèvres sont leur unique existence. Seuls avec les loups chassés des hautes régions, ces infortunés ont en perspective le magnifique château d'un pair de France qui a trouvé le Potozi dans les mines des Ferrières Loubie, et, sous le gouvernement représentatif, la pleine et paisible jouissance du régime féodal. C'est en suivant les pas des bergers qu'en quelques heures je parviens au village de Souste, montant et descendant, pour remonter et descendre encore; le guide que j'avais pris à Saint-Savin avait peine à me suivre. Dans cette descente périlleuse, je me laisse aller ou plutôt je me précipite, comme un matelot se laisse couler du grand mât, j'arrive enfin sans accident aux Eaux-bonnes.

Ces eaux d'un nom si consolant, s'annoncent

par une légère odeur sulfureuse. Elles jaillissent au bas de la montagne que je viens de descendre, pressées par un torrent, lieu triste et incommode. L'analyse qui en a été faite par Bayen leur accorde une petite quantité de principes minéraux, leur réputation dans les maladies de la poitrine est très répandue ; on remarque cependant que les Béarnais eux-mêmes donnent la préférence aux eaux de Cauterets. La cour des rois de Navarre donnait aux Eaux-chaudes une grande vogue dans ces temps où l'on ne jugeait de leurs vertus que par leur température. En bannissant les fausses théories, la nouvelle chimie n'a pu leur enlever une situation agréable, des établissements commodes dans le voisinage des Eauxbonnes, d'Arudi, de Laruns, jolies villes vivifiées par l'industrie de leurs habitants, rendez-vous nombreux et périodique des riches oisifs du Béarn et de la Chalosse. Les Eaux-chaudes n'ont pas perdu leur ancien crédit dans les pâles couleurs, maladie ordinaire des jeunes Gascones ; la mode en attire un grand nombre des plus gentilles.

Un respectable militaire, retiré dans cette belle vallée, accompagna la courtoisie cultivée, ordinaire aux Béarnais, du récit de ce que les vallées d'Ossau et d'Aspe possèdent de plus remarquable.

Il existe, au port de Canfran (*summum pyreneum* de César) les restes d'une inscription rapportée dans le savant ouvrage de M. Dralet, sur les Pyrénées; elle se trouve près du village d'Escot, à douze pieds au-dessus du niveau du chemin :

L. VAL VERNUS CER.
LI. VIR BIS HANC
VIAM RESTITUIT
LAMIT XIV
AMICUS S. C.

Ce passage, encore difficile, malgré les travaux qu'on ne cesse d'y faire, rappelle combien les Romains étaient accoutumés aux dangers. C'était avec un vif sentiment de plaisir que je suivais à travers la vallée d'Aspe, riche en troupeaux, en superbes forêts, parsemées de haies vives qui découpent les prairies; des fontaines abondantes se trouvent partout, dans les villages, sur le bord des chemins, en suivant ceux qui conduisent au pic du midi de Pau. Les expériences de Flamignon, de Delfrant, d'Angosse, l'élèvent à 1407 toises au-dessus du pont de Pau. Le célèbre historien de Thou, en 1543, portait la hauteur de ce pic à 1320 toises géométriques, pour nous prouver dans ce temps où les expériences physiques étaient bien rares, qu'un grand homme n'est point étranger aux observations utiles.

Nous abordons le pic de Pau ou des Jumelles, appelé encore des *Trois Sœurs* (*tres serous*), d'un assez difficile accès, et couvert de neiges, quoiqu'il soit embrasé d'un soleil dévorant. Sa fourche aiguë se découvre au loin sans faire oublier l'accès imposant des Hautes-Pyrénées. On découvre Pau à trois lieues, au couchant de Tarbes, d'origine moderne. Les rois populaires de la Navarre choisirent le village de ce nom, dans la plus attrayante exposition, sur une plateforme au confluent de trois gaves, promenant majestueusement leurs eaux sur une plaine fertile de douze lieues jusqu'à l'Adour, et à l'Océan pour en faire la capitale de leurs états. L'agriculture perfectionnée; des manufactures de toiles; le commerce occupe une population animée, qu'une vivacité de physionomie caractérise : Pau annonce l'opulence tranquille. Les femmes, généralement jolies, reçoivent un agrément de plus de leurs manières enjouées et de leur beau linge. Ces heureux avantages tiennent à la situation physique du Béarn et à ses anciennes institutions, appelées *Fors*. L'illustre fondateur de la dynastie remarquable, qui gouverne encore trois grands empires de l'Europe, naquit à Pau. Un citoyen de cette cité, Bernadotte, par les succès de sa gloire militaire, a placé son berceau à côté de celui d'Henri IV, pour le bonheur des Suédois, la paix du nord et l'exemple de ceux qui se vouent à la carrière des armes. Deux écrivains célèbres, le docteur Bordeu et Alexandre Delaborde, député de Paris, sont nés à Izeste, dans la vallée d'Ossau.

Je m'éloigne en suivant encore des yeux ce climat enchanté. Quels contrastes avec la vallée d'Azun! Je dois en reprendre la route difficile, et sans m'en écarter beaucoup, voir la montagne de l'Estibe, dont les pâturages abondants et salutaires attirent tous les ans les nombreux troupeaux du Béarn et du Bigorre. Je remontais assez tristement la montagne qui domine les Eauxbonnes, une jeune et jolie femme assise au pied d'un tronc d'arbre, seule avec son chien, se repose sans être effrayée de la rencontre de deux étrangers. La douce fraîcheur du matin règne sur ses lèvres; une joie naïve, modérée par l'innocence et la modestie brille dans ses yeux; elle chante en marchant, et ses chants naissent du contentement de son ame. Partie de Laruns avant le jour, elle traversait ces déserts pour se rendre à l'Estibe, avec des provisions pour le gardien d'un troupeau de son village. Une conversation facile et même confiante s'établit bientôt entre nous; le récit de ses amours, les espérances et la fidélité de son amant; elle croyait n'avoir rien à cacher. Son agilité lui donnait des ailes; ses joues légèrement colorées; ses yeux noirs, vifs et tendres; sa physionomie gracieuse, réunissaient les charmes et la séduction des belles têtes espagnoles. L'art n'a point formé sa parure : ses longs cheveux, rejetés en arrière, soutenus par une aiguille d'argent; son capulet à la main; ses bras et ses jambes sont entièrement nus; sa légère chaussure de sparterie pour ses pieds mignons, une jupe noire très courte, le corset de la même couleur, costume de toutes les Ossaloises, avec du linge éclatant de blancheur, dont les plus rares beautés pourraient attendre de nouveaux agréments. Après trois heures d'ascension et de stations qui en diminuaient les fatigues, nous arrivons au sommet de l'Estibe. Des fleurs, dans toute leur beauté primitive, formaient le tapis brillant d'un vaste plateau. Des cris de joie annoncent l'arrivée de la jeune Ossaloise. Prévenu sans doute de son arrivée, son amant se trouvait à l'entrée de sa cabane. Je l'avouerai, ce rendez-vous amoureux de deux jeunes amants sur un des points les plus élevés de ces montagnes sauvages, fut pour moi un spectacle d'innocence, moins frivole qu'attachant; mais où je n'ai vu que les sentiments naïfs d'une union tendre et passionnée : des censeurs regarderont cette aventure peu digne d'être remarquée comme épisode d'un voyage aux Pyrénées ; ceux-là voudront, pour intéresser leurs lecteurs, des spectres et des charmes, des amantes et des croix, des baisers et des larmes.....

« De vierges, de bourreaux, de vampires hurlants,
» De tombes, de bandits, de cadavres sanglants....
» Et toutes ces horribles peintures, etc. »

Élevé dans un pays de bergers et de cultivateurs, je ne puis avoir la prétention d'atteindre à ces sublimes extravagances. Au risque d'être villageois, j'ose avouer que je préfère les Georgiques de Virgile à trente volumes de Walter Scott. Il n'en est pas, et j'aurai occasion de le dire, des bergers des Pyrénées comme des pâtres de la Brie : ils n'ont pas les habitudes grossières des bergers des Alpes. Ici l'indigène spirituel sans culture, épris des douceurs du sentiment, chante dans sa solitude, dort paisiblement sur la pointe d'un rocher. La fille, dotée de 500 francs, choisit parmi ses amants celui qu'elle aime le plus, et qui lui assure une vie commode, je dirai même assez riche.

J'avais fait deux amis de ces deux amants; je les quittai pour rentrer dans la vallée d'Azun. Les ombres de la nuit descendaient des montagnes; elles enveloppaient déjà de leur voile humide les vallées inférieures; il ne me restait pour me conduire que la pâle lueur du soir. J'allai chercher un asile au beau village d'Arrens.

On ne me reprochera pas de fatiguer le lecteur par des détails de la vie du voyageur; je lui épargne cet ennui. Je pourrais cependant lui apprendre les ressources qu'on trouve dans le chef-lieu du pays. Le restaurateur qui attire les plus fins gourmets, avait sa carte chargée de chèvre salée; il m'en offrit le choix ou d'un écureuil à l'huile, mets extrêmement recherché des gastronomes du canton. Je donnai la préférence au pain de maïs et à du bon vin de Madiran. Le sommeil suit la fatigue; pour la soulager, un sale grabat me parut moins agréable qu'une chaise de bois près du feu, et, sans attendre les premiers rayons du jour, je dirigeai mes pas vers la chapelle de Poey-Laüt, entre de hauts rochers, dont l'aspect est terrible: dans un vallon assez agréable, s'élève un joli bâtiment construit sur une roche marbrée, qui lui donne le sol d'une seule pièce. La statue de Marie, belle imitation de l'antique, le style, l'attitude piquante d'une admirable simplicité, la Vénus de Corinthe dans un temple de chrétiens, et pourquoi pas? Le pape s'agenouille bien dans Saint-Pierre de Rome devant un Jupiter Olympien dont il a plu de faire un père éternel. De nombreux pélerins, dans un enchantement délectable, admiraient les grâces de la sainte; elle avait ses miracles, son culte tout de confiance et de tendresse, tourment et plaisirs des ames douces : elles allaient, séduites par tant de beauté, chercher la paix auprès de cette aimable vierge! Quelle main sacrilége et impure a fermé son sanctuaire et éloigné ces pieux dévots qui lui restent attachés?

Les femmes de cette vallée sont bonnes ménagères, grandes et fortes; leur peau bise et même noire décèle les rudes travaux qu'elles partagent avec les hommes, n'ayant à cultiver que des terres ingrates, dépourvus de manufactures et privés des arts. On ne cherchera pas dans les formes, les gestes, la beauté des Azunoises, sous de gros vêtements de laine, l'élégance que les Apelles et les Praxitèle rencontraient parmi les jeunes Athéniennes; mais on retrouvera des danses d'une ancienne origine, le costume et les usages qui accompagnent ce qu'on appelle *balés*. Il est assez extraordinaire que ces danses soient celles des corybantes, aux fêtes de Cybèle. Il y a quelque chose de farouche dans les cris, les hurlements et l'intrépide audace de ces montagnards. On s'accoutume à tout, même aux tremblements de terre; ils étaient assez fréquents, mais peu violents.

Tous les Pyrénéens ont également défendu leur indépendance. Les chroniques d'Azun rendent, en particulier, témoignage de cette courageuse résistance à l'oppression. On y trouve que des émissaires du comte de Bigorre s'étant introduits à mauvaise fin, dans cette vallée, furent impitoyablement, les uns brûlés vifs, et les autres précipités dans un abîme qui en a retenu le nom du Saut du Procureur. L'Azunois se montra moins féroce dans une circonstance qui mérite d'être connue. Un prêtre de Cominge, évêque invoqué depuis sous le nom de *saint Bertrand*, s'avise, vers 1076, d'aller missionner les habitants d'Azun. Il arriva que, pendant le sermon, un malin coupa la queue de la mule du prêtre : le trait n'était guère que plaisant. La superstition et l'intérêt le transformèrent bien vite en sacrilége; les plus grands malheurs allaient inévitablement fondre sur le pays; le saint eut la générosité de promettre l'oubli de l'outrage, sans accuser les libéraux de l'époque; seulement, il accorda le pardon, moyennant une forte redevance en beurre, en fromage, tribut sacré que le chapitre de Saint-Bertrand n'a pas manqué de lever durant tant de siècles, jusqu'en 1789, lorsqu'on a vu la violation des traités les plus solennels, au moment où ils ont été conclus, ô puissance du clergé! Chaque pays a sa vanité. On accorde un bon estomac à l'Azunois. Les habitants de Cauterets se targuent de la légèreté avec laquelle ils conduisent en toute sûreté les étrangers dans les lieux les plus difficiles des montagnes; la supériorité de l'esprit est due au Barégeois : c'est peut-être à ces distinctions que devrait se borner l'histoire de ces montagnards. Mais j'avance dans l'étude des mœurs pyrénéennes.

Quel est cet essaim de prêtres qu'on rencontre à chaque pas, qui font l'ornement du marché d'Argellez et de la vallée d'Azun; répandus dans plusieurs départements moins pourvus de lévites? La première personne à laquelle je m'adressai, me répondit fort ingénument, que beaucoup de familles, mal aisées, élevaient dès le berceau ces apprentifs prêtres aux dépens des pauvres diables qui travaillent. Déserteurs des travaux paternels, conduits dans la voie du salut, ils deviennent la ressource précieuse de leurs parents, et par leur économie leur rendent plus qu'ils ne leur avaient coûté. On reconnaît dans ces migrations, celles des pauvres Savoyards, des Auvergnats : elles ont la même origine. J'étais tenté de demander si les charmants abbés avaient l'amour de la pauvreté évangélique, une conduite régulière, sans préjudice de leur sainteté; si une vocation particulière était pour quelque chose dans ces vœux commandés et si souvent téméraires? On devrait bien répondre, et sans rire, à ces questions.....

C'est assez d'une vallée riche en substances minérales (1), qui n'a rien des ressources de ses voisins, je l'abandonne à la stérilité qui la dévore, aux hommes de loi qui lui vendent leur colère, leur encre et leur papier timbré. Je vais

---

(1) Le savant Dietrich indique plus de cinquante mines d'or, d'argent, de fer, de cuivre, de plomb, etc., dans la seule vallée d'Azun. Les tentatives pour leur exploitation n'ont pas été heureuses. La cause en est-elle dans la cherté du combustible, de la main d'œuvre, du transport du minerai? On sait seulement qu'il a existé des fonderies aux villages d'Arras et de Nestalas; elles doivent avoir contribué au déboisement: la négligence des plantations éloigne les entrepreneurs.

jouir dans d'autres cantons du tableau d'une vie toute pastorale, chez des hommes qu'au premier coup d'œil on croirait sortis du fond du nord, et qui bientôt vous charment par leur accueil amical. Il faut les aller chercher éloignés des grandes routes et des villages, dans des écarts, sortant des villes pour conserver leurs mœurs. Le monde finit pour eux ; bornés d'un domaine enlevé aux lavanges, aux ours, aux curieux indiscrets et importuns, s'il s'en trouvait d'assez hardis pour les braver dans leur retraite impénétrable. Mon dessein étant de me rendre par les gorges d'Azun à l'Extrême de Sales, accompagné de mon guide fidèle, j'arrivai avant la nuit dans une habitation qu'on ne saurait comparer à aucune autre solitude.

Mes hôtes, au nombre de douze, en comptant le grand-père et la grand'mère, dépourvus d'instruction, de livres chronologiques, doivent ce qu'ils sont à la nature seule. Les périodes de la vie se règlent, pour eux, sur celles de leurs occupations; ils connaissent les heures par l'ombre des montagnes; le chant du coq proclame le retour et l'ordre de leurs travaux; les fleurs et les fruits indiquent les saisons; leurs vêtements commodes et chauds sont l'ouvrage de leurs femmes; ils sont eux-mêmes les architectes de leurs maisons, où ils s'éclairent et se chauffent avec des bois résineux, comme au temps d'Homère :

Urit odoratum nocturna in lumine cedrum.

Circé n'usait pas d'autre bougie. Le dédaigneux citadin ne voit, sans doute, dans ces montagnards que les ilotes de la fortune; il se trompe. Ces hommes vivent sans procès, ne désirent que ce qu'ils connaissent à leur portée; affranchis des autorités oppressives qu'on évite difficilement dans les plus petites réunions, de la jalousie et des inquiétudes des voisins; maîtres de troupeaux nombreux, et dans une grande aisance, chasseurs actifs et adroits, ils trouvent dans les bois beaucoup de chevreuils, de coqs de bruyère, de faisants. Ils pêchent dans le lac du pic d'Assou d'excellentes truites. Ce pic, du midi d'Assou, visité par les savants et infatigables géomètres Flamignon et Vidal, s'élève à 2113 mètres : ce sont à peu près les seuls voyageurs physiciens, naturalistes, dans ces hauts et vastes déserts, dont le souvenir se soit conservé parmi ces bonnes gens; ils ont vu la situation, les mœurs, les habitudes, la simplicité, je dirai le bonheur; voudra-t-on les appeler sauvages? Leur sang est pur, leur ame est calme et le médecin ignore le chemin de leur demeure.

VALLÉE DE L'EXTRÊME DE SALES.

La petite peuplade de l'Extrême de Sales occupe l'extrême nord de la partie basse du Lavedan, à l'écart des autres vallées. Elle a pour bornes et pour abri les montagnes de Val Surguère, du Béarn et d'Azun; elles la défendent des vents et de la plupart des accidents qui servent d'escorte aux longs hivers : aussi jouit-elle des douceurs d'une température agréable. Dans ces contrées, en général, on ne connaît que deux saisons. On passe assez subitement des chaleurs de l'été, quelquefois brûlant, aux froids de l'hiver. On n'y reconnaît, pour ainsi dire, pas ces gradations qui servent à rendre ces changements moins sensibles, et par là même plus amis de la santé. Un vent du midi change tout à coup l'atmosphère sans faire éprouver aucune variation au baromètre. Un jour suffit, quelquefois un instant pour émailler ou dessécher la terre. L'Extrême de Sales conserve de sa position les avantages d'un printemps précoce, et lorsque l'automne répand ailleurs les couleurs de la destruction, les troupeaux viennent dans ce coin de montagnes, assez bien abrité, pour animer ses prairies, jusqu'au moment où la nature sera voilée par les frimas. Les neiges n'y séjournent pas non plus comme dans les hautes vallées. Des forêts de noyers, bannis des régions élevées, l'ombragent, et contribuent doublement à soulager l'habitant dans ses besoins ; ils sont même d'un produit assez considérable depuis qu'en certains cantons on préfère l'huile de noix par expression à l'huile d'olives et souvent au beurre. Comme bois ensuite, le noyer, un des meilleurs pour les meubles, est encore une ressource pour ce pays d'une sage économie.

Lorsqu'on a quitté les lieux sauvages où pas un être ne respire, où aucune plante ne végète, où nul sentier battu ne rassure le voyageur sur la fin de sa route, où, pour tout dire, aux moindres variations de l'atmosphère, la foudre et les éclairs font retentir leurs effroyables roulements, qu'on a quitté Azun, on est heureux de se retrouver sous le vaste ombrage de beaux et précieux châtaigniers, arbre-pain de l'Europe, entre mille sources d'eau vive, jaillissant de tous côtés pour répandre la fraîcheur dans ces retraites charmantes. Le repos de cette solitude inspire le désir d'habiter l'Extrême de Sales. Mais il existe un dangereux ennemi de cette vallée dans le Bergoms. Les subites inondations de ce torrent, grossi par la fonte des neiges ou par les pluies, menace aussi de ses ravages le vallon trop resserré. Alors les arbres brisés et que la fureur des eaux entraîne, vont dispersant les moissons surprises et les habitations que la prévoyance n'a pas entourées de précautions. Des masses de rochers dont le déplacement paraît impossible, roulent avec le fracas du tonnerre pour se précipiter dans le gave auprès d'Argellez. Ces cataractes de ruine et d'effroi se renouvellent à plusieurs reprises au mois de mai, sans pourtant troubler la sécurité des montagnards. Le torrent est à peine rentré dans son lit, que ces hommes sans rancune travaillent une autre fois à l'embellissement de ses bords, en les couvrant de coudriers, d'aunes, de frênes et d'arbres fruitiers.

Il nous reste peu de traces des premiers habitants des Pyrénées ; mais on peut croire que les avantages de la position fixèrent de bonne heure dans cette heureuse vallée les hommes et les troupeaux. Elle avait un conseil de vieillards, qui s'interposant dans les différends des familles, décidaient sans appel. Ce tribunal auguste subsista jusqu'à l'établissement de la cour vénale et chicanière du sénéchal. Une affreuse épidémie, commune aux contrées méridionales, ravageait le nord de la vallée. Les maladies de l'habitant sont généralement aussi peu nombreuses que ses besoins. Sa vieillesse est saine et son enfance à-peine un état de faiblesse ; mais il succombe aux fièvres pestilentielles et surtout à la crainte ; le saisissement et l'inquiétude ne sont pas pour lui les plus cruels des maux. Le plus chétif hameau possède un oracle qui décide sans appel de la vie des malades. Plus près des manières du peuple, des barbiers impitoyables versent des torrents de sang ; la lancette assassine est dans leurs mains un instrument de mort. Tout est de mode en France : il fut un temps où c'était du bon ton de se faire saigner à outrance ; un air pâle et languissant intéressait ; les coquettes se faisaient ouvrir la veine pour être à la mode (1). Ici le malheureux meurt victime de sa crédulité, lorsque ce n'est pas d'abandon au hasard. Je rencontrai des médecins instruits, pauvres et dévoués... C'est là que leur ministère devient sublime. Ils prodiguent des soins qu'on peut dire gratuits avec les secours d'une ame tendre, en des lieux sauvages et souvent inaccessibles.

Vous ne trouvez dans ces montagnes ni suicides, ni fous. Si des maladies honteuses y sont

(1) L'histoire conserve le nom du médecin d'Henri II, qui le fit saigner deux cents quatre-vingts fois.

apportées par l'étranger aux dépens de l'innocence hospitalière, telles sont les mœurs de ces bonnes gens qu'ils vont chercher des secours auprès des madones et porter des offrandes aux prêtres comme dans les grandes calamités. Si l'on ne peut rien retrancher de ce tableau, c'est au moins une consolation que la misère ait au village quelque chose de plus supportable que dans les villes. Sous le chaume elle a rarement à redouter une pitié dédaigneuse, plus cruelle que l'adversité même. Le bon villageois sait aller au devant du malheur : il lui suffit d'avoir soulagé son semblable; la flatterie n'a ni autels, ni journaux pour publier les dons de la vanité. Sa mythologie, souvent consacrée à la reconnaissance, s'exerce en faveur des saints les plus en réputation de bienfaisance, guérisseurs des hommes et des bestiaux (1). Les objets de superstition sont changés ; mais l'esprit superstitieux subsiste encore dans la classe la moins avancée. Le dieu Pan est remplacé par le loup-garou, et les sorcières ont recueilli l'héritage des augures. Là comme ailleurs le bon sens n'a qu'une étroite

(1) La vraie piété est au-dessus de la portée du cœur et de l'esprit du peuple; la grosse voix du prédicateur l'intéresse; il ne comprend rien à ce qu'il dit; mais il crie beaucoup, le voilà persuadé.

ouverture pour entrer dans ces pauvres cervelles, tandis que la sottise, conduite par la peur, entre par toutes les portes. Les prêtres exercent un grand empire; mais aux Pyrénées françaises, cet empire n'emprunte rien aux fureurs qui font gémir la péninsule sous le règne affreux des fabricants de miracles. Si parmi eux quelqu'un fait encore hurler le diable contre le ciel et maudire les hommes, le plus grand nombre des bons curés n'exige du peuple qu'une existence douce et commode, l'assistance à la messe, de fréquents signes de croix et de la considération pour leur personne. C'est en se mêlant un peu de tout que les prêtres ont partout soumis le peuple au pouvoir d'une véritable théocratie : elle aura un terme.

Quant à la morale, ceux qui connaissent la langue du pays sont étonnés de la quantité de mots plus ou moins significatifs que l'usage consacre aux personnes qui se sont souillées d'actions honteuses, ainsi qu'à l'homme inutile ou dangereux... Les grands crimes y sont très rares, et la punition des coupables y produit un effet extraordinaire. C'est là que sont vraiment salutaires les rigueurs de la justice. On ne peut bien saisir l'esprit des temps et des peuples, sans considérer ces derniers dans les détails de la vie privée et dans quelques pratiques superstitieuses, touchantes d'ailleurs et qui rappellent des institutions celtiques; mais il ne s'y trouve aucun de ces dangereux fanatiques qui déshonorent encore des peuples civilisés.

Ces justes éloges ne m'empêcheront pas de rappeler un trait certes peu commun de la vie de saint Romuald. Ce saint s'était arrêté longtemps dans ces vallées, les habitants aimaient à l'entendre. Lorsqu'il voulut se retirer de cette mission, les montagnards s'opposèrent à son départ, sans pouvoir l'empêcher. Alors, croyant leur foi plus qu'exposée, s'ils laissaient aller leur saint missionnaire, ils mirent en délibération s'ils ne l'écorcheraient pas pour avoir de ses reliques.

Traçons en courant quelques traits des plus caractéristiques des habitudes de ce peuple et de ses affections morales qu'on essaierait en vain de détruire. L'habitude n'est jamais plus forte que chez les hommes simples, qui n'ont qu'une forme, celle qu'impose le climat, si nécessaire d'ailleurs et si permanente que l'usage d'y céder est devenu pour eux une sorte d'instinct irrésistible, un goût dominant, un penchant inaliénable.

Je ne comparerai point le sort des montagnards des sept vallées du Lavedan avec le sort des sauvages du cap Horn, ou des insulaires de la mer glaciale, nourris d'huile de baleine et de poisson pourri. Je les crois même moins heureux que l'Arabe, respirant sous les palmiers les parfums de l'Yémen, l'Indien qui vit sous un ciel toujours doux, à l'ombre du figuier et des banians, trouvant sans travail ses plaisirs à côté de ses besoins. Je vois les Pyrénéens nourris, logés, vêtus uniformément. Leur richesse est dans le nombre de leurs troupeaux, et leur luxe dans les sonnettes dont on les décore, dans le signalement de diverses coutumes par lesquels il les distingue et dans lequel le gentilhomme le plus jaloux de ses chevrons brisés pourrait au besoin trouver l'origine de ses armoiries. Quant à la nourriture, une large chaudière de pâte de maïs suffit à leur famille, au bonheur de laquelle rien ne manque, lorsqu'elle peut y joindre une tranche de jambon. L'ail, cet asphodèle odorant, qui se reproduit sous quatre-vingts espèces différentes, est, quoi qu'en aient écrit Catulle et Horace, un assaisonnement délicieux et nécessaire : pauvres et riches, tous au midi de la France, mangent de l'ail et des oignons. On porte de l'ail sur soi pour se garantir des épidémies et de l'influence de la brume; il est la thériaque du pauvre. Votre enfant a-t-il des vers, vite la croûte frottée à l'ail ; manquez vous d'appétit, recourez à l'aillade. La nourriture ordinaire est du laitage, du beurre, du fromage et du porc, parce qu'on engraisse facilement cet animal. Auprès de ces familles, souches aussi anciennes que les montagnards qui les cachent, les Fezensac et les Bouchard-Montmorenci, sont nés d'hier? Tel est le pouvoir de l'habitude parmi ces peuples indigènes. Ces mœurs diffèrent trop des nôtres pour nous plaire : à peine en avons-nous l'idée. Où l'aurions-nous prise? Dans nos villes, les mœurs y sont étrangères. Dans nos campagnes? Le luxe corrupteur en bannit chaque jour la simplicité; c'est lui qui chasse la nature de ses propres foyers. Parlez de la douce paix des montagnes à ces hommes amis du bruit et du mouvement, pour qui la solitude et le silence sont inséparables de l'ennui, ils n'ont aucune idée de l'intelligence et de l'aménité des Pyrénéens, puisqu'on les confond avec des pâtres grossiers et durs. Cette réflexion conduit naturellement à comparer les mœurs de divers peuples, si différentes dans les effets qu'elles doivent produire sur les habitudes de la société : ces traits caractéristiques intéressent les curieux et méritent l'attention des voyageurs. Il est bien connu, par exemple, que l'habitant des pays méridionaux, en général, parvient de bonne heure à la maturité ; j'excepte ceux dont l'éducation et des circonstances particulières ont développé les facultés. Ses sentiments sont justes et se portent rarement sur des objets étrangers à sa famille, à ce qui l'environne. Il se forme dans l'exemple de la maison paternelle : le monde tout entier est là pour lui. C'est par là qu'il préserve son indépendance et sa santé des mille artifices qu'on appelle devoirs de société. L'éducation des femmes se borne à ce qui peut les rendre utiles plus encore qu'agréables. Leur vie retirée n'est pas de l'esclavage ; un pouvoir plus fort que la loi, l'opinion, leur impose cette retraite. Nous-mêmes, au sein des villes, ne donnons-nous pas tous les jours la préférence à la femme occupée de son ménage et de ses enfants sur l'effrontée coquette qui va courant le monde, sur la romancière et la joueuse, qui déshonorent leur époux par le continuel spectacle d'une vie dissipée, désordre que ces époux doivent souffrir sous peine de ridicule : ainsi le veulent les héros de notre civilisation. La portion du genre humain, que nous appelons *sauvages*, vient au secours de nos observations. Ils ont des magiciens et des sorciers, qui les trompent en leur parlant du grand esprit : ces hommes, à sens vifs, n'en ont pas moins beaucoup d'intelligence, avec une finesse de tact, qui feraient honneur aux hommes les plus éclairés. Le Lavedan possède un grand nombre de ces hommes qu'on ne prendra sans doute pas pour des sauvages; on s'oublie dans l'observation la plus impartiale.

Le soleil montait vers le midi, lorsque dans un de ces beaux jours, qui le disputent au printemps même, je quittai les villages de Sales et d'Auzons, pour prendre la grande route qui devait me ramener au val de Cauterets. La campagne était encore couverte de verdure et de fleurs; mais je voyais des cretins, et ce spectacle était une ombre au tableau. La santé, ce trésor de l'indigent, n'habite pas, et je ne sais pourquoi, les villages d'Agos, de Vidalos, d'Ost, d'Ayzac et de Vieuzac, agréablement placés sur la grande route, à si peu de distance l'un de l'autre, qu'on croirait être dans le même village.

De l'étymologie des noms des lieux, de la connaissance des localités, des traditions, des légendes, du génie allégorique, des usages enfin, quand on sait les rapprocher et les comparer, de tout cela résultent les origines géographiques et archéologiques qui suppléent au silence de l'histoire. En attendant les judicieuses explications qu'on peut désirer des savants, l'on doit convenir que ce n'est pas au hasard qu'on doit les terminaisons grecques. Des noms de plus de deux cents villages, annoncent que là furent les premiers habitants de ces contrées sauvages : ceux de cette partie du Lavedan ont une autre origine, une santé languissante; les dénominations appartiennent à la langue du nord, aux Goths. Les écrouelles, le scorbut et la gale, fille de la misère, perpétuent, dans cette vallée, surtout la race des cretins, descendance de ces Alains, Scythes d'origine, dont une partie paraît s'être fixée au pied des Pyrénées et dans le Valais, pour en garder les passages. Mais que cette affiliation existe ou non, toujours est-il vrai qu'une insouciance, qui va jusqu'à la stupidité, est commune à ces deux populations, et les empêche de sentir tout ce que leur état a de dégoûtant, avec cette différence que la maladie est infiniment moins hideuse sur le gave que sur le Rhône. On ne trouve point à Vidalos, comme à Sion, des malheureux affligés de goîtres d'un tel volume, que je les ai vus fléchissant, sous le poids de ces fardeaux, se traîner sur leurs mains, couchant en plein air comme les plus vils animaux. La prévention contre ces cretins, connus sous le nom de *Gots*, *Cagots* (chiens de Gots), Capots, est un exemple de plus de la force et de la durée des haines populaires. Assujettis aux travaux du charpentier, ils vivaient dans la honte et le mépris les plus humiliants, écartés des villes et des villages, comme on les voit encore de nos jours; ils étaient réputés ladres, et comme tels excommuniés pour l'arianisme, qui fut l'opinion la plus générale du monde entier, et dont les Goths, leurs ancêtres, faisaient profession. Ils portaient aussi le signalement d'une patte d'oie sur leurs habits. Les trouvait-on sans chaussure, ils avaient aussitôt les pieds percés d'un fer chaud. Humiliés de mille manières par les lois les plus rigoureuses, on leur faisait la grâce de compter sept d'entre eux pour un témoin ordinaire. Le mot *cagot* est devenu synonyme d'hypocrite, par une suite du mépris attaché primitivement à ce nom proscrit.

On demande quelle est l'origine de cette disposition générale qu'on trouve au goître, au cretinage, en Espagne, en Angleterre, en France, en Italie? On croit l'avoir trouvée dans les expositions peu aérées, humides à la fois et chaudes; dans le passage rapide d'une température à l'autre; dans l'alternative d'un long hiver et les chaleurs extrêmes de l'été; dans l'abus des viandes salées, des farineux, du fromage, des fruits verts, nourriture ordinaire du peuple, agents

puissants parmi ces causes, dont la réunion et des circonstances particulières peuvent produire ce vice des humeurs lymphatiques : on attribue aussi l'épaississement de ces humeurs aux eaux des neiges; tel est l'avis du père de la médecine. Ce grand homme, dans son *Traité de l'influence des climats, de l'air et des aliments*, livre auquel vingt-cinq siècles n'ont rien fait perdre dans l'estime des philosophes, Hippocrate pense qu'on ne peut raisonnablement assigner d'autres causes à la difformité cretine. « *Quæ vero aquæ ex nive*
» *aut glaciæ fiunt omnes pravæ; nam quod in*
» *ipsis et clarum et leve et dulce est exernitur et*
» *evanescit, quod vero turbidissimum relin-*
» *quitur.* »

Malgré cette puissante autorité, le préjugé sur l'insalubrité des eaux des neiges a disparu devant l'expérience. Nous savons aujourd'hui que ces eaux éprouvant une véritable distillation qui les sépare de toutes les matières moins volatiles qu'elles, sont les plus pures de toutes les eaux naturelles. Un reproche plus fondé sur les qualités des eaux de presque toutes les montagnes, est celui d'être surchargées d'un excédant de sélénite ou sel vitriolique à base calcaire. Ces eaux sont quelquefois pétrifiantes, comme celles du Valais, d'Arcueil, etc. Le vin, nécessaire à la constitution des montagnards, devient la source de leur oisiveté; il se nourrissent de laitage et d'un pain souvent aigre et mal préparé, qu'on substitue sous le nom de polenta, millasses, cruchades, au pain ordinaire. Les médecins ajoutent peu de choses à ce que j'écris ici sur cette affreuse maladie. Une émanation forte annonce de loin celui qui en est atteint. Ses vêtements grossiers et lourds la conservent, l'attraction des habits étant en raison composée de leur poids et de leur surface ; par une suite nécessaire de cette propriété attractive, la laine qui se lave et se nettoie bien moins que le linge, conserve aussi plus long-temps les miasmes putrides. La laine dont les Turcs font un si grand usage, passe pour être une des causes qui perpétuent la peste.

Quoi qu'il en puisse être, nous avons la douce certitude en France de la diminution du cretinage aux Pyrénées, depuis qu'on y connaît les avantages de la propreté qu'accompagnent une nourriture saine et abondante, les progrès de la civilisation qui fait aimer le travail, bannit la paresse et les préjugés: ces explications suffisent aux physiciens. L'archevêque Marca, né à Gand en Béarn, auteur d'une histoire insignifiante de son pays, a donné une grande preuve d'ignorance, en faisant descendre les crétins, gégistains de l'hébreu Giezi, serviteur d'Elisée et frappé de la lèpre. La loi dès lors les tenait pour immondes, et justifiait l'atroce persécution contre ces infortunés. Le mensonge des prêtres fortifia la déplorable condition des hommes qui dans leur soumission ne surent les fléchir. Quelles difficultés trouvent donc les vérités pour parvenir jusqu'à nous? Quelle distance depuis 154 jusqu'en 1789! Une révolution aussi salutaire pouvait seule détruire des préjugés superstitieux, mêlés aux mépris pour ces malheureux Gots refugiés dans les gorges des Pyrénées, échappés aux vengeances de Clovis. C'est une paresse déplorable et générale dans les peuples : ils avalent toutes les sottises qu'on leur distribue en abondance. L'erreur a été héréditaire en France; on y fermait les yeux sur tout ce qui pouvait former l'esprit public, on gouvernait ainsi des imbécilles, des fous, et naguère encore un ministre et un prêtre, dans leurs manifestes, ont publié que nous ne devions pas être gouvernés autrement, et on souffre des insultes aussi outrageantes! Mais le genre humain est en marche; le jésuitisme ne le fera pas reculer. Étrange logique de la tyrannie! elle s'opposerait aux progrès de la raison! Revenons au calme de nos paisibles vallées.

Il n'existe dans la longue chaîne circulaire des Pyrénées aucune vue aussi brillante de perspective que celle qu'on trouve depuis Ayzac; la belle route ombragée de superbes noyers, conduit à la place d'Argellez. Vous avez au levant le Lavedan, la superbe montagne de d'Avant-Aigue, couverte d'habitations jusqu'à sa cime la plus élevée. Bordes possède une carrière de marbre blanc, Artalens d'immenses pâturages. En descendant jusqu'au gave, comment compter les villages nombreux..... Boos, Ayros, Préchac, Beaucen, Villelongue, Solon ?.... Le premier homme que je rencontrai et que j'interrogeai sur les curiosités du pays, me dit : Gardez-vous bien de pénétrer jusqu'aux travaux commencés à la mine d'argent de Marsous! Cet homme n'était pas un idiot; il paraissait de bonne foi et croyait aux sorciers. Curieux et questionneurs, quelques désœuvrés qui se promenaient là par hasard, se mêlèrent à notre conversation : ce sont ces hommes qui se tenaient sur les routes, et que César désigne dans ses Commentaires pour demander des nouvelles aux passants. Les curieux d'aujourd'hui vous demandent poliment en vous saluant des nouvelles et une prise de tabac; le salut ici n'est pas un devoir, mais une civilité accompagnée d'adieux souvent répétés

Ces obligeants promeneurs nous firent remarquer un petit bâtiment avec l'inscription en lettres d'or: *Hôtel-de-Ville*. Sans cette attention, mon itinéraire marquant : Argellez, commune dépendant de la vallée de l'Extrême de Sales, sa population de 1500 habitants, j'aurais pris Argellez pour un village à prétention, il a une sous-préfecture. On ne doutait pas à Argellez que le sous-préfet ne parvienne à un grand emploi. On croyait que l'évêque de Tarbes sera tout au moins cardinal.... En échange de ces agréables nouvelles, j'annonçai l'arrivée de la giraffe et des sauvages de Missouri à Paris.

L'abandon prolongé de ces conversations aisées et assez plaisantes avait fait passer dans mon cœur le calme des champs ; j'avais retrouvé le repos dans ces montagnes. Je ne serai donc pas du nombre de ces voyageurs sortis pour voir d'autres visages et s'étant trompés dans leur attente, n'ayant rencontré que l'ennui, mécontents de tout, retournent bâiller chez eux. Je saluai la ville d'Argellez pour continuer ma route vers Cauterets. Comment pourrai-je peindre cette belle soirée, cette action de la nature entière qui précède le coucher du soleil ! Combien ne me suis-je pas applaudi d'avoir trouvé ce spectacle merveilleux dans le reste de la journée qui me conduit à Pierrefitte?

J'arrive à la pointe méridionale du Lavedan, à Pierrefite, où l'on trouve les commodités, la bonne chère, une vue agréable. J'ai déjà parlé de l'accueil que j'ai reçu des Bigorrais : l'éducation sauve les apparences odieuses, et le voyageur qui ne fait pas un long séjour recueille de ses hôtes à peu près le même fruit que d'une bienveillance réelle.

Deux gorges conduisent du confluent des gaves de Barèges et de Cauterets aux deux vallées de ce nom. Avant d'entreprendre mon excursion dans cette dernière, mes regards se portent encore sur ce beau Lavedan et ses campagnes. Je ne suis pas de ces ingrats qui médisent de la civilisation au milieu de ses bienfaits. Je me plais à reconnaître les communications rapides qui s'établissent entre les nations qu'un même instinct cherche à délivrer de l'abrutissement et de la misère. En vain la force des préjugés essaie-t-elle de nous ramener dans les bois, l'intérêt pourra plus que l'ignorance. L'industrie et ses travaux sont le talisman du jour ; nous leur devrons la fortune et la liberté. Le Lavedan ne reste pas en arrière; mais jusqu'à présent ses efforts n'ont produit que de nouveaux besoins et peu de moyens pour les satisfaire. Il a perdu sans jouir cette branche physique, résultat de la force et de la santé. L'empreinte des mœurs des Pyrénées s'est effacée sans aucun profit pour le pays.

Les Bigorrais furent frappés en 1744 du spectacle, nouveau pour eux, d'une voiture qui du pont neuf de Lourdes, parvint jusqu'à Barèges, à 1500 toises au-dessus du niveau de la mer. Les peintres et les poëtes eurent une belle occasion d'exercer leur talent. L'étonnement des bons montagnards, à l'arrivée des étrangers, était au comble. Ne félicitons pas trop le pays de cet événement : la démoralisation est venue en croupe avec ces étrangers, et l'innocence pastorale a perdu tous ses charmes. L'imagination la moins vive peint toujours le bonheur près de la touchante et naïve simplicité des jeunes villageoises, à l'air gauche, mais sensibles et aimables : chargées aujourd'hui de falbalas et de ridicules, on ne les reconnaît plus; la mode les a soumises sans retour à son empire; mais le temps emporte tous les préjugés avec nos vieilleries : il y a compensation.

Après avoir perdu Pierrefite de vue, la gorge ou l'abat, nom qu'on donne à l'entrée des grandes vallées, laisse à peine un passage au torrent écumeux que le moindre orage grossit et qui roule alors avec bruit des débris de marbre marqué de veines blanches spathiques et d'un schiste argileux et coloré d'une ocre ferrugineuse, et qui généralement entrent dans la composition de ces montagnes.

A mesure que vous montez comme par une échelle, vous voyez le chemin suspendu sur les abîmes ; mais, rassurés par les précautions qu'on a prises pour éviter tous les dangers, l'œil s'accoutume à cette nature sauvage ; il débrouille ces masses tantôt informes, tantôt régulières et pyramidales ; des groupes hors d'aplomb, des rochers déchiquetés, des chutes d'eau, le désordre pittoresque des nuages ; enfin l'imagination fatiguée par la variété, le nombre, la bizarrerie même de ces tableaux, se repose avec plaisir sur les vertes et fraîches prairies qu'on découvre des hauteurs du Limaçon. Des bouquets d'aune, les châlets entourés de filets d'eau qui font tourner de petits moulins et forment des cascades sans nombre. Plus fort et plus bruyant, le gave roule dans un lit de rochers détachés, et semble précipiter sa course pour se réunir aux gaves de Barèges et d'Azun. Les pâturages et les sapins s'entremêlent pour varier agréablement une culture bornée sans doute, mais dirigée avec intelligence.

Nous voilà dans Cauterets. Ce n'est qu'un village ; mais des maisons aussi commodes que propres et des habitants hospitaliers qu'occupe exclusivement le soin des malades, en font aimer le séjour; rien n'y manque du côté des attentions et des approvisionnements : double avantage auquel on est loin de s'attendre dans ces lieux reculés. Les établissements thermaux s'élèvent et se perfectionnent; le service est régulier. Au milieu de douze fontaines sacrées et jaillissantes du sein de ces montagnes, l'homme, livré à l'espérance, oublie ses souffrances ; les sensations les plus douces passant à travers les cœurs flétris par la douleur, sont entendues du philanthrope inspecteur, M. Buron. Son humanité facile, ses études médicales, jointes à l'expérience, au précieux héritage des observations de Joseph Labbat, commandent une confiance sans bornes; ses envieux mêmes ne peuvent lui envier aucun de leurs vils trafics, dangereux pour la vie des hommes, dont l'intrigue et les jongleries les plus ridicules trafiquent aux eaux minérales, comme la barbarie conserve le commerce d'esclaves sur les côtes d'Afrique.

Les buveurs se pressent à la fontaine de la Raillère, singulièrement recommandée pour les maux de poitrine et d'estomac, et suivant l'aphorisme :

Source pure où l'on puise, où l'on boit la santé ;
Où la beauté flétrie, au moment d'être éclose,
Vient embellir son teint des couleurs de la rose.

On doit la découverte de cette miraculeuse source au hasard, souvent père des inventions, à des chèvres attirées par l'odeur sulfureuse qui sort de la montagne de la Raillère. En décomposition, le génie lui donne un sage emploi. Elle s'offrit pour la première fois en 1600, et dès le moment de la découverte, elle obtint une préférence marquée sur les fontaines dont j'indique le nom et la température.

Température des eaux de Cauterets, en 1824.

La Raillère, à la source, 34 degrés (1).
Aux Bains............ 29
Mau Hourat......... 35
Le Pré.............. 48
Les OEufs.......... 42
Du Bois............ 40
César.............. 41
La Reine........... 40
Pose............... 36
Canarie............ 38
Bayard 23
Bains de Bruseau, température ordinaire des bains.

(1) Le nom de quelques unes de ces sources est un hom-

Cauterets n'était pas connu des anciens qui ont laissé des monuments à Bagnères de Bigorre et à Bagnères de Luchon; je les garde pour la fin de mes courses. La première notion de ce village, aujourd'hui si célèbre, se trouve dans la donation faite par un comte de Bigorre aux moines de Saint-Savin, des bains des Cabanes, les seuls existants alors, connus sous le nom de *Bains des Pères*. Au midi, à peu de distance du village, au pied du pic sourcilleux de Bagu, couvert de neiges et de sapins, les ruines de ces Cabanes, si elles n'ont rien d'ailleurs de remarquable, se recommandent par leur antique célébrité. Ce qui reste de ces bains, assemblage de huttes sombres, voûtées, obscures, qu'on ne

mage rendu par la reconnaissance aux personnes qui les ont fait connaître. Celle du roi rappelle la guérison d'Avarca ou Abarca, premier roi d'Aragon. Les montagnards ont aussi donné son nom à l'espèce de cothurne qui leur sert à faire leurs courses dans les parties les plus âpres de leur pays, et qui n'est qu'un lambeau de cuir d'âne ou de mulet, sans aucun apprêt, qui s'attache au bas de la jambe, après avoir enveloppé le pied. Un Béarnais, nommé *César*, a laissé ce grand nom au bain dont il faisait usage. La reine de Navarre a donné son nom à ce bain. Canarie, Bayard, Bruseau, sont les noms des propriétaires anciens; Mau-Hourat, le Pré, Pose, du Bois, la Raillère, des désignations de lieux; les Œufs, indication de la température de la source.

rencontre que chez les Lapons, offrait peu de ressource aux malades. Ces grottes, profondes, inabordables et abandonnées, l'emplacement où se trouve Cauterets, livré au torrent du gave, donnent l'idée de l'ancien village; les habitants peu nombreux, dispersés dans les montagnes voisines, y vivaient comme des sauvages, et telle était cependant la réputation des eaux des Cabanes, que les rois d'Aragon, de Navarre s'y rendaient à travers les précipices des plus hautes montagnes. La reine Marguerite, belle, sage, tendre, douce, gaie, bonne huguenotte, auteur de sermons et de contes, suivant le langage du temps, a laissé la relation d'un de ses voyages : je rapporterai les dangers auxquels elle s'exposa après avoir rappelé, pour l'honneur de son sexe, que Marguerite eut toute les qualités qui font les femmes aimables et les grands hommes; elle protégea et accueillit à sa cour les savants et les protestants, que François Ier, son frère, l'inventeur de la censure, le bourreau des protestants, qui assistait à leur supplice, à la place de Grève, et dont la cruelle politique protégeait les protestants d'Allemagne, qu'il faisait brûler en France; auteur du concordat, que ses flatteurs appellent le restaurateur de lettres.

On aborde les Cabanes par un sentier qui a retenu le nom de Marguerite. Dans cette situation sauvage, la fraîcheur et la tranquillité appellent toutes les imaginations : les ames sensibles vont rêver et s'oublier tout à leur aise, et pour celui qui s'est égaré dans les retraites, les bocages solitaires, auprès des fontaines de Py, de Lassale, de Labbat, y retrouver des souvenirs d'amour, de regrets et de douleur. On rencontre souvent, dans ces lieux écartés, des espèces de monomanes fatigués des plaisirs et des inconvénients de la vie sociale. Ils regardent un voyage aux Pyrénées comme une nouveauté, un changement nécessaire. La solitude devient bientôt leur plus grand supplice; l'ennui n'étant que l'affaissement de l'ame et le vide de l'esprit. Après quelques jours passés à Cauterets, l'ambition les rejette dans le monde, dont ils se croyaient désabusés : c'est une de ces absurdités humaines qui naissent et meurent pour renaître encore et dont le peuple est affranchi.

On trouve, en descendant des Cabanes au village, un terrain appelé le *Cimetière des Anglais*. Ils font ordinairement choix de ce lieu pour se brûler la cervelle.

Les plus hautes montagnes, couvertes de noirs sapins, sans rendre le village plus triste, laissent dans le riant vallon qui le sépare du gave, des asiles à de riches pasteurs les plus favorisés du canton, vers Campbascou. Ces indigènes étrangers au service des bains, indépendants et sans besoins, se contentent de bien vendre leurs délicieux laitages, et le produit de leurs chasses.

Quelques femmes ont osé braver les dangers des voyages dans les montagnes. Marguerite, reine de Navarre, dans ses voyages à Cauterets, bravait les dangereux passages des hautes montagnes du Béarn et du Bigorre. Hortense, reine de Hollande, a laissé des souvenirs précieux de son séjour à Cauterets, et de son voyage avec la duchesse d'Abrantès à la cascade de Gavarnie, à travers les escarpements et les précipices de la vallée d'Ossone. Des femmes moins courageuses se font porter au Pont-d'Espagne; elles y arrivent après une heure d'ascension, et jouissent de la vue des belles cascades de la Cerisaie. De là, en trois quarts d'heure, le beau lac de Gaube se présente; on le traverse dans une barque : le nautonier ne ressemble pas mal à Caron. Il offre ordinairement d'excellentes truites aux passagers, qui les mangent près d'une hutte enfumée qu'on rencontre avec plaisir dans le temps de brume et les fréquents orages qui s'élèvent à la cime de ces montagnes.

Un sentier étroit, longeant le gave de Vigne-Male, qui forme une cascade dans toute la beauté de sa chute, sous le nom de *Splumouse* (mousseuse, c'est à peu près le mot latin), conduit au cirque de Vigne-Male. Le sol est uni, coupé par des filets d'eau qui descendent avec des neiges glacées de la cime de ce mont colossal. On fait halte pour chausser des crampons et se munir d'un bâton ferré; ils servent pour traverser les pentes rapides et glacées, et grimper avec quelque difficulté au second pic de Vigne-Male : à onze heures trois quarts, le thermomètre marquait 7 degrés. Tout à coup le temps vient à changer; le soleil se cache, les monts se couvrent de nuages qui se réduisent en pluie très froide mêlée de grêle. Une troupe nombreuse d'ysards courant à la queue les uns des autres sur la chaîne du plus haut pic, poursuivis par un chasseur, me présenta le spectacle singulier d'un homme armé d'un fusil, qui semblait marcher dans les airs. Il restait encore une large pente couverte de neige à traverser, pour arriver à la vue des grands glaciers du midi, le but principal de ma course. J'arrive enfin au point désiré, à 1630 toises au-dessus du niveau de la mer. Quel malheur d'avoir un ciel nébuleux et de ne pouvoir, après tant de fatigues, distinguer aucune des cimes environnantes? Le découragement gagnait mes guides; le soleil reparaît plus brillant que jamais; les nuages s'élevant, dissipés, nous découvrons le cirque de Gavarnie, la grande cascade, les tours de Marboré et l'immense chaîne qui couronne le Mont-Perdu. Les grands glaciers de Vigne-Male se montraient au revers méridional, avec leurs crevasses profondes et leur couleur verdâtre. Après avoir resté une heure dans l'enchantement du grandiose et de la variété de tant d'objets, le courage des guides et des pasteurs qui m'accompagnaient étant revenu avec le soleil, nous allons par un sentier périlleux du revers oriental, atteindre la brèche d'Ossone, ascension fatigante qui dura près de deux heures. Je trouvai la tanière d'un ours; quelques traces fraîches annonçaient qu'il avait quitté son gîte depuis peu de temps. Il ne me reste plus qu'une centaine de toises à gravir pour admirer des nuages qui couvraient dans cet instant le vallon de Cauterets, la variété de leurs formes, leur blancheur éclatante et les intervalles qui laissaient voir la cime des monts dans une étendue considérable.

Arrivé au sommet du mont, nous recueillons nos forces; nous y arrivons la respiration un peu gênée. Il n'y a plus de fatigues; il n'y a que des jouissances nouvelles à éprouver à plus de 1500 toises d'élévation, partie en France et partie en Espagne ; toutes les descriptions seraient au-dessous de la réalité; je ne puis exprimer l'effet du monde idéal, au moment le plus ravissant de mon voyage, entouré des fictions d'Ossian, j'éprouvais une illusion complète. L'Arioste a pris ses plus belles inspirations dans ces montagnes : la nuit pouvait me surprendre en calculant l'espace qui me restait à parcourir; je pars. Avec l'aide de mes guides et des pasteurs, je me fais ramasser durant deux heures d'une descente rapide et glacée, jusqu'au lac de Stonne, moins grand et à peu près à la même hauteur que le lac de Gaube.

Là commence la vallée de Lentour, que j'ai traversée au milieu des brouillards, chemin plus facile que celui de retour par le pont d'Espagne. Je parviens à la hauteur des cascades ; mais au lieu de passer par la Raillère, j'ai pris la droite du gave à travers les ruines du pic des bains, et je suis arrivé au pont de la Raillère à six heures. J'étais parti à quatre heures du matin de Cauterets; le langage manque pour peindre cette étonnante et tout admirable nature.

La reine Marguerite a laissé une relation trop exacte de son séjour à Cauterets, pour ne pas trouver place dans cet essai.

« Le premier jour de septembre, que les
» bains des Pyrénées commencent d'avoir de la
» vertu, plusieurs personnes tant de France,
» d'Espagne que d'ailleurs, se trouvèrent à ceux
» de Caulderès, les uns pour boire, les autres
» pour s'y baigner, les autres pour prendre de la
» boue. Mais vers le temps du retour, vinrent
» des pluies si excessives, qu'il fut impossible de
» demeurer dans les maisons de Caulderès, rem-
» plies d'eau. Ceux qui étaient venus d'Espagne
» s'en retournèrent par les montagnes du mieux
» qu'il leur fut possible; mais les Français pen-
» sant s'en retourner à Tarbes, trouvèrent les
» petits ruisseaux si enflés, qu'à peine purent-
» ils les passer au gué. Mais quand il fallut passer
» le gave qui, en allant, n'avait pas deux pieds
» de profondeur, il se trouva si grand, si impé-
» tueux, qu'il fallut se détourner pour aller cher-
» cher des ponts; comme ces ponts n'étaient que
» de bois, ils furent emportés par la violence
» des eaux. Quelques uns se mirent en devoir
» de rompre la véhémence du cours. Les uns
» traversèrent les montagnes, et passant par
» l'Aragon, vinrent dans le comté de Roussil-
» lon et de là à Narbonne; les autres s'en al-
» lèrent droit à Barcelone, et passèrent par mer
» à Marseille et à Aigues-Mortes; d'autres, pour

» prendre une route détournée, s'enfoncèrent
» dans les bois et furent mangés par les ours.
» Quelques uns vinrent dans des villages qui
» n'étaient habités que par des voleurs... L'abbé
» de Saint-Savin logea les dames et les damoi-
» selles dans son appartement; il leur fournit de
» bons chevaux du Lavedan, de bonnes cappes
» du Béarn, force vivres et escorte pour arriver
» à Notre-Dame de Sarrance, etc. » (1).

On oublierait bientôt l'existence de la nature organisée dans ces déserts, si de loin en loin le souvenir n'en était retracé par quelques chasseurs d'ysards. L'ysard (*rupi capra*) va en troupes sans descendre ni monter perpendiculairement, mais en se précipitant souvent de plus de trente pieds, précédé de gardes avancées dont le sifflement et le cri d'épouvante annoncent la déroute. J'ai connu un de ces chasseurs, l'intrépide Py, riche propriétaire de Cauterets, qui al-

(1) M. le chevalier Bertin a aussi célébré dans ses vers l'accueil du prieur :

. . . .
  Le trépas de la vieille ânesse,
  Qu'on magnétisa, mais en vain ;
  Le long dîner, la courte messe
  L'enjoûment et la politesse
  Du bon prieur de Saint-Savin.

lait à la rencontre des ours de la plus forte espèce, armé d'une pointe, en saisir un à bras-le-corps, l'emmener au bord d'un précipice pour l'y entraîner; l'ours, à la vue du danger, lâcha prise et s'enfuit. Cet homme, d'une audace peu commune et qui rappelle les anciens montagnards bigorrais, met en défaut la légèreté des chamois et les ruses de l'ours; il les poursuit dans leurs derniers retranchements, et rarement il revient sans sa proie. L'attaque de l'ours est lente et dangereuse : il s'élève en face de son adversaire, le saisit au corps, le serre avec violence et ne le lâche que lorsqu'il est étouffé. Les montagnes du versant d'Espagne, mieux boisées et moins dégradées que celles du nord, offrent encore à ces animaux des retraites assurées. On y trouve des cerfs, des sangliers, des loups et quelques animaux d'Afrique, tels que le lynx qu'on voyait à la ménagerie de Versailles, pris dans les montagnes de Barèges, en 1784.

Malgré la vaste étendue de ces montagnes et la variété de leur température, les différentes espèces d'animaux indigènes sont proportionnellement en beaucoup plus petit nombre que dans les autres parties des Pyrénées. De deux cents espèces de quadrupèdes qu'on croit répandues sur la surface de la terre, on n'en trouvera pas un tiers dans ces montagnes ; la plupart ont dégénéré pour la force et la grosseur, par l'influence du sol moins favorable sans doute à la vigueur ainsi qu'à la perfection du genre animal que le reste de l'ancien continent.

Les oiseaux, plus indépendants de l'homme et des changements qu'il opère sur la terre, ont une grande propension à passer d'un pays à un autre. On présage dans toute la chaîne des Pyrénées, à des époques certaines, les nombreux passages de cailles, de grues, d'oies sauvages, de choucas. La chasse de bisets et de pigeons ramiers, fameuse le long des montagnes jusqu'à Bayonne, et qui n'est guère connue que là, consiste à dresser de distance en distance, des deux côtés d'une gorge, quelquefois l'espace de plus d'une demi-lieue, des trépieds de soixante à quatre-vingts pieds de haut, lorsque les arbres manquent. On bâtit une cabane de verdure au sommet ; un homme s'y tient patiemment caché avec une provision de morceaux de bois blanchis, faits en palettes. Dès qu'il aperçoit un vol de palombes, il leur jette une de ces palettes qu'elles prennent pour un oiseau de proie. La timidité, la frayeur leur fait baisser le vol jusqu'à raser la terre ; alors, de distance en distance on les rapproche par la même voie, et on les conduit où l'on veut à l'aide des appeaux qui vont au devant de ces pigeons de passage. A l'extrémité supérieure de la gorge sont des filets tendus entre de grands arbres ; au moyen des poids et des poulies, dès qu'on lâche une détente, ces filets tombent, et souvent des miliers de palombes, effrayées par des cris et des palettes qu'on leur jette de tous côtés, viennent s'y prendre (1).

L'homme devenu un animal redoutable pour les animaux semble avoir épuisé, contre ces innocents oiseaux amoureux et passagers, l'artifice, la ruse et les piéges qui peuvent conduire à une destruction totale. Il reste assez de traces du caractère nomade des anciens bigorrais aborigènes : ceux d'aujourd'hui sont des paisibles chasseurs, non pas de préférence pour détruire les animaux féroces et mordants dangereux pour l'homme et les troupeaux. Mais quel droit ont les chasseurs dans leur passion habituelle, funeste et sanguinaire, sur les chamois, sur les cerfs, les chevreuils timides; sur les plus in-

(1) Les palombières sont des lieux de rendez-vous et de plaisirs pour les chasseurs et les gourmands de la contrée, qui trouvent délicieux les pigeons rôtis par douzaine à des broches de bois, et largement assaisonnés de poivre et de muscade.

nocents oiseaux de toute espèce, qui vivent d'insectes dévorateurs des moissons, sur ceux qui font retentir l'air de leurs chants harmonieux ? C'est une erreur de croire que cet exercice journalier soit une image de la guerre, capable d'entretenir l'humeur martiale. Cet amusement grossier, coutume des peuples sauvages qui vivent du produit de la chasse, était l'apanage de la noblesse; on sait comme elle en a usé. Peut-on oublier le code affreux qui condamnait à la peine de mort l'homme qui tuait un lapin mangeant les choux de son jardin!... Un paysan fut attaché vivant sur un cerf pour avoir chassé un de ces animaux ; enfin on a restreint cet exercice immodéré par des lois sages; mais les ramiers qui, confiants, viennent d'Afrique pour chercher dans nos climats une douce température, y trouveront encore long-temps des piéges, des *penthières* inévitables : (ancien nom de ces chasses).

EAUX MINÉRALES.

J'avais besoin de repos. Je profitai de mon séjour à Cauterets pour me préparer à de nouvelles fatigues, et savoir à quoi m'en tenir sur l'origine de tant d'apologies, de promesses trompeuses et de contradictions sur la nature, et l'effet des eaux minérales. Les prôneurs intéressés et complaisants doivent avoir appris que les connaissances physiologiques, et les découvertes de la chimie moderne étant à la portée de tout le monde, il ne se contente plus des répertoires de lieux communs. Le jargon doctoral, les contes bleus, n'en imposent à personne; on ne croit plus aux miracles. Un court résumé de ce qu'ont écrit les savants sur les eaux minérales, depuis les temps anciens jusqu'à nos jours, peut trouver une place dans le *Voyage aux Hautes-Pyrénées.*

J'ai cherché à rassembler, dans quelques pages, les témoignages des plus célèbres praticiens et des chimistes les plus exercés. C'est la partie de mon voyage qui m'a le moins coûté, parce que je n'ai eu à rapporter que les opinions identiques d'hommes dignes de foi ; les incrédules peuvent s'assurer de mon exactitude. Il ne m'a pas été aussi facile de concilier les incroyables variantes d'un *Précis historique sur les eaux minérales*, publié par M. Alibert. Je copie ses propres expressions : « ces eaux dangereuses, dans plusieurs » cas, livrées à l'ignorance commune des mé- » decins et à une superstition aveugle, doivent » être bannies généralement de la clinique. » Le même, M. Alibert, dans son dernier ouvrage sur les eaux minérales (en 1827), leur est entièrement favorable. « Une providence qui semble » m'être de la sollicitude, pour nous prouver un » grand avantage; l'homme ici-bas marche à » chaque instant appuyé sur les bontés de son » créateur. » (Aujourd'hui) tous les médecins sont des Hippocrates; le pieux docteur étaie sa doctrine sur l'Ecclésiaste, dans le langage de l'Apocalipse. On a cependant observé jusqu'ici les bons effets des eaux minérales sur la vessie des mécréans, des hérétiques, comme sur celle des catholiques romains ; les docteurs les plus orthodoxes ne peuvent se dissimuler de la contradiction manifeste dans laquelle est tombé le fameux docteur Séraphique; ils répondront à l'influence du talisman céleste; je me repose sur eux du soin de rassurer les malades. Effrayés de la discordance de l'homme apostolique et courtisan, ils lui demandent par quel entraînement ultramontain il captive les ames faibles et veut l'associer aux incertitudes, aux fictions déjà dangereuses de la médecine. Où nous rameneraient les rêveries puisées dans le rituel des visionnaires? à remettre en honneur la sorcellerie, *les châteaux, de l'ame, les relations spirituelles de deux fameuses Espagnoles?* Nous ne sommes pas si éloignés du temps des folies de *Cagliostro* et du *somnambulisme de Mesmer*; contentons-nous des oracles de *Mathieu Lansberg* et de mademoiselle *Lenormand*.

Pline se plaignait déjà de son temps de la défaite que les médecins trouvaient, après avoir tourmenté les malades, de les renvoyer, les uns au secours des *vœux* et des *miracles*, les autres aux *eaux chaudes*. Depuis Pline jusqu'à nous, il n'est pas d'objet d'histoire naturelle qui ait plus exercé les chimistes et les médecins. Les travaux de tant de savants, dont les résultats ont donné des formes et des changements inattendus, leurs essais, d'où naissent de si grandes espérances, des chimères si consolantes devaient exciter un enthousiasme général; de là les travaux des Bordeu, des Montaut, des Meighan, des Darcet, des Venel, des Bayen, et tant d'autres illustres prédécesseurs de Vauquelin.

Dans l'ordre des agents physiques, les eaux douces, et celles des montagnes, ont mérité dans tous les temps une attention particulière. La tradition successive de connaissances rationnelles sur leurs qualités génériques, réunie à l'observation empirique souvent isolée, a placé l'eau bien loin au-dessus de tous les moyens de la médecine diétalique. Aussi que d'éloges prodigués à cette eau bienfaisante! Quelles préférences si vantées on a marquées pour les sources des différents pays, relativement aux foyers de leur filtration! L'eau, nous en conviendrons, est bonne à tous les âges et à toutes les constitutions, elle se prête à toutes les vues de la nature, sans jamais la contrarier, et remplit toutes les qualités des boissons saines. Persuadé qu'il serait facile de tirer un meilleur parti des bains dans notre climat, en observant ce qui peut les rendre dangereux, j'écris avec la conviction des avantages sans nombre qu'on peut retirer aussi des eaux; mais sans adopter une jonglerie médicale, aussi dangereuse pour les malades qu'elle est agréable pour ceux qui n'y promènent que le désœuvrement et l'ennui.

Pline, que je me plais à citer, indique des eaux minérales qui peuvent enivrer et changer la couleur des animaux (1). Il y en a de mortelles. On n'est pas entièrement rassuré sur celles qui coulent à travers des matières alumineuses, gypseuses, séléniteuses et sur des couches d'ocre ; qui séjournent sur des pyrites, dans les mines de métaux imparfaits, et des matières salines nécessairement mêlées à des substances hétérogènes qu'elles ont entraînées en dissolution. *Tales sunt aquæ qualis terra per quam fluunt* (2). Si l'on veut s'autoriser de l'autorité des anciens, on trouvera que l'usage des bains passé de la Grèce à Rome a perdu chez nous la plupart des avantages de la méthode de ces peuples (3) et le bien qu'ils retiraient du mélange des eaux minérales avec du vin, du miel, de l'orge, de l'eau de mer, de raiforts, etc. (4). Le culte du dieu

(1) *Histoire naturelle*, liv. XXXI. Vasconcelios, au nombre de deux cents fontaines minérales qu'on trouve en Portugal, en a observé qui procurent l'avortement.

(2) Pline.

(3) *Balnea, vina, Venus corrumpunt corpora sana,*
Corpora sana dabunt balnea, vina, Venus.
    Baccius, *de Thermis*, lib. VII, cap. 26.

(4) Dioscoride, liv. V, chap. 19 ; Pline, liv. II, chap. 24.

des jardins, dont la statue et celle d'Esculape ornaient leurs thermes, indiquaient assez combien le plaisir avait alors, comme aujourd'hui, contribué partout à multiplier ces utiles établissements. La grandeur et la magnificence de ces bains percent encore à travers les débris que les injures des temps ont épargnés. Le génie et le style des anciens ne se montrent nulle part d'une manière plus frappante ; des colonnes faites des marbres les plus précieux, des pavés entiers de lapis-lazuli, des mosaïques aussi riches de dessin que de couleurs ornaient ces thermes. Des fleuves d'eau douce et de mer coulaient dans ceux de Dioclétien, d'Agrippa, de Titus et de Néron. On s'y rendait à toute heure (1). Il n'en coûtait qu'un liard de notre monnaie pour chaque séance. Les cuves étaient de marbre ou de porphyre, enrichies de bronze souvent doré. Telle était celle où Popée, femme de Néron, se baignait dans du lait d'ânesse, afin de conserver la délicatesse et la blancheur de sa peau. Les

---

(1) Les gourmands qui se sentaient l'estomac trop chargé de viandes, allaient aux bains et s'en trouvaient fort mal.

Pœna tamen præsens, cum tu deponis amictum
Turgidus, et crudum pavonem in balnea portas.
JUVENAL.

bains furent long-temps communs aux deux sexes, sans distinction de rang.

Ces thermes (1) étaient cependant bien éloignés de la délicatesse à laquelle on les porta sous Auguste. Mécène introduisit l'usage des bains chauds; plusieurs médecins, entr'autres le fameux Asclépiade, en faisaient déjà le plus fréquent usage (2).

(1) Les anciens ne se baignaient guère sans nager; ils pratiquaient des piscines pour y nager à l'aise : ces piscines étaient surtout à l'usage du peuple qu'un airain sonnant y appelait. Rester tranquille dans l'eau, c'eût été ne prendre le bain qu'à demi; il fallait y joindre le mouvement du corps, ou aiguiser l'eau par quelqu'artifice. Ceux qui, pour cause de maladie ou par délicatesse, ne pouvaient prendre la peine de nager, y suppléaient, en quelque sorte, par des baignoires suspendues, que l'on balançait suivant leur volonté : on trouve de ces balançoires à Spa. Ces bains, qui devenaient au besoin des douches et des frictions, sont connus des Chinois.

(2) N'oublions pas qu'aux beaux jours de la république romaine les bains étaient d'eau froide, que dans l'amolissement des mœurs, les philosophes conservèrent cet usage salutaire. (Socrate se baignait dans l'Euripe au mois de janvier.) Pline rapporte que ce ne fut qu'après cent cinquante ans de la fondation de Rome, que les Romains firent venir des barbiers de Sicile, ne connaissant alors ni l'usage de se raser, ni celui de se servir des bains chauds. Ce n'est pas à nous de le contredire, parce que nous n'avons pas la force de

Nous savons que les bains d'eau froide étaient au nombre des plaisirs qu'on goûtait dans les fêtes d'Alcinoüs, et qu'offrit au sage Ulysse la magicienne Circé. Hippocrate lui-même ne fait mention des eaux qu'en indiquant en même temps les effets du climat sous lequel elles coulent. Une compilation d'autorités ne coûterait que la peine de transcrire ce qu'en ont écrit Hoffman (1), Baillon (2), Maret, Marteau, etc.

l'imiter. On voit maintenant que les eaux minérales sont une ressource de la médecine moderne, puisque les anciens ne nous ont transmis aucune connaissance sur la nature de celles qu'ils employaient. Quant aux bains chauds, les Romains, contents des eaux du Tibre, ignorèrent long-temps un genre de luxe qui pouvait les énerver. Suivant Athénée, un homme de bien ne doit ni s'enivrer, ni prendre un bain chaud. (Liv. I, pag. 18.) Alexandre-Sévère compte les bains au nombre des vices qu'il reproche aux Romains : *Milites Romani amant, potant, lavant.* C'est se mettre au foulon.

Aqua dentes habet et cor nostrum quotidiè liquescit. PÉTRONE TRIMALE, pag. 126.

In rem malam aufer balnea. ANTIPHANE.

Homère fait user souvent des lotions d'eau chaude dans les topiques; il ne fait aucune mention des eaux minérales.

(1) HOFFMAN, *De abusu aquarum mineralium.*

(2) L'usage habituel des bains chauds et des lavages intérieurs procure des vapeurs et détruit la constitution. C'est ce qu'ignorent les neuf dixièmes des gens que le ton beaucoup plus que le besoin a coutume d'amener au bain.

On a distingué dans tous les temps plusieurs sortes de bains ; il y en a de froids, de frais, de tièdes et de chauds. Chacun a ses propriétés particulières. Trente-deux degrés sont la chaleur soutenable. Les froids se prennent ordinairement dans les rivières ou dans la mer. Ces émotions délicieuses que vous éprouvez dans une eau courante dont le flot se soulève, se retire, rentre et sort tour à tour, apportant avec une eau toujours nouvelle, une fraîcheur délicieuse, ne peuvent déterminer à reprendre sur ce point l'ancienne simplicité : l'on ne connaît plus que les bains chauds (1). La méthode constamment employée aux sources d'eaux thermales répugne

---

(1) Autant les bains froids sont utiles, autant l'usage des bains chauds est pernicieux. Ces derniers disposent aux vapeurs, à l'hypocondrie, à l'apoplexie. On voit les villes où l'usage en est fréquent désolées par tous ces maux. Les bains froids, au contraire, donnent de la force à l'estomac, aux muscles, aux nerfs, à l'esprit, etc. Tissot.

Charinus, médecin de Marseille, qui vivait sous Néron, s'éleva contre l'usage habituel des bains chauds. De nos jours, M. Pome a eu le même courage en le justifiant par de brillants succès. Ces exemples ne sont point perdus ; la médecine vient d'adopter l'usage des bains de mer, Diépe, Boulogne, le Hâvre, les Sables-d'Olone enlèvent aux bains chauds leur préférence ambitieuse, malgré que l'eau de mer contienne le brome, substance qu'on dit irritante.

même à toutes les distinctions. Pendant que les malades prennent intérieurement de l'eau rarement au-dessus de quarante degrés (pour *profiter des substances minérales*, dont la chaleur augmente l'énergie), on les plonge dans des bains à ces mêmes degrés de chaleur. Ainsi s'est établi ce traitement incendiaire qui considère la chaleur comme le seul agent des eaux, et proscrit le bain froid ou tempéré, comme destructif de leurs vertus, c'est la source la plus chaude qui le plus souvent réunit le plus de suffrages. Cependant les effets constants du froid et du chaud, la simple analogie ont dû faire conjecturer que les corps froids sont propres à fortifier la constitution, et que la faiblesse des solides est une des causes immédiates de la dégénération de l'espèce humaine chez les peuples civilisés où l'on abuse des bains chauds. C'est par eux qu'ils sont devenus plus accessibles aux maladies que ne l'étaient leurs ancêtres. Plus éclairé, le sauvage *islandais*, ne trouvant pas sur son chemin des roses pour en parer le sein de sa maîtresse, fait préparer un bain froid, et lui prouve son attachement en veillant à sa santé (1).

(1) Le peuple russe prend le bain froid d'une manière bien propre à durcir le corps, mais qu'il serait imprudent de

L'eau la plus légère n'étant pas toujours la plus salubre, l'hydrologie fait si peu de progrès qu'après avoir renoncé à la balance hydrostatique, et à différents moyens indiqués pour s'assurer les préférences du bain froid sur le chaud, les graves maîtres se sont contentés de nous assurer que le premier échauffe en augmentant

conseiller aux gens du monde des nations très policées, encore moins aux jeunes filles de cet ordre délicat. Le mougik, ou paysan russe, selon M. Leclerc, dans son *Histoire de l'homme malade*, commence par entrer dans un bain chaud, où espèce d'étuve, où, pendant que son corps ruisselle de sueur, il mange de la neige et de la glace, qui, loin de supprimer cette évacuation, la rend au contraire plus copieuse. Lorsqu'il a bien sué, il sort du bain tout nu, le corps fumant et rouge comme une écrevisse cuite, et va se jeter dans la rivière, qui est toujours à la proximité du bain. Si les glaces s'y opposent, il se contente de s'arroser de la tête aux pieds, avec de l'eau qu'il puise dans des trous faits exprès à la glace; après quoi cet homme se sent gai, alerte, et prêt à s'acquitter des plus rudes travaux. Le comte Algarotti confirme cet usage dans ses *Lettres sur la Russie* : c'est la coutume du pays de jeter les enfants, d'un four où on les tient un certain temps, dans de l'eau froide et de la glace. On les endurcit au chaud et à la gelée; on les rend plus invulnérables aux coups des saisons, qu'Achille à ceux des lances et des flèches. Selon M. l'abbé Chappe, ils éprouvent presque dans le même instant une chaleur de cinquante à soixante degrés, et un froid de plus de vingt : c'est ainsi qu'on trempe l'acier....

les forces des solides; qu'au contraire le bain chaud rafraîchit en ramolissant. Il résulterait de cette théorie que les bains chauds seraient avec aussi peu d'inconvénients à Rome, dans la canicule, que les bains à la glace dans l'hiver le plus rigoureux à Paris. L'action des bains a été présentée de nos jours sous un point de vue plus imposant.
» L'eau est la substance qui a le plus d'affinité avec
» l'élément du feu, principe de sa fluidité, et de
» tous les fluides celui qui en contient davantage.
» Cette grande affinité le rend le meilleur con-
» ducteur de l'électricité et du magnétisme. Les
» bains ne produisent des effets salutaires dans
» toutes les maladies chroniques, non pas,
» comme on le prétend, parce qu'ils relâchent
» ou fortifient les solides selon leur degré de
» chaleur; mais parce qu'ils distribuent ou ab-
» sorbent une grande quantité de ce fluide uni-
» versel, qui prend différents noms, selon qu'il
» produit l'électricité ou le magnétisme. » Il est certain que si la chaleur excède de quatre ou cinq degrés le terme de la chaleur animale, elle procure la fièvre. De la raréfaction du sang et de l'air dans les poumons, naissent les anxiétés précordiales, les oppressions, les vertiges, les crachements de sang, l'apoplexie, et toutes les suites de la pléthore.

Ce n'est qu'aux vrais observateurs qu'il appartient de publier le résultat de leurs travaux. On s'est dégoûté de toutes les idées hardies qui n'étaient que chimériques, en faveur des expériences vraiment utiles. Celles de M. Lemonnier, consignées dans les mémoires de l'académie des sciences de Paris, sur l'effet des bains de Barèges, devraient être gravées sur la porte de tous les bains chauds. Il a éprouvé que la source de Barèges, qui fait monter le thermomètre de Farenheit à cent degrés et celui de Réaumur à trente-quatre, produit, en une demi-heure, une transpiration qui a varié en différents jours, depuis sept onces et un gros et demi jusqu'à vingt-neuf onces; qu'en prenant un terme moyen, on peut l'estimer de quinze onces chaque fois, tandis que sa transpiration naturelle n'était, dans un temps égal, que d'une demi-once. Il n'a pu souffrir qu'environ huit minutes la source la plus chaude dont le degré de chaleur est le cent douzieme du thermomètre de Farenheit, et presque le quarantième de celui de Réaumur. S'étant plongé dans cette eau merveilleuse, six minutes suffirent pour faire ruisseler la sueur de tous les points de son visage, tout le corps était rouge et gonflé; deux minutes après, il sentit des éblouissements qui l'obligèrent de se retirer.

Il s'essuya fort promptement et se pesa; il avait perdu, durant ce court espace, vingt onces deux gros; il se mit ensuite dans un bain tempéré où il resta vingt-deux minutes pour achever la demi-heure, et il perdit encore huit onces six gros. S'il eût pu supporter le bain le plus chaud pendant l'entière demi-heure, la perte eût été de soixante-seize onces.

Qu'on compare maintenant, si l'on veut, la méthode ancienne avec la pratique d'usage pendant quatre ou cinq mois de l'année, sous un ciel embrasé, l'on verra de quel côté se trouve l'avantage. Lorsque l'atmosphère est en feu, que la sueur coule de tous les membres, que le malade haletant soupire après la fraîcheur comme après la santé, on l'emprisonne dans ces bains dont je viens de calculer l'effet d'après M. Lemonnier. On le retient une heure chaque jour dans une niche étroite, obscure et malpropre, au fond d'un cuvier dégoûtant, couché mal à son aise sur un drap tendu dans un cercueil, image de la mort (1).

---

(1) Revenons encore un instant à l'usage des anciens. Il consistait à verser de l'eau, à plusieurs reprises, sur la tête et sur les épaules de la personne assise dans une baignoire, et qu'on oignait d'huile en sortant du bain.

Les bains particuliers, placés dans les lieux les plus secrets

Je n'écris point à l'aventure et ne crains pas d'être démenti. Tout examen devient inutile aux eaux. Par un don merveilleux, d'imprudents inspecteurs qui ne forment pas à beaucoup près la portion la plus éclairée des médecins, ont pourvu, selon eux, à tout. Sans s'embarrasser du soin de démêler la confusion des symptômes

et les plus retirés, étaient accompagnés de portiques, de vergers et de galeries. « Pendant que Télémaque était à la cour » de Nestor, la belle Polycrate, la plus jeune des filles du roi » de Pylos, conduisit le fils d'Ulysse au bain, le lava de ses » propres mains, et, après avoir répandu sur son corps des » essences précieuses, le couvrit de riches habits. » (*Odyss.*, chant III.)

Pisistrate et Télémaque ne furent pas moins bien traités dans le palais de Ménélas. « Lorsqu'ils en eurent admiré les » beautés, on les conduisit à des bassins de marbre où le bain » était préparé. De belles esclaves les y lavèrent, après avoir » répandu sur eux de l'huile parfumée, etc. » (*Odyss.*, chant IV.) Ces huiles étaient le *rhodinum*, le *lyrinum*, extraits des roses et des lis. La marjolaine, la lavande, la cannelle, le narcisse, le glayeul, le béen servaient aux mêmes usages, ainsi que plusieurs autres parfums précieux. Héliogabale nageait dans des piscines pleines de teintures de safran. Diogène embrassait une statue de neige pour se fortifier.

Le peintre fidèle des mœurs des Égyptiens (Savary, lettre XI, pag. 124), décrit ainsi les bains du Grand-Caire : « Le premier appartement qu'on trouve en allant au bain » est une grande salle qui s'élève en forme de rotonde ; elle de maladies chroniques qui souvent exigent des secours si prompts et si variés; secours au reste qu'on doit naturellement supposer à la portée des observateurs qui en ont suivi la marche: la vaste science qui préside à la distribution des eaux, a décidé qu'elles conviennent sans distinction à tous les âges, à tous les sexes, à toutes les

» est ouverte au sommet, afin que l'air y circule librement.
» Une large estrade couverte d'un tapis et divisée en compar-
» timents règne à l'entour : c'est là qu'on dépose ses vêtements.
» Au milieu de l'édifice, un jet d'eau qui jaillit d'un bassin,
» récrée la vue. Quand on est déshabillé, on se ceint les
» reins d'une serviette, on prend des sandales, et l'on entre
» dans une allée étroite où la chaleur commence à se faire
» sentir. La porte se referme; à vingt pas on en ouvre une
» seconde, et l'on suit une allée qui forme un angle droit
» avec la première. La chaleur augmente : ceux qui craignent
» de s'exposer subitement à une plus forte dose, s'arrêtent
» dans une salle de marbre, qui précède le bain proprement
» dit. Ce bain est un appartement spacieux et voûté; il est
» pavé et revêtu de marbre; quatre cabinets l'environnent.
» La vapeur sans cesse renaissante d'une fontaine et d'un
» bassin d'eau chaude s'y mêle aux parfums qu'on y brûle.
» Lorsqu'on a reposé quelque temps à l'aise, qu'une douce
» moiteur s'est répandue dans tout le corps, un serviteur
» vient, vous presse mollement, vous retourne, et quand les
» membres sont devenus souple et flexibles, il fait craquer
» les jointures sans effort : il masse et semble pétrir la chair,
» sans que l'on éprouve la plus légère douleur. Cette opéra-

constitutions ; c'est le soulier de Théramène, *bon à tous pieds*. On explique les causes les plus cachées ; on ne recule devant aucune difficulté ; on n'écarte enfin que les agonisants de ces piscines miraculeuses. Les secours qu'offrent la chirurgie et la pharmacie, les bains de vapeur, les douches ascendantes, les boues, les boîtes fumigatoires sont rarement employés. Le régime

» tion finie, il s'arme d'un gant d'étoffe, et vous frotte long-
» temps. Pendant ce travail, il détache du corps du patient
» des espèces d'écailles, et enlève jusqu'aux saletés imper-
» ceptibles qui bouchent les pores ; la peau devient douce et
» unie comme le satin. Il vous conduit ensuite dans un ca-
» binet, vous verse sur la tête de l'écume de savon parfumé,
» et se retire. Le cabinet où l'on a été conduit offre un bassin
» avec deux robinets, l'un pour l'eau froide, l'autre pour
» l'eau chaude ; on s'y lave soi-même. Bientôt le serviteur
» revient avec une pommade épilatoire qui dans l'instant
» fait tomber le poil aux endroits où on l'applique. Quand
» on est bien lavé, bien purifié, on s'enveloppe de linges
» chauds et l'on suit le guide à travers les détours qui con-
» duisent à l'appartement extérieur. Ce passage insensible du
» chaud au froid empêche qu'on n'en soit incommodé. Arrivé
» sur l'estrade, on trouve un lit préparé ; à peine y est-on
» couché qu'un enfant vient presser de ses doigts délicats
» toutes les parties du corps, afin de les sécher parfaitement.
» On change une seconde fois de linge, et l'enfant râpe légè-
» rement avec la pierre ponce le calus des pieds ; il apporte
» la pipe et le café moka, etc. »

même, souvent le plus grand remède à nos infirmités, est compté pour rien dans ces lieux de rendez-vous et de plaisirs (1). Enfin l'art est devenu si simple qu'il est renfermé dans l'usage de quatre ou cinq verres d'eau ; la simplicité de cette pratique abrège l'étude et les recherches. Je sais qu'on oppose au petit nombre d'incrédules des observations faites par les intendants des eaux ; malheureusement ces vastes compilations, triste ressource de l'empirisme, supposent plus de prévention que de discernement, et n'en imposent nullement aux gens instruits. Avec quel juste mépris sont reçus auprès des savants ces longs martyrologes ! L'observation est un champ vaste ; mais il n'est donné qu'à très peu de monde de bien observer. Tout est de rigueur en méde-

(1) Guipatio, dans son langage énergique, assure que les eaux minérales font plus de..... que de guérisons.

On trouve, dans la seule province d'Auvergne, plus de quatre-vingts sources minérales, au-delà des trois cents dont le reste de la France est riche. Verner en indique cent en Hongrie. Baccius a décrit les propriétés de celles d'Italie, dans sept volumes in-folio. Que de richesses pour la médecine ! si l'on y joint les fontaines minérales d'Espagne, d'Angleterre, etc. Elles sont devenues un objet de commerce ; celle de Selds produit annuellement au-delà de cent mille écus. Le magasin des eaux minérales est devenu un entrepôt général, à deux francs la bouteille. *Odor lucri ex re qudlibet.....*

cine; une fausseté peut coûter la vie à mille malades. On peut d'ailleurs s'abuser soi-même, en abusant les autres : tant l'esprit voit du prodige où le cœur nous fait désirer d'en trouver. La nature, qu'invoquent ses plus grands détracteurs, soumise à de grandes lois, ne peut dépendre de quelques moyens frivoles. Éloignons-nous des moyens extrêmes, et prenons garde qu'en ne voulant pas accoutumer au superflu, nous ne refusions quelquefois le nécessaire. L'axiome banal, *quæ non prosunt singula, multa juvant*, peut avoir encore plus d'une application. Si l'on se préserve de jactance et de prévention, en allant au-devant de toutes les connaissances capables d'éclairer une méthode qui souvent a trompé la crédulité des malades, on ne leur dira plus que la même eau relâche ou fortifie à volonté; la régularité, le désordre des liqueurs, l'atonie, la tension moyenne, la rigidité des fibres, trouvent également dans le même remède un moyen assuré de guérison. Que les médecins nous parlent avec franchise, ils avoueront que des réflexions sur des exemples isolés, des observations ambiguës sur des effets momentanés qui varient à chaque instant, et peuvent être la suite de la cessation des remèdes, du rétablissement des forces par l'exercice, des avantages des pays élevés où coulent la plupart des eaux minérales, et de tant d'autres causes étrangères, n'établiront jamais des préceptes inviolables, des lois absolues et générales. Le cœur se soulève d'indignation, lorsqu'on considère la facilité de ces pélerinages aux eaux, et le nombre de victimes sacrifiées à l'avidité mercantile qu'on y trouve établie. Elle perce sous toutes les formes de séduction. Jamais la stupide ignorance ne s'est assise d'un front plus intrépide au milieu des hommes. Il serait facile de s'instruire de ce qui s'y passe; il paraît moins embarrassant de mourir. On s'enthousiasme pour tout ce qui porte l'empreinte de l'extravagance et du mensonge (1).

Nulle part les jongleurs ne sont plus adroits, et les erreurs ne se perpétuent par le concours de plus de circonstances. L'esprit de parti, de

(1) Je n'écris pas pour les oisifs de profession, qui, sans besoin urgent des eaux, cherchent chaque été des habitations salubres, pour se dérober aux chaleurs de la plaine, suivent l'empire de la mode dans les préférences qu'ils donnent aux eaux. Il suffirait à la plupart de ces désœuvrés, aux habitants des grandes villes, pour se garantir de l'air empoisonné des salles de spectacles, des lits et des voitures, de se rendre sur le sommet de quelque montagne; et là, dépouillés de leurs habits, d'y jouir en liberté de l'air et de la nature. Ce que la pudeur n'aurait pu obtenir, la concurrence qui s'est établie entre des sources rivales l'a opéré; elle a décidé de leur mé-

souplesse, de complaisance, les hypocondriaques, trompettes de charlatans, les hautes protections, les prôneurs gagés y établissent les plus grandes absurdités. On s'est élevé dans tous les temps contre le danger de ces panacées ou remèdes universels que le peuple, dont le langage a souvent tant d'énergie, appelle des *selles à tous chevaux*; mais le bruit en impose au vulgaire, et le mystère à l'homme instruit. Quant à moi, je n'ai pu voir, sans émotion, les piéges continuels qu'on tend à la vie des hommes, et j'ai béni le sort du pauvre qui n'apporte que ses maux aux eaux minérales. Sa misère le console de l'oubli cruel où le sort l'abandonne, tandis que l'imposture et l'artifice conduisent le riche du bain au tombeau. C'est au retour des eaux et dans leurs foyers qu'il faut les voir, ces malades

rite, selon les suffrages des grands, des femmes qui s'y rendent.....

> Trop heureux si le jeu n'y soufflait la ruine,
> Si tant d'aventuriers, vrais oiseaux de rapine,
> Pleins de l'espoir du gain, autour des tapis verts,
> Ne fondaient tout à coup de vingt pays divers,
> Si le malade aux maux était bien moins en proie,
> Qu'aux serres des vautours que l'avarice envoie;
> Faut-il qu'aux lieux où l'homme a cherché la santé,
> Il porte avec son mal un mal plus indompté?
>   LEMIÈRE.

si soumis, après avoir reçu le mensonge avec tant de docilité, lorsqu'épuisés par la violence du traitement aqueux, la raison, toujours faible dans un corps malade, n'est plus soutenue par les magnifiques espérances dont l'empirisme a malheureusement l'art d'échauffer les têtes (1). Leurs facultés, troublées par les convulsions de la douleur, appellent à leur secours la nature entière. Que de confiance, que de bénédictions s'ils consentaient enfin à mettre généreusement des bornes à ces voyages aux eaux, en repoussant les malades que de trompeuses espérances y conduisent, en avouant l'insuffisance ou le danger des eaux minérales dans plusieurs maladies : c'est alors que les eaux auraient droit à ces pierres votives, dont l'ignorance et l'abus les ont dépossédées. Mais je puis, sans blesser l'amour-propre de personne, révéler quelques unes des erreurs qui se sont glissées dans cette partie de l'administration; dira-t-on que ce n'est pas l'objet que se propose un voyageur : l'empêchera-t-on d'indiquer les maux pour lesquels les eaux ne sont que des secours prophylactiques ou dangereux ?

(1) Pour dernière ressource, on assure les hydropobes qui qui se trouvent mal de l'usage des eaux, qu'ils éprouveront une guérison certaine à leur retour : cette assurance prolonge un remède qu'on cesserait ; on gagne du temps et de l'argent.

J'ai vu dans mes courses que ces eaux combattent efficacement les affections humorales chroniques, dont l'excrétion est laborieuse, qu'en éveillant la stupeur des organes, elles déterminent des dépôts lents et visqueux, elles rompent le flux habituel d'humeurs à la peau, etc.; mais je sais aussi qu'elles nuisent dans les maladies nerveuses, dont les paroxismes se réveillent souvent à la seule approche d'une atmosphère chargée du gaz des eaux. Les tempéraments secs et chauds, les hypocondriaques, ceux qui ont des altérations dans le tissu organique du poumon, du foie, éprouvent des mauvais effets des bains, parce que les engorgements, l'irritabilité, l'excessive sensibilité rendent très pernicieuses la raréfaction de la masse humorale et l'accélération de son mouvement. Enfin, parce que l'état des premières voies rend l'augmentation de l'absorption interne très dangereuse; il semble que ces considérations, sur l'effet des eaux thermales, devraient en éloigner l'enfance.

> *Durum à stirpe genus : natos ad flumina primùm*
> *Deferimus, sævoque gelu duramus et undis.*

Mais le conseil et le bain se paient. On plonge, sans pitié, les enfants dans une eau brûlante, qui suffit pour produire la noueure et les convulsions. On peut regarder comme une calamité réelle et prolongée cette méthode, dont les suites sont d'autant plus terribles qu'elles portent sur la classe la plus faible et la plus intéressante. L'intérêt des femmes n'est pas mieux entendu dans les conditions particulières et essentielles de la beauté; les eaux sulphureuses ternissent l'éclat de la peau. Si l'on passe à leurs maladies, comment ne pas être effrayé de les voir livrées sans restriction à la pratique des bains chauds ainsi qu'à celle des douches intérieures? La texture trop lâche d'un organe particulier au sexe (que Vanhelmont compare au plus absolu des monarques, et dont la sensibilité domine tous les organes pour devenir la source la plus féconde de ses maladies), y détermine un abord considérable, suivi de leuchorrée, excrétion salutaire, mais incommode, à peine connue jusqu'au quatorzième siècle, aujourd'hui générale dans tous les âges, et particulièrement au sein des richesses et des grandes villes. La dégénération effrayante de cette maladie, en donnant aux bains tièdes une utilité reconnue, lorsque l'exquise sensibilité des organes, l'engorgement inflammatoire ou schirreux, ne rendent pas dangereuse l'augmentation du mouvement des vaisseaux, devrait écarter tous les moyens violents.

Cependant il n'est question que de douches intérieures dans l'objet de détruire des engorgements schirreux ou carcinomateux, moyen infaillible et redoutable d'accélérer la suppuration et les progrès des ulcères cancéreux; car de la combinaison des effets de la chaleur et de la collision de l'eau, il résulte une puissante trituration (1).

Il s'agit ici d'un objet trop sérieux pour se livrer aux railleries. Une discrétion peut-être mal entendue, me fait abréger..... Tandis que, dans les parties délicates, comme la tête et le sein, on n'applique les douches qu'en brisant le choc de l'eau, qu'autant qu'elles sont recouvertes d'un corps intermédiaire; on s'affranchit ici de

(1) Quand la douche excède la chaleur animale, la partie se gonfle d'abord par la raréfaction des liqueurs, elle rougit et s'échauffe. Ce ne sont pas des douches tempérées qu'on emploie; personne n'ignore qu'elles sont en raison composées des effets de l'eau chaude et de l'eau froide, entre lesquelles elles tiennent une sorte de milieu. Mais une douche de quarante degrés de chaleur, de trois pieds d'élévation, dont la percussion est augmentée par un ajustoir énorme!

Heureusement pour les malheureuses victimes d'un traitement barbare, que l'empirisme transforme en maladies graves, des accidents ou de simples vices de conformation qu'il se hâte de consigner dans ses archives, comme un témoignage de la salubrité des fontaines minérales et de la rare intelligence de ceux qui président à leurs miracles.

cette sage précaution. L'ajustoir introduit, dirigé par le maige déchire... Je respecte trop le lecteur, pour entrer dans d'autres détails; la décence et les mœurs publiques violées, dans leur dernier asile, élèvent la voix depuis long-temps; mais toujours en vain, la réforme ne vient pas. Je passe aux expériences sur les eaux par le secours de la chimie; elles ne rassureront pas les malades sur les doutes que je viens répandre; ils sont, après tout, ceux de tous les médecins instruits (1).

Quant aux bains, le résultat de plusieurs observations intéressantes sur l'effet des eaux thermales, démontre évidemment que les substances minérales qui pourraient être de quelque avantage dans les bains tempérés, ne méritent aucune considération dans les bains chauds. La chaleur seule produit, par son impression sur les solides et sur les fluides, tous les phénomènes qu'on observe dans les bains à trente-quatre et à quarante degrés (2). Une seconde vérité qu'on doit à l'analyse des eaux, c'est de nous apprendre

(1) Le besoin des plaisirs, plus encore que le besoin de la santé, inspire le goût des bains et l'usage des injections minérales. Des cris, des exclamations de plaisir échappent et trahissent la baigneuse, qui ne cherche que des sensations.

(2) MARTEAU, pag. 87.

En me permettant ces réflexions sur la présomptueuse

qu'il n'en existe aucune d'exacte. Les longs préceptes de nos maîtres ne sont pas seulement insuffisants; ils ajoutent encore à nos incertitudes, parce que les expériences sur les fluides, sont en général les plus difficiles. Pour séparer les principes des corps, et les avoir tels qu'ils y sont naturellement, il ne suffit pas de quelques connaissances. Le moindre initié fait des analyses, trouve dans toutes les eaux du sel de glauber, de la sélénite et de la terre; il fait loucher l'eau avec la noix de galles et le tournesol; sans se donner même la peine de la faire évaporer, il donne ses conjectures sur le résidu, cela lui suffit,

Fingunt se chymicos omnes.

Quelque complète que soit la liste des réactifs, on la trouve toujours insuffisante. Leur action sur les substances qui se trouvent dans les eaux, dépend de la manière dont on les prépare. Les eaux minérales contiennent un grand nombre de principes de nature contraire. Leur extrême division les rend propres à rester suspendues dans le fluide qui leur sert de véhicule. Indépendam-

---

médiocrité, je me hâte d'avertir que personne ne respecte plus que moi les ouvrages des Bergmann, des Struve et de quelques autres chimistes célèbres.

ment des molécules siliceuses, calcaires, argileuses, du soufre en nature, de la terre de magnésie, et qui ne sont que suspendues; les eaux en contiennent dans un état de véritable dissolution.

Il y a plus : on convient que la chaleur des eaux et leur décroissement varie suivant les saisons, et souvent à plusieurs époques de la même journée. Personne n'a jamais espéré de vaincre ces obstacles de la nature; qu'il puisse exister une cause uniforme, toujours égale, qui donne à l'eau les qualités dissolvantes, de manière qu'elle ne puisse dissoudre que la même quantité dans les mêmes proportions; d'obtenir, par exemple, que l'action du feu offre, sans altération, des principes en état de combinaison contraire à leur état naturel. Ces principes sont d'ailleurs en si petite quantité, qu'on ne saurait établir des qualités réelles, d'après le résultat des analyses. Si l'on considère ensuite que les saisons pluvieuses, les fontes de neiges, les tremblements de terre influent sur les eaux, qu'il n'en est aucune qui soit à l'abri de ces accidents continuels, qui troublent l'organisation intérieure des montagnes, dont les profonds laboratoires suspendent ou dérangent le cours des rivières et des fontaines, leur donnent des directions opposées; on conviendra qu'à cet égard les bonnes ou les mauvaises qualités des eaux tiennent aux observations météorologiques. Et lorsqu'il sera démontré que leur composition n'est pas aussi variée qu'on pourrait le croire, qu'il existe une certaine régularité dans la distribution des eaux, par un rapport entre elles dans les plus grandes distances, dans les alignements à peu près les mêmes, tant en latitude qu'en longitude; que cette correspondance remarquable entre toutes les eaux des Pyrénées (on excepte celles de Bagnères), s'opère par des bancs de schiste, ou par quelqu'autre moyen que la géographie souterraine pourra découvrir. Que deviendront ces préférences exclusives?... Espérons que la chimie, qui a déjà porté son flambeau sur cette partie importante, procurera la révolution survenue à l'analyse du règne végétal (1).

Jusqu'alors le sentiment le plus reçu sur les eaux de Barèges, de Cauterets et des Eaux-Bonnes, admet l'existence plus ou moins grande d'un foie de soufre alcalin, de l'argile phlogisti-

(1) Près de deux mille analyses de plantes différentes ayant fourni les mêmes principes, l'académie des sciences condamna à l'oubli un travail très long et très pénible, qui n'a servi qu'à nous détromper des préjugés qu'on pourrait avoir sur les avantages de ces analyses. J. B. Chomel, tom. I, pag. 37.

qué et du sel marin. Rouelles a démontré, dans les premières, celle d'une terre absorbante ou magnésie, du natrum, et d'une très petite quantité de bitume, approchant de la nature du pétrole. Lorsqu'on examine toutes ces eaux à la source, on ne tarde pas à voir que ce prétendu foie de soufre volatil n'est que de l'air inflammable. Cette découverte, qui a illustré Venel, médecin de Montpellier, et après lui Priestley, est plus ancienne qu'on ne pense. De Thou indique cette volatilité du principe vraiment médicamenteux des eaux gazeuses, et prouve, par cette observation, qu'un grand homme n'est étranger à aucune science (1). Les découvertes modernes ont, il est vrai, répandu de vives lumières sur la nature des eaux gazeuses; l'art a fait plus encore, il a obtenu des eaux plus parfaites (2) que les naturelles, non seulement parce que celles-ci ont l'inconvénient de se gâter dans le transport;

(1) De Thou, *Voyage aux provinces méridionales*, en 1582.

(2) Procédés de MM. Leroi, du Chanoy.
A l'exemple des marchands de vin, qui fournissent toutes les espèces de vins qu'on peut désirer, on trouve à Paris des bains d'eaux de Barèges, de Balaruc, de Plombières, d'après les meilleures analyses.....

mais encore parce qu'il en exclut les matières malfaisantes (1).

C'est un principe ancien et reconnu qu'un corps tend d'autant moins à sa décomposition, qu'il est plus simple et plus homogène. Les eaux du Rhône, les plus pures des eaux connues, ont pu être conservées plus de cent ans sans la moindre altération (2).

Cette propriété n'est certainement pas celle des eaux composées médicinales. Leur vertu réside dans un principe si volatil, qu'il échappe à l'attention qu'on aurait de le retenir quand on les transporte à deux cents lieues. Maintenant la raison, les lois immuables de la saine physique, les ressources du simple sens commun, suffiront pour apprécier les avantages réels des eaux minérales prises à la source sans précaution, ou conservées dans les magasins de la rue Plâtrière.

Revenons sur nos pas; et, si nous l'osons, évaluons avec les médecins désintéressés, la proportion des malades qu'elles guérissent, avec ceux qu'elles doivent effrayer, ou plutôt n'enle-

(1) On a reconnu presque en même temps que les gaz, et même les vapeurs changeaient de nature en raison des corps d'où ils émanent, et qu'on pourrait difficilement établir leur densité relative, etc.

(2) *Spon. act. erudit.* 1689.

vons pas aux malades une illusion heureuse; que tous ces reproches soient personnels aux maiges (1), ne les imputons pas à l'art de guérir. Terminons : l'acide carbonique, l'hydrogène sulfuré, les sels, et toutes les substances que les eaux de Cauterets et de Barèges contiennent, doivent avoir une action quelconque sur l'économie animale, qu'il est nécessaire de diriger.

DÉPART POUR BARÈGES.

Barèges est à une demi-journée de Cauterets; on revient sur ses pas jusqu'à Pierrefite. La route suit péniblement les sinuosités d'une gorge étroite, et vous offre les aspects les plus sauvages, l'espace de deux lieues, tracée sur les flancs d'une roche de schiste argileux, très dure, brisée par la poudre ou sous le marteau. La projection des montagnes inclinées et hors de leur aplomb, forme souvent une voûte impénétrable aux rayons du soleil. Des arbres, entre autres, frappés de la foudre, brisés, déracinés par les lavanges, ou blanchis par l'âge, montrent au

---

(1) L'espérance d'une prompte santé, celle d'une bonne somme d'argent de l'autre, forment une liaison prompte et assurée entre les malades et les jongleurs.

sein de la verdure la ruine et la carie. On ne voit pas, malgré les précautions qu'on a prises, sans un sentiment de terreur, des roches suspendues comme des nuages, ou empilées par gros quartiers les unes sur les autres, menacer votre tête. On passe promptement dans la crainte de les voir tomber à chaque instant; il s'en détache au moindre mouvement de l'atmosphère, après les orages et le dégel. Il faut quelques instants pour calmer ces pénibles sensations, remplacées par une admiration plus douce mais enivrante à mesure que les yeux se promènent sur tant de merveilles. Tout est triste et lugubre : près du pont d'Enfer (le peuple de toutes les montagnes attribue au diable la construction solide, hardie et durable des anciens ponts), entièrement suspendu sur un abîme, les précipices, les escarpements sont plus grands que dans celui de Cauterets, l'œil n'ose en sonder la profondeur. On s'arrête malgré soi devant ce pont, monument de l'audace humaine, et l'abîme sur lequel il fut lancé. Le passage de l'Échelle n'est pas moins redoutable. Tout saisit à la fois le cœur et l'esprit de terreur, d'étonnement et d'admiration. Dans ses circuits nombreux, le torrent écume et tourbillonne sous des buissons d'églantiers et de coudriers ; ils dérobent son mugissement et son cours interrompu par d'énormes blocs de granit. Souvent l'encaissement du gave n'est que de quelques pieds entre deux montagnes si rapprochées qu'on le franchit sans peine. Tantôt il coule lentement à travers des masses de schiste qu'il creuse dans sa marche éternelle. Jusque dans ces déserts et sur ces rochers infertiles, contemporains de la création, naissent l'azérolier, le citise, les chamœrisiers, les viornes, l'alisier, l'épine-vinette, le nerprun, les filarias, les germandrées et le buplevrum. L'imagination elle-même ne pouvait trouver un chemin aussi périlleux que le sentier étroit que les Barégeois avaient tranché sur les hauteurs de la nouvelle route; il rendait leur vallée inaccessible aux étrangers et tellement facile pour eux, qu'ils y passaient de jour et de nuit à cheval. Les sensations prolongées de cette force fatigant l'ame, j'employai ces moments de méditation à revenir sur les diverses impressions qu'avaient produites sur moi les différentes vues des Pyrénées : de ces magnifiques colosses, l'œil étonné se détourne avec effroi de cette suite de belles horreurs, et ne sait où se reposer.

Enfin quelques traces humaines, des cabanes éparses et le village de Biscos incliné sur le précipice, interrompent cette affreuse solitude. Attristés et presque glacés de l'air froid qu'on y éprouve dans les plus grandes chaleurs, vous arrivez à la vallée de Barèges, à la plaine de Luz. Dans ce brusque passage, l'ame n'en est que plus disposée à jouir de la superbe décoration des prairies ; des ruisseaux aussi purs que la neige qui les alimente, portent la vigueur et la santé dans toutes les parties de la végétation; des champs de blé sarrasin, colorés dans leur maturité, offrent à l'imagination de longues pièces d'écarlate, découpées par la verdure la plus fraîche et l'éclat varié d'une mosaïque rembrunie par les rochers bleuâtres et les sapins du fond de l'horizon ; les sites les plus contrastés et un enchaînement d'objets admirables, transmettent les plus vives impressions : théâtre immense devant lequel le plus habile pinceau doit avouer son impuissance. On oublierait les trois millions que cette route a coûtés, si les frais d'entretien ne se renouvelaient tous les ans. Son magique nivellement, douze ponts de marbre, de magnifiques chaussées qui rappellent les tâches des cultivateurs arrachés au labourage, écrasés sous les pas des entrepreneurs et dans les escarpements, mêlent involontairement des regrets à l'admiration que procure une route que l'on ne cesse de comparer aux plus belles voies romaines. Accordons cependant un souvenir de reconnaissance à Polard, à Labove, à Détigny; on leur doit le projet et l'exécution de ces travaux (1). Avant de s'occuper du grand avantage que procure le passage de quinze mille étrangers, et l'augmentation du numéraire répandu pour des objets de consommation et de luxe dans les provinces voisines, des hommes avides de nouveautés avaient triomphé de tous les obstacles de la nature. Chaque position a sans doute ses inconvénients. On ne regrette pas ici la vie sauvage; mais, si dans la comparaison (quand on observe le vice de nos institutions), on ne doit les talents et les arts qu'à la sueur du peuple qui engraisse le sol qu'il habite, il est bien difficile de ne pas donner la préférence à l'état qui s'éloigne d'une sensibilité factice, substituée à la rudesse franche, à cette heureuse simplicité de mœurs qui, rendent les lois presqu'inutiles en rendant les vertus plus communes. L'industrie recevra sans doute des encouragements; ces côtes, ces plaines arides qui déparent le Bigorre n'attristeront plus les yeux;

(1) La route de Lourdes à Barèges, commencée en 1735, fut accessible aux voitures en 1746.

enfin l'obéissance publique, plus éclairée, moins dépendante des volontés arbitraires des subalternes étrangers, rendra l'habitant paisible à toute la simplicité de ses mœurs primitives.

Jusqu'ici nous avons vu la prospérité passer des villages voisins des grandes routes aux extrémités des vallées. Ainsi, depuis que le philosophe de Genève nous a représenté sous ses touches enchanteresses, « les mœurs patriar- » chales et le tableau de l'âge d'or, une foule de » voyageurs à imagination jeune et sensible, » ont couru dans ces vallons tant vantés, et ont » été surpris de n'y rencontrer que des êtres » dégénérés. Ce n'est plus que dans des gorges » reculées ou sur des rochers escarpés que vi- » vent, ou plutôt que s'éteignent ces races sim- » ples, pures et hospitalières, où l'amant de » Julie passa les jours de son exil. ». Mais rien de plus intéressé, de plus sale, de plus stupide, que le vulgaire des villes riveraines du Rhône, depuis Saint-Maurice jusqu'à Sion, et le long des trois passages des Alpes; on ne peut leur comparer, dans les Pyrénées, que les habitants de la vallée de Luchon, où se trouvent réunis la pauvreté savoyarde, la malpropreté des Espagnols, et la paresse des deux peuples.

VALLÉE DE BARÈGES (1).

La vallée de Barèges renferme dix-huit villages, semblables aux nids des aigles, placés sur le sommet des rochers, ou sur des plates-formes cultivées qu'environne une riante végétation. Elle compte 6000 habitants. Des bords du gave ombragés de tilleuls, de frênes et de hêtres, on arrive aux bains de Saint-Sauveur, assis au bas d'une montagne très escarpée dans une position heureuse et pittoresque, qui sans doute contribue à y rassembler les étrangers, plus curieux de réunir les agréments d'une douce solitude et d'une société rapprochée que les avantages des bains tempérés, quoiqu'ils conviennent généralement à toutes les constitutions. On voudrait d'ailleurs accorder les éloges qu'on donne depuis quelques années aux eaux de Saint-Sauveur, avec les conditions que la chimie exige, pour constater les vertus des eaux thermales. L'autorité du célèbre Hoffman est remarquable dans son opinion. Les vertus des eaux minérales, les plus accréditées, ne pourraient

---

(1) Barèges, dénomination celtique, qui équivaut à *lieu caché*. *Dict. celt.*

provenir des matières qu'elles contiennent, ces matières étant en si petite quantité, qu'on ne peut leur attribuer la moindre efficacité; aussi rapporte-t-il toutes les vertus à l'eau simple, qui en est l'excipient, qu'il regarde comme un remède universel. Tout le monde convient des guérisons étrangères aux eaux minérales; les voyages, les sites plus ou moins agréables de la source qu'on a choisie; les hommes n'étant jamais plus aimables que lorsqu'ils sont libres d'affaires, et qu'il s'établit une sorte d'égalité entre de prétendus malades, qu'on fait une bonne chère qui n'incommode pas, parce que l'estomac a été balayé le matin; on peut même dire que ces eaux sont salutaires pour ceux qui n'en boivent pas. Celles-ci varient en raison de leur degré de chaleur, fixé invariablement au vingt-sixième degré du thermomètre de Réaumur, pour le développement nécessaire de leurs principes volatils; il ne reste aux eaux minérales, au-dessous de cette température, que les propriétés générales des eaux chaudes, et c'est déjà beaucoup. Ainsi les eaux de Saint-Sauveur, comme tant d'autres, guérissent des maux rarement dangereux, je ne sais s'il faut excepter l'ennui, ce cruel fléau du genre humain, et surtout des riches.

Les plus hautes montagnes des Pyrénées couronnent la vallée de Barèges, plus avancée vers le midi que toutes les autres, et l'isolent entièrement. L'épais revêtement argileux et calcaire dont est enveloppé le noyau primitif des pics les plus élevés, et qui se brise dans tous les sens en schistes mobiles, laisse à nu leurs cimes recouvertes de neige une partie de l'année. C'est à ces ruines que le vallon de Luz, et le penchant des roches fécondes de son enceinte, doivent leur fertilité. La main de l'homme les retourne avec la bêche, la charrue étant impraticable et presque inconnue dans des lieux où la brebis tremblante refuse de hasarder ses pas. Le hardi moissonneur parvient sur ces pentes effroyables cultivées par lisières étroites, à l'aide d'un câble qui le garantit des précipices ouverts sous ses pieds. J'ai vu, sur des revers escarpés, des champs de millet et de sarrasin, et des hommes manier librement la faux dans des endroits inaccessibles, des troupeaux de chèvres suspendus à la cime des monts. Ce mélange de la nature sauvage et cultivée excite le plus grand intérêt. La récolte la plus abondante est celle de ce blé noir qu'apportèrent dans le huitième siècle ces peuples d'Afrique, dévastateurs de nos provinces, appelé de leur nom *mil des maures* ou *blé sarrasin*. Les terrains arides dont les éclats de pierre forment toute la surface, lui conviennent. Une mesure en produit quarante ; sa végétation rapide devance les frimas ; susceptible des moindres impressions de l'atmosphère, il n'offre pas toujours une récolte assurée ; mais on prépare, avec ce grain africain (poison des campagnes, et dont Sully voulait éteindre la culture), des *gaudes* et des *pâtes*, qui tiennent lieu de pain.

L'habitant de Barèges se présente sous l'aspect le plus pittoresque. Ses organes déliés, ses facultés intellectuelles plus développées que celles de tous ses voisins ; ses besoins, ses usages, ses coutumes particulières, l'en distinguent. Aussi, son extérieur et sa vivacité le rapprochent de l'Aragonais, avec lequel sa position lui donne l'avantage d'un commerce en vins, en mules et en laines d'Espagne. L'industrie du Barégeois s'exerce avec plus d'avantages depuis que les bains lui tiennent lieu de la frugalité qu'il a perdue. Il spécule sur les étrangers, auxquels il vend de magnifiques promesses et de faibles services. Autrefois nourri de choux, de pain noir et de lait, il connaît aujourd'hui les besoins du luxe et se montre intéressé, parce qu'il lui faut les satisfaire. Malheureusement il n'a guère acquis que ce qui sert juste à faire sentir la pauvreté, car l'argent des étrangers s'en va bientôt et leurs mauvaises mœurs restent.

Indépendamment des objets d'histoire naturelle qu'offre Barèges à la curiosité des voyageurs, il ne laisse pas d'intéresser par les restes de sa législation. Une ancienne coutume compensait, dans cette vallée, tant d'usages à l'avantage des hommes, en maintenant une sévérité rigoureuse dans les mœurs ; c'était la punition des infidèles, qui le plus souvent tombait sur les maris. L'accusé trouvait un tribunal sans sortir de la maison paternelle. Le sceptre remis entre les mains de chaque père de famille, dominateur et despote dans sa maison, il disposait à son gré de ses facultés et de ses enfants ; vengeur ou rémunérateur, ses sentences étaient sans appel, c'était la vertu spartiate dans toute sa pureté. Le coupable, conduit sur la frontière, était puni par l'ostracisme, long-temps regardé par un peuple jaloux, comme le garant de l'indépendance réciproque et de l'égalité des citoyens.

Ce respect pour les femmes, commun aux peuples pasteurs, se mêlait à toutes leurs idées. Des peuples entiers ont été soumis à leurs femmes ; celles de Barèges étaient servies à table par leurs maris, même avec toutes les marques du respect. Un article remarquable de la civilisation de cette vallée, rédigé avant 600, accordait la grâce aux coupables refugiés auprès d'une dame (1).

Les habitudes du luxe et le voisinage du séjour voluptueux des bains ayant altéré le caractère des toyes (jeunes Barégeoises), on aurait tort de chercher une sévérité de mœurs et l'innocence virginale qui n'existe plus, mais qu'on retrouve cependant avec d'honorables exceptions surtout aux villages inaccessibles aux tentatives des étrangers...

La forme du gouvernement bigorrais était d'une sagesse et d'une simplicité que n'atteignent point les codes si savamment compliqués de nos législateurs modernes. Les coutumes locales, appelées *fors*, modifiées suivant les circonstances, étaient plus fidèlement observées que les lois les plus sévères ne le sont ailleurs. Réunis depuis tant de siècles, sur le même sol, ces peuples, sans jamais se confondre, ont formé des races diverses et perpétué les traces distinctes de leur

(1) Si quelqu'un se refugie auprès d'une dame, il aura sûreté de sa personne en payant le dommage. Que la paix soit avec le laboureur; que ses bœufs et ses instruments aratoires ne puissent être saisis. *Ancienne coutume de la vallée de Barèges.*

ancienneté. Soumis ainsi à l'empire de l'habitude, il en résulte une bigarrure qui ne s'étend pas seulement à divers cantons, mais qui frappe par des différences remarquables jusque dans un même hameau (1). Au besoin, elles pourraient suppléer au silence de leur histoire sur l'association des diverses peuplades qui ne sacrifiaient pas leurs usages.

Le chemin de Luz, agréable et sans danger jusqu'à Barèges-les-Bains, est prolongé sur d'immenses débris calcaires et granitiques. Les montagnes sont resserrées et trop escarpées pour être mises en valeur; des saules et des peupliers dérobent la vue du Bastan, torrent dévastateur qui dès sa source se tourmente dans un lit qu'il déchire sans cesse. Le bruit vous annonce sa présence ; lorsqu'il est grossi par les neiges, les rochers roulent pêle-mêle; il entraîne avec fureur terres, arbres, troupeaux, habitations du beau village de Betpoey, tout ce qui se trouve sur son passage Sa fureur vient expirer au bas de la montagne de Cers, dont le bouleversement an-

---

(1) Plaisante justice, disait Pascal, qu'une montagne ou une rivière dérange; vérité en deçà des Pyrénées, erreur au-delà. Le meurtre n'était puni que de l'exil, et s'expiait, comme chez les Français et les Germains, par quelque satisfaction pécuniaire.

nonce visiblement l'effet de quelques convulsions violentes.

Barèges-les-Bains, à une lieue de Luz, au fond d'un ravin de plus de quatre cents pieds d'élévation, près du Bastan, dans le lieu le plus triste, le plus sauvage et le plus insalubre de toutes ces montagnes, n'est composé que d'environ quatre-vingts maisons qu'on abandonne depuis le mois d'octobre jusqu'au mois de mai, et qui restent alors ensevelies sous des montagnes de neige, et livrées à la garde d'un seul berger. Lorsque la guerre ou quelqu'autre fléau s'oppose à l'arrivée périodique des malades et des oisifs, mine féconde pour le Barégeois, c'est une calamité qui suspend l'échange de l'eau en bons vins, et toutes les jouissances établies sur ce théâtre de folies humaines.

Au-dessous de Barèges, au nord, est un joli plateau parsemé de chaumières; la gradation et la variété de la verdure forment un tableau si tranquille, si doux, qu'on ne peut se lasser de le regarder. Au midi, un bois de sapins et de hêtres offre un ombrage agréable; bois sacré qui sauve de l'impétuosité des lavanges en changeant leur direction, et protège ainsi les bains. L'inclinaison des ravins sur la digue de Louvois, le déchirement de l'enceinte des lacs d'Escoubous, d'Omar, d'Aigues-Cluses, d'Oredon, de la Glaire, les fréquents tremblements de terre élèvent sensiblement le torrent du Bastan et préparent des dégradations plus menaçantes. On retrouve l'ancien lit de ce torrent dans l'emplacement actuel des bains; la conduite des fontaines à travers des sables mouvants et des pierres roulées, les expose au danger du mélange et de l'infiltration des sources froides.

Aucun monument n'atteste l'ancienneté des sources de Barèges, ni qu'elles fussent connues des anciens. Placées loin de l'influence du gouvernement, elles attirèrent enfin ses regards sous Louis XIV : c'est la première époque connue de la célébrité de ces fontaines. Le duc du Maine y arriva par une tranchée pratiquée à la montagne de Traumalet, aujourd'hui presqu'entièrement dégradée. C'est dans une chaumière, alors la seule de ce lieu désert, et qui sert aujourd'hui de chai, que la veuve de Scarron, comme elle nous l'apprend, passait son temps à filer, à méditer ses lettres touchantes qui préparèrent son élévation, et peut-être à prendre le goût de la retraite au sein d'une cour fastueuse et bigote (1).

(1) Cette femme célèbre, formée à l'intrigue par les évé-

Ce serait ici le lieu de décrire ces sources fameuses dont la renommée attire des gens de tout pays, de toute humeur et de tout âge. Elles sont bien dignes d'attirer la curiosité des naturalistes, même en réduisant à leur juste valeur les exagérations qu'elles ont inspirées. Barèges et ses déserts n'appartiennent pas seulement à la médecine, la peinture et la poésie lui rendent également hommage.

> Sous une voûte ténébreuse,
> Où pend et brille en perle un sel jaunâtre et dur,
> Des veines d'un rocher recouvert d'un vieux mur,
> S'échappe, à gros bouillons, une onde sulfureuse,
> Qui tombant dans le marbre ou sur la pierre creuse,
> Y dépose un limon doux, savonneux et pur.
> Debout, dès l'aube matinale,
> C'est là, qu'un thermomètre en main,
> Tout malade en guêtre, en sandale,
> En mule étroite, en brodequin,

nements, naturellement spirituelle et ambitieuse, trouvait au comble de la fortune, au lieu du bonheur, un ennui qui lui faisait regretter l'obscurité. Ce qu'elle écrivait au comte d'Aubigné, pourrait être une grande leçon pour les ambitieux : « Que ne puis-je, lui disait-elle, vous faire voir » l'ennui qui dévore les grands, et la peine qu'ils ont à remplir » leurs journées; ne voyez-vous pas que je meurs de tristesse » dans une fortune qu'on aurait peine à imaginer. » Voulez-vous épouser le père éternel, répond d'Aubigné.

> Curé, juif, actrice ou vestale,
> Ou moine, ou gendarme, ou robin,
> Court s'entonner d'eau minérale
> Et cuire à la chaleur du bain.....
> L'onde fume, on invoque ensemble,
> Ce pouvoir si caché qu'on révère en ces lieux (1).

Quoique le pays soit froid et tardif, et que les productions du sol y soient rares, on s'y procure cependant toutes les commodités de la vie. La viande y est mauvaise, non que le pays n'en produise de bonne; mais les bœufs servant aux labours dans la plaine, on mange à Barèges les vieilles vaches maigres et des veaux qui ne sont pas meilleurs. Les légumes, les fruits et la volaille y viennent de douze à quinze lieues. Les lacs fournissent d'excellentes truites, mais si délicates, qu'il faut les manger en sortant de l'eau. Il y a d'ailleurs peu de gibier; l'ysard vaut peut-être le chevreuil, le mouton ou bourrègue succulent sentant le serpolet; mais la perdrix grise diffère des nôtres par le plumage et la saveur : nourrie sur les sapins, elle en conserve l'odeur, elle devient entièrement blanche pendant l'hiver (2). Au reste, la science des cuisiniers s'ac-

(1) M. le chev. Bertin.
(2) La sagopède de M. de Buffon.

corde avec tous les régimes et ne brille nulle part avec plus d'éclat. La consommation de jambons de Bayonne, de cuisses d'oies, de vin de Béarn et de Bordeaux est proportionnée à la faim dévorante qu'excitent un air pur et vif, un grand exercice et l'usage des eaux. Le Pyrénéen n'est pas réduit, comme l'habitant des Alpes, à chercher des boissons dans les sucs résineux du sapin, de recourir à une composition de busserole et d'airelles fermentées; il boit les meilleurs vins de France, ceux d'Espagne lui sont apportés dans des outres à dos de mulet, par les passages des ports ou portes désignés par les anciens sous la dénomination de *summum pyrenœum*.

On n'est pas surpris qu'une société douce, des montagnes riantes et très agréables à parcourir soient des moyens de jouissance d'un haut prix, et que, guéris par les charmes d'un heureux repos, les malades n'oublient pas aisément les bains de Barèges : tout affreux qu'ils sont, ils laissent des souvenirs; car les horreurs de la nature sont encore de belles horreurs qu'on aime à revoir.

Barèges-les-Bains n'a qu'une source minérale (1), qui se distribue en trois douches et

---

(1) Les montagnes voisines des bains, et sans crainte

sept bains (1). Ce sont de petits caveaux dans lesquels on a pratiqué des cercueils ou baignoires en pierre brute. Représentez-vous un cachot voûté, l'idée n'est pas gaie, qui ne reçoit d'air et de lumière que par la porte toujours fermée, des murailles noircies par le temps et les vapeurs de l'eau : voilà ces fameux bains. Les premiers soins du gouvernement avaient pour objet les secours destinés aux blessés ; ils ne jouissent aujourd'hui que des heures des bains les plus incommodes. On sait à qui sont accordées les préférences. L'hôpital militaire est insuffisant pour la quantité de blessés.....

> « Là, le long de ces lits où gémit le malheur,
> » Victimes des secours, plus que de la douleur;
> » L'ignorance en courant fait sa ronde homicide,
> » L'indifférence observe, et le hasard décide. »

Il y a un bain de pauvres à Barèges, mais ils

---

d'être démenti, personne n'ignore qu'il n'est pas un point des Hautes Pyrénées où les recherches ne puissent découvrir de nouvelles sources.

(1) Température des eaux de Barèges :

 2 bains de Genzy.......... 27
 1 de la Chapelle........... 27
 1 de l'Entrée............. 35
 1 du Fond 39
 2 de Polard............. 38

Le trop plein fournit au bain des pauvres.

n'y trouvent aucun asile; réduits à chercher un abri dans les granges écartées ou à coucher en plein air, ils perdent les effets avantageux qu'ils pourraient obtenir des eaux, et il en résulte souvent des accidents plus fâcheux que ceux pour lesquels ils étaient venus solliciter un soulagement. Devais-je céder à ce qu'on appelle bienséances? Je n'entends pas me défendre de témoigner mon indignation en descendant dans la piscine soumise au plus grand des opprobres, à salir nos braves militaires de la rinçure des bains et des eaux qui ont servi aux indolents sybarites, qui trouveraient ailleurs de quoi occuper leur folie et leur sottise (1).

Je reviens sur ma route, dont cette longue digression m'avait écarté; la réputation des eaux que j'ai visitées me servira d'excuse. Sans ces eaux, l'intérieur du Bigorre serait plus ignoré que les terres australes (2). Ajoutons cette con-

(1) M. Delpy, médecin à Barèges, qui a enrichi le *Dictionnaire des sciences médicales* de plusieurs articles, n'est pas coupable d'autant de négligences: elles appellent l'attention de l'autorité; il doit la réclamer.

(2) Les eaux de Barèges sont infiniment plus savonneuses que sulfureuses. Leur principale vertu peut résider dans le principe volatil qui se dégage et que l'on respire avec l'air,

sidération pressante et vraie, que l'opprobre du vil trafic, qui n'est que trop ordinaire dans les établissements thermaux, et qui sans doute aussi frappe les yeux de tant d'étrangers, Anglais, Allemands, Russes, Espagnols, Américains, rejaillit sur le caractère national. Quiconque ignore le vrai but de la médecine, penserait qu'à telles ou telles eaux on exerce moins un art salutaire et bienfaisant, qu'un métier de pirate. Voilà comme il suffit d'un sot ou deux pour déshonorer une nation.

GAVARNIE.

Avant de quitter la vallée de Barèges, on ne peut s'empêcher de visiter la chute du gave à Gavarnie. Nul autre objet ne conduit à celle-ci; mais elle mérite un voyage particulier, parce qu'elle offre un spectacle superbe. La scène change : la mort succède à la vie. Depuis Saint-

d'une pureté peu commune. La nature semble avoir éloigné de ces sources les causes qui vicient l'air; rien ne peut donc remplacer l'usage des eaux sulfureuses des Pyrénées prises à leur source. Bordeu, Darcet, Venel, Bayen et plusieurs savants qu'on peut consulter, ont donné l'analyse de ces eaux, et les progrès de la chimie ont rendu inutiles beaucoup d'écrits des anciens sur les eaux minérales.

Sauveur, la gorge se transforme en un étroit précipice, dont le torrent occupe et ravage le fond. Après l'échelle, vous trouvez des filons de nickel, substance métallique, espèce de cobalt qu'on croyait étrangère à la France. Vous voyez Pragnères et Gèdres, placés dans la plus affreuse solitude; les Pyrénées n'offrent rien de plus lugubre et de plus sévère. Vous marchez pendant quatre heures sur la crête des ravins formés par d'immenses éboulements, dans un silence qui n'est troublé que par le roulement de l'Arieu, mauvais ruisseau, et deux gaves furieux et destructeurs, l'un sorti du lac de Héas, le plus considérable de Gavarnie; ils précipitent leurs flots en cascades écumantes, riche décoration qui fait aisément oublier les cascades de Versailles et de Tibur. Chacune de ces cascades mérite d'avoir sa nymphe particulière; leurs murmures lointains soutiennent la pensée, écartent l'idée des dangers; plus d'une fois leurs apparitions soudaines m'ont retrouvé au milieu des torrents de ces vastes solitudes, me familiarisant bientôt avec ces masses de rochers suspendues les unes sur les autres. Un chemin passant à travers leurs immenses débris m'a conduit au lac de Héas et à la chapelle dédiée à la Vierge, perdue dans ces montagnes. Aux murs sont attachés un grand nombre de bras, de jambes et de têtes, dont les corps se portent très bien au moyen de cette précaution, et cependant il n'est question que d'entretenir d'huile quelques lampes le jour de sa fête. La nuit du 7 au 8 septembre, il se rassemble à Héas un monde prodigieux de toutes les vallées; le reste de l'année, Héas n'est fréquenté que par des troupes d'ysards. Ces jours-là, la charité des pélerins s'échauffe : pour conserver leur récolte, leurs bestiaux, et faire accoucher leurs femmes à terme, ils offrent d'amples présents au chapelain, qui les échange presqu'aussitôt contre du vin et de l'argent.

Quel antre, quel désert est à l'abri du fanatisme et des fourberies de ceux qui vivent du produit des mensonges sacrés? Heureux, du moins, les bons Pyrénéens, dans les miracles qu'ils racontent de Notre-Dame de Héas, ils retrouvent quelques traces de leur mythologie. Persuadés que trois chèvres nourrissaient trois ouvriers employés à la construction de la modeste chapelle, ils viennent la visiter avec empressement. Les pélerins, les pélerines baisent pieusement, manient en tous sens et familièrement la petite statue de la vierge, et ne manquent pas d'emporter pour amulettes des fragments du rocher sur lequel elle repose. La nuit se passe en danses très joyeuses entre filles et garçons, qui, s'abandonnent sans contrainte aux plaisirs de leur âge..... Les hommes emploient le temps à boire jusqu'au lever du soleil qu'ils reprennent les sentiers périlleux des hautes montagnes qui séparent Campan des quatre vallées ses voisines. Égayons ces lieux sauvages par quelques vers du chevalier Bertin :

>   Nul ermite n'est préposé,
>   A la garde du tabernacle;
> Le peuple en tous lieux, peuple, et toujours abusé,
> N'y court point engraisser quelque fripon d'oracle?
> Mais le granit du seuil, par ses genoux usé,
> Voit tous les ans se faire un assez grand miracle.
>   Car la plus timide beauté,
>   Qui dans cette solennité,
>   De pourpre la joue un peu teinte,
>   Et le scapulaire à côté,
>   Trotte vers la demeure sainte
>   En jupon de laine écourté,
>   Dans cet asile respecté,
>   Entre avec sa virginité,
>   Et bientôt en revient enceinte.

On voit que le culte à la vierge est en grand honneur aux Pyrénées. J'ai vu les pèlerinages à Betarram, à Poey-Laüs, à Héas.

Le chemin de la cascade passe dans l'ancienne mine de Gavarnie, et sur d'énormes masses de granit, détachées d'une montagne entièrement bouleversée, dont il reste à peine la base. L'aspect effrayant et sauvage de ce lieu, très bien nommé le *cahos*, glace le cœur. Cette montagne soulevée, sortie des entrailles de la terre par une épouvantable convulsion, qui date de 1650, couvre la vallée de ses énormes débris. Un autre tremblement de terre, en 1788, combla un grand lac. Les eaux refoulées démolirent la grotte de Gèdre, étendirent leur ravage sur les tristes restes du malheureux village élevé au-dessus du niveau de la mer, à 1064 mètres. Le village de Gavarnie est élevé à 1444 mètres; il faut remarquer que la zone habitable des Pyrénées finit à moins de 1500 mètres au-dessus du niveau de la mer. Comment douterait-on de l'action du feu aux Pyrénées, lorsqu'il existe dans cent quatre-vingt-treize volcans, reconnus en activité et leur communication établie? En 1755, au moment même des désastres de Lisbonne et de Lima, des maisons écroulées à Lourdes, la terre entr'ouverte près du village de Junchalas menaçaient d'un ébranlement universel (1).

(1) 949. *Episc. Turonens. Oper.*, pag. 242, parle d'un

L'étonnement augmente à la vue des tours de Marboré, du Pic-Blanc, de la Brèche de Roland, de Neige-Vieille, de Vigne-Male (1), dont les cimes glacées et les plus élevées de toute la chaîne, sans en excepter le Pic du Midi, se perdent dans les nues, et ne sont accessibles que du côté de l'Espagne. Aux yeux du naturaliste, il n'est pas de spectacle plus imposant; où sont les édifices qui s'annoncent avec autant de grandeur et de majesté que l'enceinte de Gavarnie? On voit un vaste amphithéâtre de roches perpendiculaires; l'arène est recouverte de neige dans les plus grandes chaleurs, sous ce glacier le gave s'est frayé une route en formant un pont solide de ces neiges éternelles.

Le voyage à Gavarnie ne fut plus qu'un cri

---

tremblement de terre de l'année 580, un des plus considérables qui se soient fait sentir aux Pyrénées. La destruction, dont il est ici question, ne daterait que de deux ou trois siècles; le flanc de la montagne, dont l'immense quantité de granit s'est détachée, saigne encore..... Les autres tremblements de terre, qui ont laissé les plus tristes souvenirs, sont ceux du 21 juin 1660 et celui de 1678 : dans ce dernier, en un instant, il causa le débordement de la Garonne, de l'Adour et du gave.

(1) Élévation de la tour de Marboré, 3182 mètres; brèche de Roland, 2943 mètres; Mont-Perdu, 3436 mètres.

d'étonnement et d'admiration à la vue de la cascade la plus élevée de l'Europe.

En pénétrant dans cette enceinte, autrefois un grand lac, dont les eaux ont rompu les digues et donné cours au torrent, vous le suivez jusqu'à sa source, à sa sortie des glaciers, pour se précipiter dans une enceinte dont le diamètre a plus de 1800 toises. Il se détache tellement, qu'il ressemble à du vent tissu, ayant ses nuages déliés, qui glissent dans les airs, à l'ondulation et à la légèreté d'une fumée humide. Cette poussière d'eau, frappée des rayons du soleil, une infinité d'arcs-en-ciel se multiplient, se croisent, ou disparaissent selon la rencontre des divers rejaillissements. « Qu'on parle encore
» des pyramides d'Egypte, des ouvrages des Ro-
» mains, de ces amphithéâtres dont les voya-
» geurs courent admirer les ruines en Italie,
» ou à Nîmes, pour être frappé de ces monu-
» ments, où de vils gladiateurs combattaient
» autrefois aux yeux d'un peuple oisif, il ne faut
» pas avoir vu ce cirque bien plus auguste, bien
» plus terrible, où la nature, aux yeux du phi-
» losophe, lutte perpétuellement avec le temps. »
L'œil épouvanté s'arrête au Marboré, au pic de Rolland, au Mont-Perdu, vieux témoins de la création, pour y découvrir les traces de ces

catastrophes qui ont souvent changé la face du monde. Au plus haut des Pyrénées, au-dessus de la région des nuages, s'élève le Mont-Perdu. La chute d'eau la plus élevée qu'on connaisse est de 1800 pieds, et se trouve en Amérique, au Niagara; la chute de Gavarnie est la plus élevée de celles qu'on trouve en Europe.

On a vu le torrent, échappé du pont de Barigni, recevant celui d'Ossone, à une élévation absolue de 1547 mètres, surgir aux rochers de Gavarnie, en présentant une ouverture de 300 pieds, connue sous le nom de *Brèche de Roland*, se précipiter dans un cirque immense, et donner naissance au gave, retenu long-temps dans trois grands lacs, dont il a rompu les digues et comblé les cavités, des débris calcaires, des sommets dégradés, des forêts de sapins du Marboré. Aucun des célèbres et intrépides naturalistes, qui ont visité ces montagnes (1), Darcet,

(1) Le temps n'a pas effacé tous les vestiges de ce terrible débordement. Il a couvert les Landes, ou Lanes de Lourdes, de décombres, dépôts d'aggrégations, de pierres roulées ou réduites en sable par le choc et le roulis. Les lacs desséchés, qu'on trouve dans son territoire, au midi et au nord, détruits par la culture. Le nom celtique *lw*, celui de *Beulac*, de *Graviers*, les *Espenettes* (diminutif de l'espagnol *Peue*, *Penna*, montagnes et serres de Sierra), évidemment rongées par les

Palazzo, Ramond, Flamignon, aucun n'a suivi les changements et les suites des révolutions physiques que ce grand cataclisme a produit, événement mémorable qui a changé la face d'une grande partie des Pyrénées.

Grossi des masses d'eau des lacs supérieurs rejetées sur Barèges, le gave se précipite dans l'enceinte de Luz et dans celle de d'Avant-Aigues (anciens lacs). L'effroyable débacle ne trouvant

eaux, annoncent leur séjour et la création des coteaux de la serre du Buala..... Cette épouvantable commotion a laissé des témoignages d'une force incroyable, en transportant d'énormes blocs de couches calcaires et graniteuses des sommités colossales du Mont-Perdu et des tours de Marboré, distantes de plus de 1400 toises au-dessous du lac de Lourdes. Un vieux chroniqueur m'assura l'existence d'une ancienne ville détruite par des tremblements de terre, dans l'emplacement qu'occupe ce lac, d'une lieue à peu près de circonférence. L'embrasement et les tremblements de terre qui ont bouleversé les Pyrénées, attestés par les écrivains de la plus haute antiquité, donnent lieu à quelques conjectures sur la grande catastrophe de l'inondation des lacs supérieurs et l'époque de ses ravages. Les *Commentaires de César* font mention des peuples et des lieux existants avant l'arrivée des Romains en Bigorre, il y a environ 1800 ans; l'événement dont je rapporte les traces, ne remonterait pas à moins de trois mille. Cette question des géologues de l'antiquité, qui paraît si difficile, pourrait cependant être résolue d'une manière au moins approximative.

d'issue que par la gorge de Lourdes, entre les montagnes du Gers et du Beut, se partagea en deux écoulements, formant les atterrissements, et cette chaîne de coteaux, au levant et au couchant vers Benac et Ossun, au couchant par Saint-Pé, la plaine du Béarn fut jonchée comme celle du Bigorre, de grès, d'ardoises, de débris des montagnes qu'on ne retrouve qu'aux sources du gave. Le Pont-Long, depuis Pau jusqu'aux rives désertes de l'Océan, doit son origine à cette violente irruption. Je l'ai suivie dans ses plus grands égarements, ce sont de grands matériaux offerts aux études géologiques. Avant de reprendre les sentiers des immenses solitudes qu'il me reste à parcourir, la petite rivière Ousse, ancien lac qui a éprouvé les mêmes changements survenus dans son voisinage, me présenta l'industrie assez remarquable de ses habitants. Le desséchement du territoire qu'ils ont conquis sur les eaux, contribue à leur aisance, leur ruisseau, qui a pris le nom d'*Ousse*, sorti des bords de cette jolie vallée, s'unit au gave sous les murs de Pau, après avoir baigné le bourg riche et manufacturier de Poutac. On est ici dans la région de la plaine et des bois environnants; les rosiers sauvages, le genêt épineux, l'églantier en belles touffes, parfumaient l'air, le panache vert de la fougère, surmonté du beau lis de vallée en pleine fleur, se balançait sur les belles pelouses de Mourle.

Ce qui étonne le plus le voyageur instruit des affreux désastres du déluge dont j'ai tracé une faible esquisse, c'est de trouver des vallées populeuses, verdoyantes et riches, de grands établissements chers à l'humanité, sortant des antres profonds, du sein des eaux et des déserts sauvages ignorés, impénétrables repaires des bêtes féroces qu'on ne rencontre presque plus. Sur ces anciens lacs, sans craindre qu'ils réveillent aucun danger, on voit des champs couverts de moissons, les troupeaux bondissants où se reposant à l'ombre des aunes, des frênes, des ormeaux indigènes; les chênes, les noyers, les cerisiers occupent les lisières et le pied des montagnes couronnées par les sapins et les pins maritimes.

L'Ara naît à peu de distance du gave, et fuit vers le midi par le val de Broto.

Si près d'Espagne, l'idée de ces châteaux, que les chevaliers trouvaient à tout point dans leurs expéditions, s'offrent à l'imagination. Si l'on veut se hasarder à parcourir ces frontières désertes, dépourvues de toutes les commodités de la vie, on trouve à se loger dans des espèces d'hangars sales et dégoûtants. Quelques gentillâtres, fiers de leur arbre généalogique, placé jusque dans les écuries et sur les gouttières de leurs vastes taudis, veulent bien descendre à la qualité d'hôteliers : on paie fort cher le soin de s'y servir et de se nourrir soi-même. Malheureux sur un sol fertile, qu'il déserte une partie de l'année, l'Aragonais vient habiter les gorges et les défilés de Pouey-Espé, de Vielsa et de Torla. On en rencontre par troupes, armés de gros mousquets et bardés de rosaires, laissant en paix quelques contrebandiers, qui, se créant une nouvelle patrie au milieu de ces déserts, connus par leur fidélité, servent à favoriser un commerce interlope par des sentiers isolés qu'eux seuls connaissent. On leur confie de l'or d'Espagne; ils l'avalent au besoin, et vont évacuer sur la frontière jusqu'à cinquante piastres, seul moyen de les dérober à la rapacité d'un autre ordre de voleurs non moins redoutables, les commis des douanes.

Ne troublons pas surtout la sécurité de quelques hommes à gilets rouges, coiffés de retesillas, que nous voyons descendre à travers les précipices de Gavarnie et précéder une troupe de femmes, d'enfants, de militaires et de l'archevêque de Saragosse, échappés aux fureurs des apostoliques de la péninsule, présentant l'image du désespoir adouci par l'assurance de se trouver sur le territoire français. Les premiers postes de la frontière avaient dispersé quelques volontaires royaux; limiers de l'inquisition, ils avaient osé approcher de nos frontières, comptant sans doute donner la main aux ultramontains de Montrouge.

Cette ignorance apathique et si fière, le *précieux farniente*, qui jette les Espagnols dans un abandon absolu, n'empêche pas un grand nombre d'entre eux de traverser les Pyrénées pour aller, à l'entrée de l'hiver, partager les plus rudes travaux de nos provinces méridionales. N'est-il pas curieux qu'ils abandonnent le soin de leurs riches récoltes à l'industrie du Limousin et du Gascon? On ne peut assez vanter l'infatigable sobriété de ces journaliers espagnols. Leur patience dans les guerres d'Italie et de Portugal a souvent fait l'étonnement de nos militaires. J'entrepris d'achever avec mon guide ce qui me restait de chemin pour arriver au versant des montagnes d'Aragon.

Vers Bocharo, le pays devient, s'il se peut, plus affreux; cependant les montagnes semblent se reproduire d'elles-mêmes, prendre un caractère de grandeur et de magnificence; boisées et couvertes d'arbustes. On y distingue le chêne épineux, dont on retire le kermès, les lentisques, le liége, l'arbouzier, l'espèce de gramen vivace, appelé *sparta*, la douce réglisse, etc. On ne trouve le terme d'un voyage très désagréable qu'à la belle plaine d'Huesca. Mauvaise chère, mauvais chemin, c'est la devise du canton.

Les posadas ou ventas, dont j'ai parlé, méritent une description particulière pour ceux qui seraient tentés de voyager en Aragon. On y voit ces auberges d'Espagne dans leur plus grande nudité. « La première pièce de ces posades est le
» plus souvent une vaste écurie, remplie d'ânes
» et de mulets, parmi lesquels il faut se faire
» jour pour obtenir un logement. On parvient
» avec assez de peine vers la cuisine. C'est une
» pièce qui se termine en pyramide, dont la
» pointe est ouverte pour laisser à la fumée un
» passage libre. Tout autour de cette vaste che-
» minée est un large banc de pierre, qui, la nuit,
» sert de lit à la famille, offre le reste du temps
» un siége commode aux voyageurs, aux mule-
» tiers pêle-mêle assis avec l'hôte et l'hôtesse, et
» dérobent à l'air une partie de la fumée. Tel est
» le feu banal qui va servir à la ronde à faire
» cuire les mets dont on a eu soin de se pourvoir;
» ils consistent ordinairement dans du riz bouilli
» au safran, des poivres longs et de la merluche.

» Le coin de ce feu est presque toujours orné de
» quelqu'amateur de nouvelles, enveloppé jus-
» ques aux yeux dans sa cape, quelquefois d'un
» aveugle qui chante du nez et râcle sa guim-
» barde (1). » Toutes les posadas d'Espagne ressemblent à celles de l'Aragon.

Il est bon de rappeler aux voyageurs que ces montagnes sont plus rapides et mieux conservées au midi qu'au nord, plus grandes vers l'est qu'au couchant; les précipices fréquents vers le sud et l'ouest. Les plaines ont une pente insensible vers l'est et le nord. Ces rameaux des Pyrénées arrêtent involontairement l'imagination sur les traces profondes des temps et de leur décrépitude. Au milieu de ces rochers nus, frappés d'une stérilité éternelle, sans terme et sans issues, déchirés dans toute leur longueur, depuis leurs cimes jusqu'au fond des vallées que comblent d'immenses débris; qui n'a pas éprouvé le sentiment pénible qui suit dans ces profondes solitudes l'infatigable voyageur qui ose s'y aventurer. Parmi les agents de cette effrayante destruction, il y en a dont les effets sont plus sensibles et plus frappants; d'autres plus cachés agissent d'une manière lente et plus sourde, préparent de loin ces grandes com-

(1) *Voyage en Espagne.*

motions, que les premiers n'eussent jamais opéré sans ce prélude. Ces causes accidentelles, en précipitant toute l'enveloppe des rochers dans le fond des vallées, ont décharné, pour ainsi dire, le globe, et fait de ces hauteurs autant de squelettes qui tombent pièce à pièce. Les montagnes ébranlées jusque dans leurs fondements, s'affaissent, forment de nouveaux ravins, comblent les vallées : le temps change la face entière du monde.

Les Pyrénées sont, d'après des observations assez certaines, minées par les avalaisons continuelles, et réduites de moitié de leur hauteur primitive; des calculs qui ne sont pas chimériques, établissent que, dans l'espace d'un siècle, leur surface s'affaisse de dix pouces par an : tout dans la nature devant subir l'inévitable loi de la destruction, tout y marche, vite ou lentement; les plus hautes montagnes y sont soumises, comme les plus petits insectes... Encore un million d'années, il n'existera plus de Pyrénées, d'après l'autorité des mêmes calculateurs, la diminution de quarante-cinq pouces d'eau par siècle ayant lieu; mais qu'on se garde bien de conter aux indifférents (aux ignorants témoins des éléments de destruction qui renouvellent sans cesse l'enveloppe et la vie du globe), que la submersion a baigné le sommet des plus hautes montagnes ; que, leurs sommets nivelés comme ceux des antiques montagnes de la Chine, changés à la longue en une vaste plaine, on y cueillera l'olive, le safran, l'orange de Portugal; vous ne seriez pas entendu; on vous répondrait par le sourire du mépris.

Il est démontré aujourd'hui que les deux grands agents de la nature ont travaillé dans le même temps, dans les mêmes lieux à la formation des Pyrénées, et laissé des preuves de leur action simultanée, dans le sein des montagnes calcaires, interposées au milieu des courants de lave. Telle était la force du préjugé, que le témoignage des savants naturalistes permettait à peine de croire à l'existence de débris organiques déposés par les eaux qu'on y trouve (1).

La partie la plus élevée des Pyrénées est couverte de neige dans toutes les saisons, ces neiges ne fondent jamais avec autant d'abondance

---

(1) M. Ramond a trouvé des coquilles et du bois pétrifié à la cime colossale du Mont-Perdu. Darcet a trouvé des coquilles bivalves dans la vallée d'Aspe. Picqué a reconnu des coquilles bivalves aux Spelonques à Lourdes. Rien n'est plus commun que des couches coquillières, différents genres de testacées, de fossiles du même genre dans les Laudes, la Chalosse, le Béarn. Palazzo a trouvé des testacées circulaires à la Penedescot. Lapeyrouze, Dolomieu, Duluc, lettre CIV.

qu'avec les pluies du printemps et de l'été, lorsqu'elles sont portées par les vents sud-est et du midi, et qu'un orage les verse à flots précipités. C'est alors que la confusion règne de toutes parts (1). Qu'on se figure ce silence effrayant qui précède cette horreur, et bientôt le bruissement universel qui la suit. Le choc des nuages entassés, le mugissement des vents ; ces tourbillons furieux qui se précipitent des régions supérieures, ou s'élèvent de la profondeur des vallées ; le bruit long et soutenu du tonnerre, les éclats de la foudre qui sillonne les airs, des torrents de neige fondue que grossit un déluge du ciel, et ces grands amas d'eaux qui débordent de toutes parts ; enfin, le fracas et le froissement des rochers qu'elles détachent pour les entraîner dans les abîmes. Malheur alors à qui se trouve seul, égaré dans ces déserts ! Combien il doit craindre ce naufrage que Paulin redoutait pour Ausone, son compatriote et son ami (2) ! Dans cet état convulsif de la nature, à voir ainsi crouler les montagnes, et la terre devenue fluide fondre sous les pieds, quel courage ne serait glacé

(1) M. Darcet, *Dissertation sur les Pyrénées*.
(2) Paulin, natif de Bordeaux, fut évêque de Nole en 420. Ces savants ont appelé l'attention sur les Bigorrais.

d'épouvante ? Qui ne croirait que c'en est fait de la nature entière, et que dans l'instant tout va s'abîmer dans le cahos ? Quels ravages ne doivent-elles pas produire ces fontes subites et fréquentes, qui, prenant leur élévation de quinze cents toises au-dessus du niveau de la mer, tombent souvent d'une pente perpendiculaire, et entraînent la chute de masses énormes ! A cette espèce d'avalanche, ajoutez celle de neige lorsqu'elle tombe en abondance et ne gèle pas. Un coup de vent suffit pour la détacher des sommets et la précipiter dans les ravins. Elle s'amoncèle, et grossit ainsi dans son cours, entraîne des amas de pierre et de terre, dont elle fait quelquefois des ponts sur les torrents, et comble les vallons. Ces avalanches sont accompagnées d'un sifflement épouvantable ; rien ne résiste à l'impétuosité de leur cours, l'explosion qui la précède est telle, que les obstacles sont renversés avant le choc de la lavange. On a vu des villages entiers de la vallée de Barèges, la plus exposée à ces accidents, perdus et dispersés par l'effort de ces terribles chutes. Ceux de Chaize et de Saint-Martin, furent entièrement détruits avec leurs habitants par les lavanges du 10 février 1601. Un vent ordinaire suffit pour déterminer ces chutes; lorsqu'on fait attention à quel degré le moindre son se multiplie et grossit dans les montagnes, combien les coups de tonnerre les plus légers, en se répercutant, leur donnent des commotions qui seraient à peine senties dans la plaine, on ne sera pas surpris que les voyageurs assez intrépides pour passer les ports, dans la saison des lavanges, et persuadés que le plus simple ébranlement dans l'air peut les détacher, traversent ces défilés dans le plus grand silence, et ne manquent pas d'ôter les sonnettes à leurs mulets. Croira-t-on, après ce tableau du séjour des montagnes, que l'hiver est pourtant la saison qui ramène le repos dans ces vallées? On ne voit pas du moins les habitants se plaindre de la nature et lui reprocher le don qu'elle leur a fait, en les plaçant parmi des rochers aussi sauvages.

Des limites sur ces rochers infertiles, fixées aux Pierres de Saint-Martin, ont souvent armé les Barégeois et les Aragonais. Le traité des Pyrénées et des conventions particulières renouvelées chaque année, le 29 septembre, parmi des flots de vin et des pratiques de dévotion, ont heureusement terminé de sanglants combats entre les deux peuples. C'est l'image d'une république refugiée sur ces hautes montagnes, éloignée des atteintes de la tyrannie, harmonie, sainte alliance des Ibères et des

Celtibères (1), hommes heureux dans leur simplicité et leur fierté un peu sauvage.

On s'éloigne depuis Torla de la région des glaciers ; les observations géologiques ne sont plus les mêmes. Le val de Broto, abandonné à la plus affreuse misère, ne conserve que les vieillards et des femmes hideuses ; des mendiants qu'on distingue à peine des voleurs, demandent l'aumône le pistolet au poing. L'insensibilité, l'abrutissement peuvent-ils rendre ce pays aussi malheureux à côté de nos riches et heureuses vallées ? Tout individu porteur de scapulaire frotté d'eau bénite, peut à son aise assassiner, piller. C'est à travers cette population infortunée que je dirige ma course vers la plaine de l'Aragon.

Après trois jours d'une descente rapide par le versant espagnol, on jouit des douceurs d'une température agréable, *Huesca* (Oxum), ancienne cité qui réunit à son université des moines, des étudiants : ces derniers couchent en plein air, et demandent orgueilleusement l'aumône avec la formule *fate ben per voi*. Le territoire d'Huesca donne d'excellents fruits. Les

---

(1) Origine commune, *nos celtis genitos atque iberis.* MARTIAL.

malheureux Espagnols ! abusés, fiers dans leur misère, laissent inculte une plaine vaste de dix lieues chargée de parfums. Les chartreux y cueillent leur fameux vin de la Carthouga. J'arrive à Saragosse à l'époque des fêtes de la *bergueu santisima*. Des moines, montés sur des mules, parcouraient les rues et les places publiques, annonçant ces grands jours, accompagnés de bénédictions, des courses de taureaux, du luxe, du désœuvrement, de l'oisiveté d'un peuple ivre de joie. On ne parlait dans la nouvelle Sagonte que du défaut de prudence d'un médecin à la suite d'un général espagnol. Ce médecin raconta en présence de plusieurs officiers de l'armée qu'il avait traité des suites d'une fausse couche une jeune femme, mais qui, pour n'être pas connue, dans toutes ses visites, gardait soigneusement un voile. Elle ne lui avait donné la préférence sur les médecins de Saragosse que parce qu'il était étranger, et qu'elle avait appris qu'il devait partir. Il l'avait d'abord soupçonnée d'être la femme d'un militaire, au costume d'un portrait d'homme qu'elle avait en bracelet. C'était vraisemblablement un habit de fantaisie qui n'annonçait pas un uniforme ; il en fit la description. Le mari de la voilée était du nombre de ceux qui écoutaient la narration du médecin. Il avait passé dix-huit mois prisonnier de guerre; après avoir été échangé, il avait rejoint son régiment. Son uniforme était changé, il ne portait plus celui dont il avait revêtu son portrait. L'officier jaloux, dissimulé dans des conversations indifférentes, riant de l'aventure, en apprit assez du médecin pour accroître ses soupçons. Impatient, il prend la poste; à la faveur des premiers indices et du trouble qu'il observe, il croit sa femme convaincue d'infidélité. Dans la chaleur de ses premiers reproches, apercevant le bracelet, il abat le bras de sa femme d'un coup de sabre, s'en saisit, se rend au camp, demande au médecin s'il reconnaît le bracelet et le bras, et sans attendre sa réponse, lui brûle la cervelle d'un coup de pistolet.

Je n'avais rien à ajouter à ce que tous les voyageurs s'accordent à dire de l'accueil flegmatique presque insultant des Espagnols et des dames espagnoles, dont la grande affaire est l'amour. J'ai vu une course de taureaux, dont on trouve la description partout : un *refresco* (soirée espagnole), m'avait fait connaître chez le banquier Harranat, la plus aimable société de Saragosse, j'avais assisté à une sérénade, usage de la galanterie aragonaise, aussi ancien que la domination des Maures, où l'on entend souvent un amant se plaindre des rigueurs d'une belle qu'il n'a pas éprouvées, y vanter une ardeur amortie. La vue du couvent des bons PP. Dominicains, avec son inscription *Soli Deo*, entourée de deux branches d'olivier, qu'on prendrait pour un asile d'humanité, m'avait fait tressaillir; un geste échappé pouvait me perdre. Le nombre infini de moines, leur familiarité promenant les châsses des saints couverts de pierreries, de la *Seo* au *Pilar*; les exclamations de la multitude à la Vierge, m'avaient appris ce qu'on pouvait attendre de l'ivresse du fanatisme, peuple ignorant pour une révolution désirée de tous les bons Espagnols. J'avais besoin de quelque épisode aventureuse, tant soit peu romanesque, pour diminuer la fatigue et l'uniformité inévitable des éternelles descriptions des montagnes. Il est triste de n'avoir à parler dans un voyage que de mauvais chemins et de mauvais gîtes. Il me restait, sans doute, beaucoup de choses à voir; mais ne voulant avoir rien à démêler avec la *santa Hermandad*, la prudence, l'œil du courage, souvent tenait lieu de valeur. Pour continuer ma relation, j'attends la conversion des Espagnols, et je reprends brusquement le chemin des Pyrénées, patrie du bonheur : j'ai tant raison de te chérir !

PIC DU MIDI (1).

Je profitai d'un jour serein et de la fraîcheur du matin pour passer la montagne du Traumalet, qui conduit au Pic-du-Midi. Après six heures de marche, dans la triste vallée du Bastan (affreux désert qui sépare Barège-les-Bains de la vallée de Campan), vous laissez sur la droite les lacs d'Escoubous, des Laquètes, d'Aigues-Cluses et d'Obert, qu'environnent des roches décharnées, mais riches en nickel, en cobalt, en cristal de roche, surtout en amianthe cristallisée, unie au schorl et au zinc. La zoologie fournit dans ces montagnes plusieurs oiseaux de moyenne grandeur, et peu connus dans les plaines. Vous y trouvez l'aigle des Pyrénées, l'oiseau céleste (*aquila aurea aut chrysaëotos*), avec une grande variété d'oiseaux de proie. La corneille et les ramiers occupent les creux des rochers du midi. Des pins antiques, des genêts, des genevriers sur des roches arides et brisées, conservant une sauvage symétrie, présentent l'aspect de la nature brute. Le bouleau, qu'une forte odeur de rose décèle au printemps, ne

(1) Son élévation, 2923 mètres.

se trouve que dans les lieux glacés où la végétation est prête d'expirer. Les habitants, attaqués jusque dans leurs chaumières par les bêtes féroces, ont incendié les forêts; les scies et les sabots (chaussure la plus saine et la plus commune de ces vallées) détruisent aujourd'hui tous les bois qui ne sont pas charbonnés, sans avoir l'idée de les remplacer. De là, par de hautes cascades qui roulent à grand bruit sur des monceaux de rochers et parmi des entassements d'arbres et des napes d'eaux, vous laissez à la droite le lac d'Oredon. Les eaux se mêlent, avec fracas, dans le bassin de ce lac, et courent de toutes parts à la vallée de Bastan. Là croissent le lotier, le raisin d'ours, la carline, la vulnéraire rustique et celle des Pyrénées, le dianthe particulier à ces montagnes, plusieurs espèces de saxifrages; à côté du colchique, les sauges et le thlaspi. Le chamœrodendros, la sabine, le safran, le laurier thym; le bois gentil et le myrtil servent au chauffage des bergers. L'ellébore blanc et la tanaisie occupent les régions supérieures. Ces dernières ont aussi leurs productions végétales assorties à l'âpreté du climat. La rose croît avec la digitale des déserts; la gentiane fleurit sous la glace.

A une grande distance du Pic, on quitte les

chevaux du pays, les seuls qui tiennent pied dans ces sentiers périlleux, race de chevaux ibériens connus des anciens et dont les modernes ne sauraient se passer.

His parvus sonipes, nec marti natus; at idem
Aut inconcusso glomerat vestigia dorso
Aut molli pacata celer rapit esseda collo (1).

On peut s'en rapporter à l'adresse comme à la probité des guides et des porteurs de chaises, pour conduire les voyageurs. Ils marchent pieds nus sur le tranchant des rochers avec une assurance et une rapidité incroyables. Du lac de Peylade au sommet du Pic, le trajet est d'une heure. Chaque pas agrandit l'horizon d'un espace immense. La vue des précipices vous fait reculer, mais la curiosité vous ramène. Souvent on est forcé par des brouillards à chercher un abri dans les cabanes des bergers, qui passent l'été sur ces montagnes (2). Je ne suis pas médiocre-

(1) Sil., lib. III, pag. 50, v. 335. Cette race s'est conservée sans dégénérer, malgré tous les efforts des instituteurs d'une nouvelle police.

(2) Si vous vous élevez sur une montagne située dans notre latitude, seulement de vingt-cinq toises de hauteur perpendiculaire, vous changez de climat comme si vous aviez fait vingt-cinq lieues vers le nord.

ment surpris d'y rencontrer une sorte de profusion. Du lait de chèvre et de vache, du beurre aromatique, la truite pêchée, cuite et servie au même moment; voilà des mets qu'on ne trouve pas toujours au sein des meilleures contrées et d'une aussi bonne qualité. Un lit préparé, sans beaucoup d'embarras, avec des peaux remplies d'air, n'en bannit pas le sommeil, où l'on oublie l'édredon malsain sur la paille fraîche. Dans ce calme le plus délicieux, tout ce qui peint un repos tranquille, un bonheur doux et sans trouble doit plaire au cœur. Ici, je me crois libre comme l'aigle qui plane sur ma tête. Depuis long-temps, sans doute, on ne rencontre plus les bergers du mont Ménale, ceux que Théocrite et Gessner ont peint sous des traits si aimables et si naturels; nous n'avons ni ruisseaux de lait, ni bergers poëtes; cependant l'imagination se repose toujours, avec complaisance, sur les chimères de cet âge d'or dont il reste quelques traces. Les peuples pasteurs passent leurs jours dans la solitude et l'oisiveté. Comme le silence et le repos invitent à méditer, cet esprit de contemplation, généralisant les idées et réduisant en science les notions isolées, a de tout temps fait cultiver la poésie. L'astronomie, fille de l'ancienne Chaldée (1), y naquit parmi les bergers. De grands propriétaires, rois de leurs troupeaux, affranchis de tout travail pénible et de toute inquiétude, dont les soins de la bergerie accompagnaient l'abondance et la liberté, pouvaient se livrer aux sciences. Ce serait s'écarter de la vérité de refuser à ceux du Bigorre la connaissance du cours et de la position des astres, et quelques notions sur les phénomènes célestes. On en conviendra aisément, ils déconcertent les idées qu'on peut imaginer de la poésie bucolique. Cependant ils ont leurs contes, on ne sera peut-être pas fâché de trouver ici deux couplets de leurs chansons, de retrouver des usages respectables, des mœurs agrestes et sociables de ces bergers hospitaliers que j'ai heureusement rencontrés dans leur réunion à la partie orientale du Pic du Midi (2).

(1) Ainsi, ces observateurs du ciel ont un langage astronomique qui leur est propre. Les étoiles servent à leur faire connaître le milieu de la nuit et l'approche du jour. Les noms sont pris dans quelque analogie avec les travaux de la campagne : ce sont les *trois fuseaux*, les *sept chevrières*, etc.

(2) Leurs chansons ne seraient pas entendues, et par leur traduction elles perdraient la simplicité et l'originalité de l'idiome vascon. Il possède une certaine richesse qu'on ne trouve pas toujours dans la langue française. Ses expressions sont propres à peindre les passions douces, un amour mal-

Surpris par la nuit, je me hasardai à demander asile. Ma présence leur causa un étonnement agréable. J'arrivai au moment où cinquante pasteurs (1) dans la fleur de l'âge, de la

heureux, un triste souvenir. Beaucoup de diphtongues entrent dans sa composition de mots, dont la plupart se terminent par des voyelles. Les proverbes familiers ont presque tous rapport à l'économie domestique ou agricole. Ce dialecte diffère, par la manière de le prononcer, et par des nuances sensibles pour les habitants du Bigorre, de l'Armagnac, du Béarn qui n'ont pas eu, comme le Languedoc, un Goudouli, contemporain de Dastros, né à Saint-Clar de Lomagne, au dix-septième siècle, un Louis Baron, poëte, né dans l'Astarac.

> Au mondé nouya u pastou,
> Tam malhuroux cum you.
> Jamei arrés nouat crederé,
> Younou connechi n'at plasé,
> Dempuch lou malheur ei entrat
> Dedeus lou mié cledat *.
> Bere beriere tout en plous,
> A tau contabe sas doulous.
> Mon bet berié, benere arribat,
> Tam tiene sa proumesse :
> U crel hat ** quenma engllebat,
> Ah la courte allegresse !

(1) Dans les montagnes d'Espagne, les bergers sont divisés

* Parc. ** Sort.

taille d'Hercule, armés de longues carabines, Français et Espagnols, se préparaient à passer d'une montagne à l'autre, sur cette chaîne élevée de l'est à l'ouest, formant une ligne étendue, pour y chercher d'abondants pâturages. Un des pasteurs, appelé Maiourau, du choix de ses camarades, distribue les fonctions de ceux qui veillent à la garde, à la composition du beurre et du fromage; il désigne les chasseurs et les pêcheurs dans les lacs, préside à la distribution des subsistances et, généralement investi du pouvoir exécutif, veille aux besoins de la république: il faut l'avouer, elle est démocratique.

Les juments, les poulains, l'ambulance qui n'avait que quelques traîneurs, les chèvres, les brebis, les ânes, les mulets porteurs du bagage, étaient réunis sur une vaste esplanade; la sûreté, l'exécution, les ordres étaient confiés à de gros chiens, race particulière des Pyrénées, armés de colliers en pointes de fer, ardents à combattre

en quatre classes Un parc contient ordinairement dix mille brebis. Le *mayoral**, qui doit être intelligent autant qu'actif, a sous sa direction cinquante bergers avec un nombre égal de chiens; on leur donne une pistole par an et deux livres de pain par jour : c'est aussi la ration des chiens.

* La pairie n'a pas dédaigné d'emprunter le nom de majoral du *maiouran*, nom donné au chef de bergers.

avec avantage les ours, les loups et les voleurs, faisant les fonctions d'aides-de-camp, parcourant le front et le flanc de l'armée. Sentinelles avancées, ils partagent en égale quantité avec les pasteurs le lait et le pain de maïs. Ceux qui pensent que ces détails doivent à peine être remarqués oublient qu'ils n'ont pas été dédaignés du poëte qui tient le premier rang parmi les écrivains des poésies pastorales.

« *Nec tibi cura canum*
» *Veloces Spartæ Catulos...* »
Georgicon., L III.

Son traducteur dit :

« Il faut aussi dresser des chiens fidèles :
» D'un pain pétri de lait, nourris les sentinelles,
» Tu braves avec eux, et les loups affamés,
» Et le voleur nocturne et les brigands armés... »
Delille.

Parvenu avec la troupe au chaînon collatéral, la vue s'abaisse et s'anéantit, les montagnes semblent s'affaisser et ne paraissent plus qu'au même niveau; un essor élevé trahit ici le pâtre qu'on croirait le plus grossier. Je me trouvais en pays de connaissance au milieu des cabanes éparses, près d'un lac. Le cours des torrents, le bruit des clochettes des troupeaux, les clameurs des chiens interrompent seuls le silence. La lumière harmonieuse du soir adoucit le paysage, l'air nous apporte un parfum délicieux. Rien ne manquait pour mon souper : des truites, des laitages, des fraises, des framboises en abondance, et même d'excellent vin d'Espagne, apporté dans des outres. Couché sur une épaisse feuillée, le sommeil eut bientôt réparé mes forces. Éveillé de bonne heure, je sens le plaisir de voir commencer le jour. Les montagnes colorées des nuages du matin, se dérobaient encore à la vue; on respirait le vent frais qui suit le lever du soleil. A la faveur de sa douce lumière la terre se nuance de mille couleurs, le monde végétal se développe et toute la création est animée. Les bergers à genoux, dans un recueillement religieux, saluaient l'auteur, le père des saisons. Je pris congé de ces hôtes généreux. Les sites solitaires sont admirables pour entretenir une simplicité sauvage qui paraît convenir aux rapports inconnus et désirés d'une situation nouvelle. Combien de fois les souvenirs me ramèneront sur ces vastes décombres d'un monde qui n'est plus et me rappelleront les impressions ineffaçables de ce que j'ai vu de bon et d'heureux! Je ne conseille cependant à personne de suivre les sentiers périlleux qui conduisent au Pic du

Midi : bêtes et gens ne se tirent qu'avec peine de ces précipices. Ces montagnes n'ont rien d'intéressant, elles ne sont pas l'heureux domaine des bergers; livrées aux ours, aux ysards, aux aigles, au grand vautour des Pyrénées, seul il franchit les limites imposées à l'homme. Au-delà de cette élévation, l'empire de la vie s'arrête devant des neiges perpétuelles; l'aspect inanimé de la mort répandu sur tous les objets, les phénomènes de l'hiver au milieu de l'été : la terreur s'empare de l'ame et la domine.....

« Le temps brise sa faux sur ces monts sourcilleux,
» Et dans l'immensité, son pied foule les âges. »

Il ne faut qu'un instant pour voir ces nuages fixés sur la tête chenue de ces montagnes qui recèlent les météores, se former dans la région moyenne et se disperser ensuite et de la manière la plus inattendue, comme si dans un théâtre immense, un habile décorateur eût levé la toile. Vous voyez le Pic du Midi se détacher des montagnes voisines avec l'apparence d'un phare élevé. La roche qui le termine est schisteuse, noire, à grains de granit, chargée de mica blanc. Cette roche se sépare par feuillets anguleux, par tables épaisses qui se détruisent et deviennent d'un blanc rougeâtre à l'air libre.

On sait combien il est difficile de se faire entendre par des mots lorsqu'ils ne réveillent pas des sensations; je ne me flatte donc pas de produire sur mes lecteurs celles que j'ai éprouvées au sommet de la titannique montagne. Mes yeux se promenaient et se reposaient tour à tour sur une infinité d'objets aussi variés que sublimes. Un immense horizon embrassait comme dans un grand plan, les plaines fertiles du Bigorre et du Béarn; le cours brillant et sinueux de la Garonne et le Pic de Bagnères de Luchon formaient la perspective la plus éloignée. Dans la comparaison, aucune des plus hautes montagnes, sans en excepter le Mont-Blanc (1), ne présente cette étendue et une telle magnificence. On éprouve cet agréable embarras que donne à l'esprit l'abondance des objets, avant que l'œil soit parvenu à les débrouiller. Quelque familiarisé qu'on soit avec un tel spectacle, il frappe tou-

(1) On donne au Mont-Blanc 2346 toises d'élévation. MM. Darcet et Guyot, d'après les expériences de M. Duluc, imprimées à Genève en 1752, n'ont évalué la hauteur du Pic du Midi qu'à 1471 toises au-dessus du pont de Pau, qui se trouve à 12 lieues de Barèges. M. Garipui a trouvé la hauteur du Pic du Midi de 1579 toises, c'est à dire égale à celle que le profond observateur des Alpes, M. de Saussure, a assignée au Buet. Ces calculs, qu'on ne saurait garantir, n'accordent au Canigou que 1440 toises. Lisez M. de la Peyrouse.

jours par une grandeur sans mesure. La nature toujours prodigue de formes autant qu'inépuisable en variétés, sourit à l'observateur ; elle est morte aux yeux de celui qui ne voit dans les montagnes qu'entassement de masses, fracas et débris. Celui-ci n'aperçoit qu'un silence éternel où tout parle à l'autre d'une voix religieuse et touchante. Il s'élance sur ces rochers élevés, plane sur les âges du globe, mesure les lacs, les montagnes, les vallées. L'impérieux sentiment de la domination comme l'orgueil du doute viennent se briser devant ces masses énormes, et l'imagination fatiguée ne garde plus que l'idée de l'immensité. L'amoncèlement et l'inégalité de leurs pointes différemment éclairées disparaissent ; elles offrent au coucher du soleil les faces variées d'un prisme, des reflets d'ombre et de lumière dont le majestueux désordre est inexprimable. Il est possible que l'ame s'exagère ses propres sensations.... Je rends compte de celles que j'ai éprouvées. Et quelle est l'ame assez inaccessible à l'admiration pour pouvoir toujours se défendre de ce sentiment exalté ? On dira que ces idées se trouvent partout (1). On découvre du haut du Pic du

---

(1) Sans doute elles se trouvent malgré les détracteurs des

Midi tous les torrents des Pyrénées que la pente des eaux entraîne vers l'océan, partir du sud-est, former un demi-cercle en tirant vers le nord et revenir à l'est combler les vallées, élever les terres à leur embouchure. La Garonne sort des hautes montagnes d'Aran, prend son cours concentrique par Toulouse et Bordeaux (1). L'Adour et le gave, dont le volume des eaux est moins grand, décrivent de même une portion de cercle moindre. La Nive se

idées de bonheur, vertus simples et naïves, précieuses aux ames sensibles et aux hommes, qu'on retrouve encore dans quelques vallées éloignées des grandes routes, tels qu'Homère peint ceux de son temps. Ces êtres dégradés dirigent leurs sarcasmes contre les sciences naturelles et ceux qui les cultivent. Ils voient avec la même indifférence ces masses énormes qui reposent ici comme dans le sein des siècles.

(1) Costabard, originaire de Thoneins, a servi, dit-on, de modèle à Santeuil dans ses vers sur la Seine. Ceux du poëte gascon sur le cours de la Garonne, méritent d'être connus :

Monte Pyrenæo et celsis natalibus undans,
Fecundo erumpit fonte Garumna levis;
Nascitur iratus, primaque obmurmurat unda.
Huic inimica quies jamque ruina placet :
Prætergressus abit mediæ impedimenta Tolosæ
Terra et agena tuos conspuit altus aglos.
Inde salutat aquis et amicâ voce Tonensum,
Pronus in Oceanum sudat abire suum
Burdigalæ sed, etc.

Edit. de 1655, *in-*4°.

rapproche des montagnes de Navarre plus près de la mer. Ces torrents déchaînés des hautes montagnes entraînent dans leur cours d'immenses débris, balancent dans ses bords et repoussent sans cesse l'océan ; après avoir couvert les landes de Bordeaux, il se retire de Bayonne. Qu'on juge de la rapidité de ces torrents qui gagnent souvent sur trois pieds de pente plus d'un pied de chute perpendiculaire.

Plusieurs observations faites sur le Pic du Midi, pour en mesurer la hauteur, ont donné des résultats incertains, soit que le moyen de déterminer la hauteur des montagnes par l'élévation du baromètre offre des changements, suivant le degré de température et d'humidité, soit que la chaleur ne soit pas le seul agent de la dilatation des corps qui sont dépourvus d'irritabilité, la hauteur du thermomètre n'étant pas toujours en proportion du froid ou de la chaleur sensibles (1). L'impression de l'air qu'on respire au Pic du Midi est très vive, telle à peu près que celle qu'occasionnerait un bain dans une eau trop froide. Il est d'ailleurs inutile de rappeler que la rapidité de l'air y éteint le feu, détruit le son,

(1) Le 17 août 1783, le baromètre était au Pic du Midi à 20 pouces 10 lignes; devant la porte des bains de Barèges, à 24 pouces 7 lignes; à Pierrefitte, à 26 pouces 8 lignes.

l'odorat, la saveur des aliments les plus piquants, etc.

Une chaîne de montagnes défend la partie du sud et la rend inaccessible. Leur escarpement conduit à des ruines de granit, près des sources de l'Adour, au pied du Pic du Midi et de celui de l'Espade. Tramesaigues et Grip sont au-dessus de l'idée qu'on peut s'en former; leurs prairies sont émaillées de fleurs. De longs filets d'eau coulent des sommets du roc, se croisent, se séparent, se rejoignent, murmurent, retombent les uns sur les autres en tout sens, pénètrent ensemble dans les bois; leurs lisières sont couvertes de framboisiers; les fraises y abondent jusqu'en novembre; l'airelle y est assez commune; les bergers récoltent cette baie acide et rafraîchissante. Les rochers, les bois sont revêtus d'une pompe à la fois magnifique et sauvage.

Le cours de l'Adour, *Aturus Ayrus* (1), Lisse, *Alphea* (2), ou Porte-d'Or des Anciens, est de cinquante-cinq lieues jusqu'à son embouchure. L'Adour, un des six petits fleuves de la France,

(1) *Insanùmque ruens per saxa rotantia latè*
In mare purpureum tarbellicus ibit Aturrus.
  Auson.

(2) Sans doute parce que l'Adour, comme ce fleuve d'Arcadie, après avoir disparu, reparaît et poursuit son cours.

arrose une partie de la plaine du Bigorre, baigne les murs d'Aire et de Mont-de-Marsan (1), devient navigable à Grenade. Il reçoit les gaves près de Peyrehourade, la Douze, la Vidouze, l'Artat et la Nive à Bayonne même, dont elle forme le port. Sa largeur près du Boucaut-Neuf, est de cent trente toises.

Du centre de ces montagnes, la plupart calcaires jusque dans les cimes les plus élevées, on peut observer leur peu d'arrangement et de symétrie. Leurs variations, leurs caprices présentent tant d'exceptions sur le système des angles saillants et rentrants dans les chaînes granitiques et dans les montagnes des ordres secondaires, qu'il serait ridicule de vouloir adapter des idées générales à l'histoire de la nature. Un observateur intelligent ne se bornera pas tellement au physique de l'écorce ou de la croûte

---

(1) Ancienne ville du Bigorre, bâtie par un de ses comtes de la maison de Marsan, en 1140. Rappelons ici l'un de ces traits de courage dont on doit conserver le souvenir pour l'encouragement des belles actions.

Dominique de Gourgue, du Mont-de-Marsan, ayant appris les cruautés des Espagnols, arma un vaisseau à ses frais, et passa, vers 1565, dans la Floride, reprit le fort de la Caroline, et pendit les Espagnols aux mêmes arbres où il avaient attaché les Français.

extérieure des montagnes, qu'il ne prenne aussi des connaissances exactes des matières elles-mêmes. Tout bien considéré sur les grandes masses, on ne voit pas ce que l'histoire naturelle aurait à gagner dans une description particulière de chaque montagne, puisqu'on n'en peut suivre les formes extérieures dans toute leur étendue, et qu'elles ne sauraient servir de caractères distinctifs. Il faut voir ces objets en grand, par cela même que l'esprit humain est petit, qu'il s'affaisse sous le poids des minuties (1), et savoir que les plus hautes montagnes ne forment que des légères rugosités sur la surface du globe.

VALLÉE DE CAMPAN.

Il n'y a pas de curieux qui n'ait cédé à la tentation de donner la description de cette charmante vallée.

Le temps n'a pas encore imprimé sur les montagnes de cette vallée les traces profondes de la

(1) Des recherches sur la cause de leur composition seraient d'un tout autre prix. Quoique les connaissances sur un sujet si vaste, ouvrage de la force qui meut, détruit et recompose, ne soient pas portées au point de perfection dont elles sont susceptibles : toutefois, un grand nombre d'opérations de cette chimie naturelle, ne sont plus une énigme.

destruction effrayante qu'offre la vallée du Bastan à Campan. Toutes les productions annoncent la force et la vigueur; des forêts majestueuses donnent au pays un air de grandeur qui frappe. Le hêtre, le sapin et le chêne y sont mêlés avec l'érable, l'aube-épine et le sorbier des oiseaux, sans que la vue soit fatiguée par l'uniformité des nuances ou la monotonie des formes. Les plus charmantes teintes parent ses bosquets; les pâturages sont beaux; des troupeaux nombreux et féconds y donnent un lait exquis, dont un disciple des muses entr'autres, après avoir célébré l'idéal de la nature, la douceur du rocher et les cloches de Sainte-Marie chantant de joie, apprend à ses lecteurs que les troupeaux de moutons qu'il a rencontrés bêlaient en cadences variées. Écartons ces ridicules, et convenons que ceux qui ont comparé la vallée de Campan à la vallée de Tempé, ont cédé à la manie des comparaisons. Laissons à chacune ses beautés particulières; à Campan sa fraîcheur, la nature en opposition avec une culture champêtre délicieuse. Mais combien les Campanois sont loin des beaux arts des Grecs, même après cinq cents ans d'esclavage et de cette langue dorienne en possession de la poésie bucolique sous le ciel de l'Attique! Le cours paisible et fleuri du

Céphise ne se rapproche pas des caprices et des débordements de l'Adour. Ses flancs sont cultivés ; la région des bois forme tout autour une zone ou ceinture du plus beau vert; le fond est une riche pelouse aussi fraîche que riante. Des plantations bien entendues avec une suite de jolis paysages de quatre lieues de long, achèvent de parer cette vallée, qu'il faut chanter et qu'on ne peut décrire.

Les Campanois (*Campani, Camponi, Cauponi*), restes d'une colonie de Bigorrais, ont conservé des mœurs particulières auxquelles se sont peu mêlées celles de leurs voisins; il y a de la rudesse et de la simplicité originaire (1). Fiers et robustes, ils portent je ne sais quoi d'animé et de martial dans la physionomie. Ces hommes de bronze et laborieux que le luxe et la profusion des palais de Bagnères, ne font pas rougir dans leurs modestes cabanes, que rien enfin n'oblige à les quitter, se répandent tous les ans par troupes jusqu'au centre de l'Espagne, et supportent les chaleurs d'un ciel embrasé pour enrichir leur pays du salaire de leurs fatigues; ce sont les Suisses des Pyrénées. Grandes, fraiches et droites comme les sapins de leurs forêts,

(1) Pline, l. IV, chap. 19; César, *Commentaires*; Grégoire. de Tours.

les femmes, pour se garantir de l'hiver, plus long à Campan que dans les autres vallées, portent des guêtres de laine assez hautes pour servir en même temps de caleçons et prouver que le costume change avec la langue; les Barégeois ont adopté pour se vêtir la bure des capucins: l'habit des Campanois est bleu.

Après Sainte-Marie, les montagnes couronnées de sapins se rapprochent, et ne laissent de place que pour la grande route de Bagnères à la Marbrière. Tout est beau, tout est frais, tout est vert, rien ne change encore autour de moi. Les ruisseaux tombent de tous côtés; les cascades s'élancent des montagnes voisines pour se mêler aux flots de l'Adour. Le mélange de culture, de prairies, de troupeaux, de forêts et d'habitations, en opposition avec la sécheresse et l'aridité des montagnes de l'est, offrent l'aspect d'un vaste et magnifique jardin anglais, arrosé par dix-huit rameaux de l'Adour. Quelques uns, réunis par des routes secrètes à l'Adour de Suèbe (*Aturrus Sylvestris*), ne forment plus qu'un même fleuve aux portes de Bagnères. Il serpente d'un cours mal assuré; on dirait, à le voir descendre et retourner, qu'incertain de la route qu'il doit prendre, il cherche à remonter vers ses sources. La grotte de Campan, beaucoup trop fameuse depuis qu'on l'a dépouillée de ses belles stalactites, n'est plus qu'une sale caverne décorée du nom des personnes qui vont la visiter. Les grottes ou cavernes qu'on trouve dans les montagnes calcaires, et qu'on visite à cause des belles congellations et cristallisations stalactiques dont elles sont ornées, ne peuvent être attribuées qu'à quelque bouleversement des couches; quelques uns semblent devoir leur origine à l'écoulement des sources souterraines qui ont amolli, rongé, charrié la partie de la roche qui se prêtait à ce travail : on en trouve dans toute la chaîne des Pyrénées. A l'occident de Lourdes, une grotte, *lespelugue*, *spelonca*, renferme des coquilles bivalves; mais les plus remarquables sont la grotte de Gargas, dans la vallée de Barousse, et près des villages d'Aventignan et de Tibiran. Elle a plus de cent mètres de profondeur et vingt-cinq dans sa plus grande élévation. Il existe plusieurs autres galeries souterraines dans la même vallée; la plus curieuse est celle de Troubat, qui se divise et se subdivise en plusieurs branches. La gorge de l'Abt-de-Ferrère renferme une grotte, avec cette particularité que le torrent de la Saoule la parcourt et se fait jour à travers le roc calcaire. Ces grottes servaient de prisons seigneuriales, et ne sont habitées aujourd'hui que par des corneilles et des chauve-souris. Les crédules villageois de Barousse assurent que ces grottes renferment des trésors gardés par le diable, et n'osent en approcher.

La Marbrière est tout près. La pierre qu'on en extrait est d'un blanc rouge, vert, isabelle, avec des taches et des veines; le *vert-campan*, proprement dit, est d'un vert très vif, mêlé seulement de blanc. Le marbre de Sarrancolin est d'un rouge foncé avec des veines et des taches blanches, grises, jaunes. La carrière de Camons donne un marbre gris et blanc veiné de rouge, à peu de distance de Campan. Celle de Beyrède fournit un marbre d'un rouge très vif, avec des veines blanches, grises et jaunes. La chimie y découvre une terre calcaire, et plus d'un quart d'une substance schisteuse, alumineuse; cette dernière est minéralisée et colorée par le fer (1). Le schiste argileux et la terre qui le compose ne sauraient résister long-temps

(1) **M. Bayen.** Dans le rouge campan, il y a moins de schiste, et il s'y trouve du safran de mars. On doit compter parmi les productions naturelles de cette vallée, un cuir fossile que des bonzes imposteurs rendent l'objet d'un culte superstitieux, pour attirer encore aujourd'hui les offrandes et le concours du peuple. C'est une espèce d'amianthe à filets

aux injures de l'air, ainsi qu'aux causes générales de destruction plus remarquables aux Pyrénées que dans aucune autre montagne. Cette dégradation est sensible dans les huit colonnes d'ordre ionique de marbre de Campan, qu'on voit au château de Trianon. Les marbrières, au sud des barraques d'Espialet, ne sont séparées de celles de Sarrancolin que par la forêt de Mourère. Un grand chemin communiquait par la montagne à la vallée d'Aure ; il servait au transport des marbres jusqu'à la Garonne. Le chemin est sans objet, depuis qu'on fait venir à grands frais des marbres d'Italie moins beaux que ceux de Campan et de Sarrancolin.

De ces sites enchantés, l'œil se promène sur des tableaux les plus parfaits de tous, puisqu'ils sont formés des plus heureux effets de la nature. Qui jamais a pu les voir sans éprouver le regret de les quitter ! Est-il de voyageur qui n'ait désiré d'habiter Campan ? oui, l'habiter, car il ne suffit pas de le voir en passant.

très flexibles, entrelacés de manière qu'ils forment des feuillets. La couleur en est grisâtre. Il en existe de plusieurs autres espèces, surtout de celle qu'on nomme *papier fossile*. Sur cette invention renouvelée par les anciens moines de Médoux, voyez les *Mémoires de l'Académie des Inscriptions*, tom. IV, pag. 634.

En pénétrant jusqu'au Cap-Adour, ou Tête-de-la-Vallée, de hauts sapins, qui ne donnent pas comme ailleurs des sucs résineux, mais dont les pommes exhalent une odeur agréable, se croisent, interceptent le jour, et semblent disputer ce dernier recoin aux roches infertiles et aux torrents. Vous prendriez ces bois pour des bosquets taillés en massifs de diverses formes irrégulières, mais pittoresques ; ils paraissent tondus au ciseau : on s'y promène sur des tapis du gazon le plus fin et le plus velouté. Ce lieu m'a paru charmant; mais on s'égare facilement en des routes inconnues et sombres. Plusieurs de ces sentiers conduisent à des ruches recouvertes d'un toit de chaume, et dont les côtés sont de marbre ; l'intérieur n'est pas moins agréable par son élégante simplicité. Le châlet du paysan savoyard est un abri mal construit où la misère cherche un asile quelques mois de l'année; la cabane du Campanois est une retraite propre et commode. Chacun d'eux a son ménage; le troupeau, le vivier et le jardin fournissent la table; des haies vives, quelques ormeaux ou des claire-voies forment la clôture. Les détours de la tête de la vallée se perdent dans les profondeurs des Pyrénées.

Des carrières ouvertes pour l'exploitation des

bois et des marbres, vous mènent à travers de grands blocs de granit à deux passages des montagnes de la vallée d'Aure, en langage du pays *Hourquettes*. Vers Pallole, dernière habitation de Campan, de ce côté, les roches sont revêtues de buissons ; l'alaterne, le fragon, le genêt brillant, mais inodore, le martagon, le pavot jaune déploient une vigueur nouvelle au milieu des frimas. L'organisation de ces plantes est remarquable, en ce qu'elles semblent tout tirer de l'air et presque rien de la terre. Le sol est couvert de gentianes et de violettes des Pyrénées.

Les montagnes de l'Héris et du Beda méritent l'attention particulière des naturalistes : la première par la beauté et la variété des plantes qu'on y trouve ; le minerai de la seconde recèle de l'argent, du cuivre et du fer, mais en plus petite quantité que le reste des mines du Bigorre. Cependant celle de l'Esponne, dans le territoire de Bagnères, donne abondamment du zinc, que l'on a pris long-temps pour du fer (1).

Du bourg de Campan, grand et bien peuplé, nous ne voyons plus la nature qu'en miniature ; ses teintes et ses couleurs sont adoucies et plus naturelles, l'Adour paisible dans ses nombreux

(1) Minerai des Pyrénées, par M. de Diettrich, pag. 331.

détours, les montagnes moins âpres, accessibles à l'industrieuse main qui les cultive jusqu'à leur cime. Au milieu d'objets nouveaux, dans ce calme heureux, sans contrainte, l'homme trop faible pour exister sans appui, ou trop vain pour vivre sans témoin, reprend le chemin de la ville, chaussée facile et commode, qui suit le cours du fleuve. Bagnères n'est qu'à deux mille toises. Les paysagistes montent au prieuré de Saint-Paul, placé sur une éminence, dans une enceinte de peupliers, à peu de distance du chemin, ayant pour perspective la grande chaîne.

L'aimable prieur Torné, prédicateur du roi, transporté de la chapelle de Versailles au sein de cette belle vallée, sut s'affranchir du besoin des jouissances vides et passagères de la grandeur, et trouva vingt ans de bonheur à Saint-Paul. La révolution l'ayant placé sur le grand théâtre des événements, il fut fait archevêque de Bourges; il abdiqua bientôt des honneurs qui fatiguaient son ame indépendante, et revint à ses chères montagnes, où il n'avait que des amis. Ses goûts simples le retinrent au milieu des amusements ou des travaux utiles; exempt de préjugés, riant des superstitions, affrontant l'imposture, donnant de la gaieté au bon sens et des grâces à la raison. On dit que dans sa vie retirée, la cloche du prieuré, par des sons de convention, appelait le nombre et la qualité des habitants du bourg de Campan qu'il désirait. Torné mourut pauvre, mais sans inquiétude et sans regrets : ainsi meurt le sage.

Plus près de Campan, sont les plaines de Gerde et d'Aste, dont la jolie vue tempère l'aspect et le souvenir du donjon sourcilleux de Beaudéan. Il ne reste que deux fenêtres de ce donjon meurtrier qu'habitait, en 1780, un tyran échappé des forêts de la Germanie et qui se plaisait dans la désolation. Quel miracle que ses vassaux aient pris leur revanche! La fontaine de Médoux invite aussi le voyageur à s'écarter de la route; la naïade bienfaisante distribuait ses eaux aux capucins du lieu; elle jaillit dans un lieu charmant ombragé de tilleuls, et se mêle à peu de distance avec l'Adour, dont elle n'est peut-être qu'une branche souterraine. Si cette belle fontaine était dans son ancien état, ou que quelque antiquaire eût conservé les marbres qu'on y a trouvés, son nom serait immortel aujourd'hui. Ces lieux, qu'une triste réalité désenchante, où nous ne voyons qu'une source ordinaire, la riante mythologie des anciens, aurait rappelé la mystérieuse Égerie, la *Fontaine des merveilles*, et la rivale de celle que Pétrarque a rendu si célèbre.

Je suis aux portes de Bagnères; j'y découvrirais avec la foule des étrangers les plaisirs qui les suivent; mais un autre Bagnères appelle plus loin mon attention : c'est une dernière course à faire dans les montagnes. Le temps est beau; la route facile; il ne me faut que quelques heures; partons : j'aurai vu toutes les sources de réputation qui tiennent aux hautes Pyrénées, leur foyer commun.

Ces montagnes possèdent plus de cent sources connues dans ce département, qu'on peut appeler celui des *eaux minérales*. On en découvre chaque jour de nouvelles. Aucun pays n'en offre une si grande quantité et une variété aussi précieuse. Je me borne à ne citer que celles qui ont des établissements (1).

La route qui conduit d'un Bagnères à l'autre est celle des marbrières de Campan. Elle passe au village d'Aspin et dans la ville d'Arreau, chef-lieu de la vallée d'Aure, traverse le Louron et le Larboust, qui ne sont guère qu'une gorge. Luchon et ses bains sont au fond d'un bassin de peu d'étendue, où vous arrivez par une pente

---

(1) Bagnères-Adour, Barèges, Cauterets, Saint-Sauveur, Capver, Cadéac, Bagnères-Luchon sur la même zone.

Dans les mêmes montagnes, les Eaux-Bonnes, les Eaux-Chaudes.....

très rapide. Cette route n'a rien de fatigant ; elle ne franchit que des collines.

La dernière montagne qui se trouve sur le passage qui permet l'entrée de la vallée d'Aure, est le pic d'Arbrisson, que la nature semble avoir placé pour servir de bornes aux deux vallées d'Aure et de Campan, et de sentinelle avancée aux montagnes de la grande chaîne. Je parviens tout à mon aise à la cime de ce beau rocher, d'où j'ai joui de la vue la plus variée et la plus étendue. Ce pic, remarquable par sa hauteur, qui se rapproche de celle du Pic du Midi (1), de Bagnères, conserve d'excellents pâturages, depuis sa base jusqu'à sa plus grande élévation. Tout s'abaissait devant moi pour laisser planer mes regards sur un horizon que bornent, ou peu s'en faut, l'ancienne *Aquita* et les deux mers. Au pied du pic, à l'est, se montre la vallée d'Aure, à plus de 6000 pieds de profondeur.

VALLÉE D'AURE.

Vingt-cinq villages forment un amphithéâtre à trois étages autour du principal bassin d'où vous pouvez les compter. Quatre de ces villages sont manufacturiers, par conséquent plus peu-

(1) On regarde ces pics comme des anciens volcans.

plés et mieux bâtis. Ils fabriquent des cordelats qui servent à l'habillement des troupes.

Cadéac, l'un de ces beaux villages, a deux sources d'eaux sulfureuses, froides, qu'on dit n'être pas sans vertu contre les maladies cutanées ; mais on n'a rien fait pour attirer les étrangers par d'utiles établissements. Plus négligée encore, l'eau ferrugineuse de Trameraigues n'a pas même un toit au fond du précipice, qui la cache. Voilà le soin que les Aurois prennent de leur *Spa*.

Au centre de la vallée est le village de Guchan, connu par sa foire de Saint-Michel, où les Aragonnais viennent acheter des mules. Les foires, nombreuses dans toutes ces contrées qui réunissent beaucoup de monde pour de très petites affaires, n'ont commencé que chez les nations privées du secours des arts. Les peuples riches d'industrie convenaient avec les barbares d'un lieu, d'une époque auxquels ils porteraient les objets de leur goût. La Hollande n'a pas de foire, parce que le commerce est partout actif et florissant. Ces vérités ne détruiront pas les foires de Francfort, de Beaucaire et de Leypsick auxquelles ces foires villageoises ne sauraient être comparées.

Guchan est la patrie d'un homme de lettres

estimable qui, les cultivant sans bruit, ne peut cependant se dérober dans sa retraite, où la philosophie le console de la fortune, à la réputation d'écrivain instruit, élégant et fidèle. Si dans son *Aura* M. Guinan a flatté ses compatriotes d'une origine grecque, son *Tableau de Rome* offre dans un style pittoresque la fidèle et piquante histoire d'un pays dont *Corinne* est le beau roman.

La petite ville d'Arreau, au confluent de la Neste de Lauron, est le chef-lieu de la vallée d'Aure; c'est là que se tiennent les grands marchés du pays. Arreau s'honore d'avoir donné le jour à saint Exupère, qui fut évêque de Toulouse, et dont je ne parlerais point si ce bon prêtre n'avait pas vendu l'argenterie de ses églises pour nourrir les pauvres dans une disette, et remplacé ces objets d'un luxe profane par des vases de verre ou de bois. Ce qui, pour le dire en passant, aurait dispensé de la loi du sacrilége. Plus près de nous, le comte de Ségur a rempli des missions diplomatiques en Pologne, en Hollande, et chez les Espagnols, où toutes les tyrannies se sont réunies pour abréger ses jours. De notre temps le jeune Féraud, membre de la convention, soldat dans le camp et sage à l'assemblée, périt si malheureusement victime de quelques scélérats et de son dévoument. De tels hommes illustrent partout leur patrie. L'histoire attend en silence l'époque qui dissipera le voile dont ses ennemis cherchent en vain de la couvrir.

Sarrancolin est une autre ville dont le nom explique exactement la position entre les collines qui la pressent. Il est bien connu par ses beaux marbres. Louis XIV en orna ses résidences. Le luxe les néglige aujourd'hui. La mode l'y ramènera peut-être.

Plus bas est le village de Hèches, la clef de la vallée. C'est dans son voisinage que se trouve le marbre, connu sous le nom de *petit antique* ; il est noir avec des taches blanches d'une grande beauté. C'est à Hèches que finissent les montagnes. De là vous pouvez vous diriger par trois belles routes sur Toulouse, Bayonne et Bordeaux.

La vallée d'Aure offre deux passages, qui pourraient devenir fort utiles au trafic avec l'Aragon; mais on ne fait rien pour cela. Les Romains, qui partaient de Bordeaux, gagnaient par là l'Espagne Taragonaise, parce qu'ils n'étaient arrêtés par aucune rivière dans le trajet; ces passages n'en furent gardés qu'avec plus de soin. De ces colonies militaires paraissent descendre les Aurois. Les hautes tours qu'on voit encore dans ce pays servaient sans doute à sa défense. Elles se correspondent de manière à pouvoir se transmettre avec une grande promptitude les signaux ou les ordres, et cette ligne de forts parcourait toutes les vallées de la confédération.

La liberté politique semble indigène ici; avant leur réunion à la France, en 1476, les quatre vallées avaient une constitution écrite dans l'idiome du pays. C'était un véritable contrat par lequel le seigneur et les sujets s'imposaient des devoirs réciproques. Leur réunion à la couronne maintint les bienfaits de cette charte dans l'établissement d'une assemblée nationale d'où les prêtres et les nobles étaient exclus. Cette heureuse démocratie était un antique héritage dont les Aurois en particulier se montrèrent toujours fort jaloux. On aime à suivre dans la route des siècles cette liberté, qui fut si long-temps le partage du plus petit nombre, mais que nos efforts ont enfin fixée pour tous les Français.

L'Aurois a le teint rembruni de ses voisins les Aragonais. Il se distingue par sa trempe d'esprit et ses manières qu'on peut dire polies. Il lit Horace, Virgile et Rousseau : l'instruction est dans ses goûts. S'il manque d'industrie, c'est qu'il est privé des capitaux sans lesquels on ne peut rien entreprendre avec succès. Pauvre sur un sol ingrat, il joint aux faibles produits d'une culture très bornée, l'éducation des bestiaux et le commerce de bois, qui bientôt ne sera plus rien, parce qu'on a toujours coupé sans jamais replanter. Ce peuple trouve une autre ressource dans l'émigration périodique de ses enfants, qui vont travailler en Aragon pour en rapporter, au bout de quelques mois, de petites sommes qui font la fortune des familles.

C'est dans la vallée d'Aure que j'ai trouvé les veillées du vieux temps. Les jeunes filles préparent la laine et le lin autour d'une ramée. Elles chantent des cantiques qu'elles n'entendent pas, mais qui les font pleurer. Les chansons les font rire aux éclats. De ces cercles aimables sont bannies les infortunées que l'amour a séduites et trompées. L'opinion les condamne à marcher à la suite des veuves dont elles portent le voile blanc; mais si ce signe flétrissant dénonce l'erreur de ces amantes délaissées, le préjugé cruel a ses bornes; jamais il ne porte à ces crimes si fréquents ailleurs. Dans la vallée d'Aure une fille nourrit son enfant; elle lui donne ses soins sans honte; elle a la vertu de s'avouer mère. Il n'y a rien dans les manières de ce peuple dont un esprit observateur ne puisse faire quelque bon usage; on perd à cette ignorance de la vie commune, ne fut-ce que par des métaphores naturelles, vives et familières (1).

Je quitte cette belle vallée où m'ont suivi les plus touchants souvenirs, mêlés des plus vifs regrets. Le Louron, où j'arrive par une route qui n'est pas sans agréments, n'a rien qui puisse arrêter le voyageur. Le pays s'élève par une pente douce entre des collines qui le resserrent sans le garantir du nord et du nord-est, qui lui donnent de longs et rudes hivers. On a dépouillé ces collines de manière à les laisser entièrement nues, ce qui les a changées en déserts. Ce peuple ne

(1) Il se fait tous les ans 6000 pièces de cordelats. Ils servent à l'habillement du pays; l'excédent est envoyé à Toulouse, à Montauban, à Agen, à Limoges, où on leur fait subir diverses préparations; on les teint, on les frise pour les revendre ensuite le long de la Garonne et sur les côtes de la Bretagne : ces draps servent pour l'habillement des troupes; cent cinquante métiers isolés dans les trois villages de Cadéac, Guchens, Ancizan; il en existe quelques uns à Arreau; le défaut de capitalistes rend cette manufacture imparfaite.

On emploie chaque année 72,000 kilogrammes environ de laine; les deux tiers sont importés de l'Aragon : la pièce est de 38 ou 40 mètres de longueur. Il y en a de trois largeurs; de 4 décimètres, de 5 et de 6. Le prix des premières est de 32 à 36 francs le mètre; celui des secondes, de 45 à 48, et celui des troisièmes, de 52 à 56 foulées. (*Statistique des Pyrénées*, par M. de Laboulinière, 1807, pag. 391.)

voit pas que des arbres pourraient rendre quelques sucs à cette terre désolée, en même temps qu'ils abriteraient la vallée. Mais toutes les montagnes n'ont-elles pas les mêmes reproches à faire à leurs insoucieux habitants? Ajoutons que l'administration publique n'a pas l'air de trouver mauvais qu'ils dévorent ainsi l'avenir.

Il faut se détourner un moment de la route pour aller voir la montagne de La Pez, dont on a voulu faire un autre Pausilippe peu de temps avant la révolution. Cette grande entreprise avait pour objet l'exploitation des belles forêts de Justaïn dont les Espagnols ne peuvent ou ne savent rien faire. La galerie était déjà poussée assez loin lorsque les fonds vinrent tout à coup à manquer : on accusa injustement l'intendant d'Auch : Journet Berg, que nous avons vu administrateur et grand-cordon, fut accusé de les avoir dilapidés. Monseigneur, il est vrai, accablé d'un tel soupçon, en se coupant la gorge conserva la vie à son premier commis. Mais les travaux étaient interrompus et rien n'annonce qu'ils doivent être repris. Ce qui prive, dit-on, notre marine de plus de trente mille pièces de bois de construction et de mâture de choix.

VALLÉE LARBOUST.

Le triste et pauvre Larboust ne doit pas arrêter le voyageur. Ce petit pays est moins une vallée qu'une gorge. Le lac d'Oo ressemble à tous les lacs des Pyrénées, généralement resserrés entre des bords rarement pittoresques. Le village de Saint-Aventin, bâti sur un précipice, ne craint pas d'y tomber tant que durera la miraculeuse empreinte du pied de son saint patron. Il ne vous en coûte qu'un sou pour apprendre que cet homme de Dieu ne faisait qu'une enjambée pour passer d'une montagne à l'autre, de la pente rapide entre des collines sauvages qui vous portent en peu d'heures à la vallée de Luchon. On découvre avec effroi des villages perchés sur des précipices tellement dangereux qu'il faut un gardien public pour empêcher que les enfants, dans leurs jeux, ne tombent dans les escarpements. La population de Larboust est disgraciée comme le reste du pays : des malheureux en guenilles et de sales cretins affligent le voyageur le moins sensible. Les améliorations sociables leur sont étrangères, leur fanatisme n'est pas dangereux; méprisés de leurs voisins, ils existent entre eux comme des réunions d'animaux dans les bois. Le respectable curé, professeur de morale, condamné à vivre parmi ces infortunés, m'avoua que pour diriger leur piété qui les porte à se confesser chaque jour de la semaine, il les écartait de son tribunal en leur imposant le travail pour pénitence. Je ne sais quelle tristesse m'accompagne en suivant la descente qui conduit au vallon de Luchon. Sa vue efface bientôt des impressions fâcheuses, on se croit tout à coup transporté sur une terre nouvelle, comme le voyageur égaré se trouve avec une agréable surprise dans la stepe ou l'oazis hospitalier.

VALLÉE DE BAGNÈRES DE LUCHON.

Le bourg de Luchon, au confluent du Go et de la Pique, n'a rien de remarquable. Une belle avenue conduit aux bains placés à son extrémité dans une situation révérée, je dirai mystérieuse. Les archives du mensonge nous apprennent l'effet prodigieux des lieux écartés et sombres sur des imaginations blessées et rêveuses.

Salut, naïade bienfaisante, honneur des champs qui nous versez généreusement avec des eaux salutaires le repos et la santé! Le malade et le médecin invoquent également votre secours et la puissance de Lixonius, cette divinité trop négligée dont deux mille ans attestent les miracles. Les Romains avaient éprouvé et divinisé ces sources en les consacrant à ce dieu, dont la barbarie des temps a changé Lixonius en Luchon. Comme elles se trouvaient sur l'une des routes les plus fréquentées par les légions qui passaient de la Celtibérie dans les Gaules, elles attirèrent leur attention particulière; ajoutez à cette circonstance le rassemblement et le séjour des armées romaines dans son voisinage (*Locus convenarum*).

Ces eaux seront devenues une des étapes les plus désirées du soldat qui trouvait un remède à ses maux en même temps que les charmes d'une solitude que pour cela même les maîtres du monde auront embellie de thermes, de temples, de tous les monuments de la magnificence romaine. Ce peuple n'attachait vraisemblablement cette sorte de culte qu'à la chaleur naturelle de ces eaux merveilleuses. La physique et la chimie n'avaient pas encore été initiées dans les secrets de la nature; mais des malades soulagés, n'importe comment, et la mode aussi peut-être, auront continué le culte de ces fontaines sacrées. L'éboulement d'une colline du voisinage a mis à découvert quelques débris des anciens monuments. On a surtout trouvé des pierres votives en grand nombre, dont l'habitant a privé les curieux en en bâtissant ses maisons. Qu'on parle ensuite du vandalisme des Turcs pointant leurs canons destructeurs sur les colonnes du Parthénon, que le temps avait épargnées !

Des observations importantes s'accordent avec l'ancienne réputation des eaux de Luchon. En écartant des eaux minérales le pompeux appareil des panacées universelles, on reconnaît qu'elles partagent avec celles de Cauterets et de Barèges les moyens de combattre les maladies de la poitrine et de la peau.

On ne rencontre pas à Bagnères de Luchon le mouvement et les plaisirs extraordinaires que les médecins des eaux minérales, pour s'assurer des malades, ont l'art d'entretenir. Ici les plaisirs sont voisins de l'ennui. Les étrangers qui habitent de préférence le voisinage des bains, jouissent des bienfaits du climat et des productions du sol, aliments de la santé. Ceux à qui ils ne suffisent pas peuvent l'entretenir dans des sites admirables, silencieux Élysées où ils trouvent cette simplicité sauvage, s'éloignant des choses habituelles, qui paraît convenir aux rapports inconnus et désirés d'une situation nouvelle. Ils verront alors un crépuscule, une nuit d'été du midi, l'eau que la lune éclaire dans le vallon de Luchon, entre les pins de la montagne, des formes errer dans les bois, dans les nuages; ils chercheront à rester seuls pour posséder encore mieux ces émotions intérieures et celles qu'on reçoit de la nature. Cette position ayant son siége dans le cœur qu'il agite, qu'il resserre, qu'il dilate, abat, anime et afflige en même temps; passion funeste, si on ne pouvait en calculer les forces physiques et morales, en combinant l'effet des solitudes de Luchon avec les plaisirs de Bagnères-Adour. Une route commode, désirée des malades, établit la communication entre ces précieux établissements.

La chaleur réfléchie par les montagnes, est plus forte à Luchon qu'à Bagnères-Adour et à Barèges; mais on ressent les premiers froids au 1er octobre. Ces premières atteintes avertissent l'étranger des approches de l'hiver, et le disposent à s'éloigner. L'accès des montagnes était encore facile.

Personne, au reste, personne plus que moi n'est persuadé de l'insuffisance des analyses des eaux pour expliquer par la trop petite quantité des principes qu'on leur trouve, l'effet de ces eaux dans les maladies où elles sont employées. Les travaux des chimistes modernes n'en sont pas moins admirables. C'est sans attacher la moindre importance à ces recherches sur les eaux de Luchon, que j'offre ici comme de simples notes les résultats suivants de quelques expériences (1).

Je profitai d'un beau jour pour reconnaître les portes d'Espagne par la route qui conduit à Venasques. De ces hauteurs, comme d'un observatoire, je découvris les vastes plaines du Languedoc, la Méditerranée qui les borne et les sources de la Garonne, dans la vallée d'Aran, qui dépend des Français pour le spirituel, et des Espagnols pour le temporel, indivis au

---

(1) *Fontaine de la Grotte.* Une pièce d'argent jetée dans cette eau, déjà bien évaporée, a pris une couleur cuivrée, safrannée, jaune; mais en moindre intensité que dans l'eau de la Fontaine Blanche. Du vinaigre, ajouté à l'eau minérale, n'a rien changé à l'intensité de son odeur. L'eau de chaux seconde, mêlée à l'eau minérale, toujours évaporée, n'a souffert aucune altération. La teinture de tournesol a légèrement jauni l'eau minérale. La dissolution d'argent l'a verdie aussi, mais légèrement. L'alcali fixe a également très peu verdi l'eau minérale. L'acide vitriolique n'a pas troublé la transparence de cette eau.

Fontaine Blanche.

1° Le sirop violat a donné à l'eau blanche une couleur verte;

moins singulier dont on n'aperçoit pas les avantages. Je trouvai sur ces montagnes-frontières de nombreux troupeaux de ces moutons voyageurs qui viennent passer l'été chez nous, et vont hiverner dans les provinces espagnoles sous un climat plus doux. Lorsque je les vis, ils fuyaient nos hivers à travers les escarpements et les neiges. La nature n'admet l'homme lui-même qu'une partie de l'année dans ces vastes solitudes, en lui fermant les passages que sa curiosité voudrait en vain franchir. On passe de Luchon à Saliente, à Jaca, par des chemins impraticables sept mois de l'année, et qui ne sont ouverts, les autres cinq mois, qu'à l'interlope et aux mulets qui transportent les

2° La teinture de tournesol l a légèrement verdie;

3° Une dissolution d'argent lui a donné une couleur jaune;

4° Quelques gouttes d'alcali fixe ont légèrement troublé l'eau minérale;

5° L'acide vitriolique l'a rougie sur-le-champ.

Degré de chaleur des eaux minérales de Luchon, d'après le thermomètre de Réaumur.

La Reine............	35 degrés.
La Grotte	54
N° 3 de la même.....	34
Bains de Lafont	temp.

échanges de commerce. Le voyageur est forcé de suivre cette marche; les glaces et les privations le ramènent au milieu de l'abondance, et dans un air plus tempéré qu'il est sûr de trouver dans les champs de la Provence, dans les vallées du Rhône et de la Loire, dans ce Paris surtout, qui cache ses carrières sous des palais, et ses boues sous les pas de ses bruyants plaisirs. Après avoir escaladé les monts, c'est une jouissance aussi de se promener dans des bois percés et sablés comme des allées de jardin.

Tous les voyageurs tiennent à faire partager les sensations qu'ils ont éprouvées; c'est véritablement là l'objet de leurs relations. Comme tant d'autres, je me suis vu dans les riches musées de l'Italie. Cette profusion de chefs-d'œuvre, le dirai-je? finit par fatiguer l'admiration. On a le même besoin de repos au retour des courses prolongées dans les montagnes. Tant que les beaux jours ont favorisé ces courses lointaines et pénibles, on ne voyait que sites heureux, ou belles horreurs; mais lorsque le froid s'avance avec les brouillards et les pluies, hommes et troupeaux, tout se retire de ces montagnes pour échapper aux terribles lavanges. L'étranger se hâte de gagner la plaine pour aller étonner de ses récits le cercle enchanté de ses paisibles et casaniers amis. Le Pyrénéen rentre aussi dans sa hutte, se demandant pourquoi ces énormes masses, en le séparant du plus beau pays du monde, le laissent pauvre au milieu de tant de métaux qui cachent leur avare sein pour n'en laisser échapper que des orages et des frimas?

Il faut donc quitter Luchon, puisque ses montagnes prennent déjà la robe d'hiver. Pour profiter des derniers moments, j'écris avec une précipitation qu'on doit pardonner à l'insatiable curiosité. J'arrive à la fin de ma journée, sans penser aux négligences de style, et moins encore au besoin de corriger, d'aligner mes phrases et de les polir. Les choses sont ce qui m'occupent surtout; pour les mots, ils s'arrangeront sous ma plume comme il leur plaira. Dans une agitation montagneuse dont je n'ai pu me défendre le vent emporte mes feuilles éparses; j'en rétablirai peut-être l'ordre lorsque je n'aurai plus de temps à donner qu'à la réflexion.

Je suis déjà loin de ce joli Luchon, si mal habité. S'il faut juger de la salubrité d'un pays par la santé de sa population, cette vallée doit être malheureuse; non seulement on n'y retrouve aucune des formes agréables du Bigorrais, et moins encore la mâle fierté de l'Aurois, mais même les races y sont généralement abâtardies. On plaint la malheureuse vie des sauvages; elle vous paraît affreuse. A-t-on jamais vu les Hottentots aller chercher leur subsistance en Europe? Les Européens ambitieux courent le monde pour satisfaire leurs besoins et jouir du superflu.... Les heureux sont les sages.... On peut en trouver dans les landes du Lanemezan.

Il faudrait à ces hommes l'industrie manufacturière que suivent l'aisance et la propreté. Là seulement est le secret de changer la face d'un pays. Aux portes de l'Espagne paresseuse, et dépourvue de fabriques, le Luchon n'aurait que peu d'efforts à faire pour s'enrichir aux dépens de ce voisin; mais les capitaux manquent, ou les vues généreuses et patriotiques n'entrent point dans les calculs des gens riches de la contrée; il n'y a personne pour donner l'exemple. Le peuple reste stationnaire et croupit dans la pauvreté. C'est là, par malheur, et ce sera long-temps encore, l'histoire de nos vallées en général. Le temps leur apprendra peut-être à tirer enfin parti de leurs pierres et de leurs bois.

Je faisais ces réflexions, lorsque je suis arrivé aux riches marbrières de Sort qui serait notre Paros, si l'exploitation avait des encouragements; mais Sort est si loin de Paris, et l'intrigue a tant d'avantages sur le mérite, que nous verrons ces beaux marbres sacrifiés à ceux de l'étranger. Le gouvernement n'aurait-il donc jamais des primes à donner à l'industrie nationale?

En m'éloignant des contrées montueuses des chaînes des montagnes primitives, pour passer dans le pays des coteaux et des plaines, je quitte la région des véritables eaux minérales. On ne trouve que des sources issues des dépôts des mines pyriteuses, limoneuses, ou mixtes; quelques unes froides et ferrugineuses, comme celles de Capberne, ne contenant aucun principe volatil.

Pressé de revoir les vallées adouriennes, je franchis en courant la Barousse et le Nestes, qui m'ont paru jouir d'une température agréable, grâce à la direction de leurs collines qui les abritent sans les ensevelir. Ces deux petits pays appartiennent entièrement à la région des coteaux, et seraient par là même susceptibles d'une bonne culture; mais l'exemple et l'émulation manquent. L'ignorance retient dans les ornières de la routine, et c'est d'autant plus à regretter que ces vallées, trop peu connues, offrent tout ce qu'on cherche et qui plaît dans les montagnes. L'industrie et le commerce y pénétreront peut-être un jour pour en faire un des plus heureux cantons des Pyrénées. Le temps amènera ce bien, en chassant l'ignorance et la superstition, qui dégradent l'homme en lui défendant toute ambition généreuse.

Entre la Barousse et le Nestes est, non loin de la Garonne, Saint-Bertrand, le *Lugdunum convænarum* des Romains. Le temps avait fait de ce rocher un nid de riches chanoines : la révolution a tout dérangé. Depuis qu'il n'y a plus de dîmes, le saint ne fait plus de miracles, et Saint-Bertrand n'est plus qu'un village.

Dans la plaine, au confluent de Nestes et de la Garonne, dans une belle position, est la petite ville de Mont-Rejau, le grand marché de ces vallées. J'y prends la route de Toulouse à Bagnères-Adour. Je ne retrouvai les hautes collines que dans le haut Rustan, à la source du Gers, de l'Arros et des deux Baïses, qui partent de ce point pour aller féconder, ou désoler vingt lieues de pays.

L'attention se porte sur le projet du canal qui réunirait la Garonne à l'Adour, par les vallées de la Neste et de l'Arros. Le point de partage serait situé sur le plateau de Pinas, à 500 mètres environ au-dessus du niveau de la mer : immense hauteur qui présente de grands obstacles.

Lanemezan est un joli bourg dans une triste lande, dont l'industrie pourrait faire quelque chose, s'il y avait de l'industrie dans le pays. Près de là sont les eaux ferrugineuses de Capbern, qui jouissent de quelque célébrité, sans pour cela fixer l'étranger. Comment le feraient-elles sans établissements thermaux, sans habitations commodes, dans un lieu sauvage dont les embellissements n'occupent personne? Sur une colline que le temps dévore, sont les ruines d'un château lugubre, effroyable coupe-gorge, qui fut le repaire d'un de ces brigands féodaux d'odieuse mémoire, qui mérita qu'on l'appelât le *mauvais voisin*, nom que le village porte encore. La petite ville de Tournay, dans un vallon fertile et riant, où l'indomptable Arros commence ses ravages, est près de Capbern : c'est l'antique cité des Tornates, bien connus des Romains, ainsi que Cieutat (*civitas*). En suivant la route de Bagnères, on trouve au fond d'un ravin l'ancienne abbaye de l'Escale-Dieu, désert sauvage dont les moines avaient fait une agréable solitude.

Toute cette contrée a des communications faciles avec les Quatre-Vallées, les petites villes de Galan, Trie et Castelnau, et surtout avec Tarbes et Bagnères. Mais ces communications sont perdues pour un peuple qui manque d'industrie, et c'est dommage. Ce pays offre généralement une végétation abondante. Tous les êtres qui s'y présentent à mes yeux, depuis l'humble mousse jusqu'au chêne superbe, du moucheron jusqu'à l'homme, tout annonce un climat vivifiant. C'est aussi là qu'il faut chercher la masse de la belle population du département des Hautes-Pyrénées.

J'ai franchi la dernière colline qui me séparait de Bagnères. Me voilà donc bientôt dans ce charmant séjour des plaisirs et de la santé; j'y recueillerai mes souvenirs. On s'éloigne, mais on n'oublie pas la cascade blanchissante, le sombre feuillage des sapins, et moins encore la fraîche verdure des vallons qu'entretiennent des neiges éternelles, et où le repos est si doux. Je me rendrai compte, si je puis, de ce que j'ai vu chez ces hommes que le hasard a semés et qui se plaisent sur ces rochers sauvages. Combien ils sont faits pour occuper la pensée, ces bons montagnards, qui semblent recevoir de tous les objets physiques les leçons de l'indépendance. Livrés presque tous à des travaux utiles, qui élèvent l'ame en donnant des mœurs simples, également éloignés des richesses et de la pauvreté, ces hommes ne peuvent être corrompus ni par l'excès du luxe, ni par l'excès des besoins.

Dans la mystérieuse solitude de Luchon, je

rêvais aux monuments dont la grandeur romaine avait embelli ces lieux, et dont nous retrouvons à peine quelques pierres. Ces merveilleuses eaux n'avaient plus d'autels sans doute; mais elles étaient toujours dignes d'en avoir. Vingt siècles ne leur ont pas fait perdre un seul atôme de leur salutaire influence... Mon esprit s'égarait dans ces méditations, quand, beaucoup plus sage, mon cœur goûtait doucement le bonheur au sein de l'amitié. Ces courts instants de bonheur dans le voyage de la vie soulagent l'ame, comme le sommeil réparateur donne des forces dans les courses fatigantes : il est permis d'en parler, par cela même qu'on les regrette.

BAGNÈRES-ADOUR OU DE BIGORRE.

Aucune ville en France ne réunit plus d'objets intéressants dans un plus petit espace. Sa situation à la racine des Pyrénées, dans un vallon cerné de coteaux fertiles, les montagnes verdoyantes et fleuries de l'Hérys, et à l'orient l'imposant Pic du Midi de Bagnères, la défendent des vents furieux du nord et des grandes chaleurs du midi. La nature semble lui avoir prodigué ses dons les plus précieux. Trente sources minérales, dont l'antique renommée attire les malades de tous les pays, occupe l'attention du naturaliste et de l'archéologue, et peuvent fixer un instant le lecteur le plus indifférent sur les origines dont je dois rapporter une courte notice.

Bagnères existait antérieurement au nom imposé de Bourg-des-Eaux (*Vicus aquarum*), il y a vingt siècles, par l'orgueil du pouvoir destructeur de la liberté. Il conserva toujours son nom primitif et immémorial. Les montagnards bigorrais, moins façonnés que leurs descendants à des assujettissements honteux, gardèrent presqu'entièrement leurs coutumes jusqu'aux derniers temps, et n'adoptèrent ni les lois, ni les usages, ni la langue que leur apportèrent avec l'esclavage les fiers Romains; ils ne furent que leurs alliés, et comptés au nombre des peuples de la Septimanie. *Bagu*, dans la langue celtique primitive, bain, exprime avec son dérivé et ses appellatifs *eau*, *aigue*, qu'on trouve avec *ague*, *agou* dans l'idiome du pays; on y reconnaîtra le nom étymologique d'un lieu protégé par le dieu de la bonne eau, *agou*, dont on trouve les débris des temples dans le voisinage de Bagnères. L'intention des peuples de l'antiquité se découvre dans la désignation des lieux, d'après quelque objet d'utilité, de salubrité ou d'agrément, étymologies recherchées par les géographes et les historiens, mais perdues dans les nomenclatures barbares ; les anciens noms, ceux surtout des lieux d'habitation étant remplacés par des noms de saints, la plupart inconnus de la légende. On pardonnera ce trait échappé au voyageur des Pyrénées ; il est assez important, et peut donner envie de connaître les anciens habitants de ces montagnes. Je hâte mon arrivée et ne quitte plus Bagnères sans connaître ce séjour qu'annoncent un ciel pur et serein, l'air montagneux et un peu humide.

On est frappé de la propreté des rues dont l'Adour entretient l'agréable fraîcheur. Des canaux portent son eau limpide et transparente dans tous les quartiers de la ville. Les maisons sont commodes, les habitants ont des manières spirituelles, affectueuses, et l'accueil gracieux et hospitalier des dames annonce une civilisation bienséante. Rentrées après la saison des eaux, qu'on trouve toujours trop courte, durant les longues journées d'hiver, dans la solitude de leurs familles, ces femmes sont des modèles d'économie. Le commerçant, l'artisan, le manufacturier, les loueurs de maisons (c'est à peu près toute la ville), attendent l'arrivée des étrangers, comme les habitants de la Sybérie attendent le retour du printemps.

Dans mon impatience de connaître cette source-mère inépuisable, je traverse le Cours, promenade que terminent deux belles fontaines à ses deux extrémités. Son nom champêtre de *Coustous* sonne aussi agréablement à l'oreille que ce lieu plaît aux yeux par l'agréable mélange de belles maisons, de jardins et la perspective de monts circulaires et de plantations qui ornent la ville; la montagne de la Reine fait partie de ce riant tableau. On voit le bain de la courageuse reine Jeanne de Navarre : les capucins, en toute humilité, s'en étaient emparés avec la belle situation qui domine la ville. De ce réservoir commun partent les nombreux rameaux d'eaux minérales qui jaillissent sur plusieurs points au bas et aux côtés de cette montagne; c'est là du moins la commune opinion. Au sein de tant de richesses, comment dois-je faire un choix? quelle sera ma fontaine favorite? J'avais en quelque sorte suppléé à mon ignorance en médecine en me préparant à la relation de mon voyage par la lecture des ouvrages les plus estimés et l'opinion de savants praticiens. Les chimistes les plus célèbres ayant établi que la seule différence entre ces fontaines dépend des divers degrés de leur température; celle qui dissout, en raison de son degré de chaleur, une plus grande quantité de sélénite, base principale de leur qualité, obtiendrait un effet évacuant désiré du plus grand nombre des buveurs. On devait reconnaître que les eaux de Bagnères, en diminuant l'action des fibres de l'estomac, conviennent aux tempéraments pituiteux, mélancoliques, forts, et qu'on doit écarter de ces fontaines brûlantes les complexions irritables, sensibles, adustes.... Ainsi l'ont pensé Bordeu, Lemonnier, Raulin, et quantité d'observateurs dont l'heureux accord devient un gage de plus pour l'humanité. La même unanimité se trouve dans les résultats des analyses de Venel et Bayen, dans celles de Darcet, de Fourcroy, Vauquelin (1).... Tout le monde entend cette exposition dépouillée de tout jargon énigmatique et barbare des Diafoyrus. Les bateleurs seuls ont besoin du langage figuré, hypocrite et menteur (2)....

(1) On peut réunir à ces suffrages ceux non moins importants des docteurs Dussault, de Bordeaux, Castelbert, Dumoret, Soubies, Lasserre, Abbadie.....

(2) Après tant de savants, ignorant sans doute les découvertes physiologiques et les progrès de toutes les sciences physiques, nouvel Épiménide, un médecin de Bagnères a lancé un énorme volume pour rappeler aux érudits les préjugés qu'ils ont heureusement oubliés, et à ceux qui ne le

Une brochure, distribuée gratis sur la nature et les effets des eaux de Bagnères, par le docteur Sarrabayrouze, devait nécessairement entrer dans ma collection. L'auteur est de la ville même, guide des malades, historien de chaque source dont il connaît les propriétés et les commodités particulières. Ce n'est pas le seul avantage qu'on trouve en lisant cet écrit. En s'éloignant de la triste pratique d'une médecine vulgaire, les connaissances de la science de la physiologie morale de l'homme ont développé le système de M. S... sur les dangers des pratiques employées depuis Hippocrate ; il substitue des bases certaines à l'art meurtrier, abjurant les préjugés et les erreurs de secte, celles de l'ancienne

---

sont pas, ce qu'ils seraient fâchés d'apprendre. Une lourde compilation, publiée en 1807, a été, pour le docteur hétérodoxe, l'occasion de féliciter chaque propriétaire des fontaines des guérisons miraculeuses qu'elles opèrent ; la réunion de ces merveilles établirait une médecine universelle. M. G. a placé sous le nez des possesseurs heureux des sources, le parfum délectable d'une cassolette, ne pensant pas que ces annonces intéressées, pompeuses et ridicules, nuisent aux établissements, à ceux même de Bagnères, qui jouissent d'une juste confiance ; elle augmentera nécessairement par la réunion des bains dans un vaste bâtiment, ou naumachie, dans laquelle il serait à désirer qu'on joignît les jeux de la gymnastique.

école. Il repousse les doctrines des oxigénistes et celles des oxi-caloristes; il ne veut ni poly-pharmacie, ni reconnaître les phlegmasies de Broussais et l'empire des sangsues. Historien, législateur, après tant de destructions, il remplace la savanterie doctorale par deux moyens, selon lui, infaillibles, remplissant toutes les conditions, le *plaisir* et la *promenade*. Toute la science médicale est comprise dans cette harmonie physique et morale, l'ame du monde, qui donne le mouvement des idées et des intérêts vers les améliorations sociales, résultat inévitable des lumières, découverte de la médecine universelle!...

Il faut reprendre haleine. M. Sarrabayrouze n'était pas comme ces hommes célèbres qui recherchent les suffrages du public, ou comme les oracles vivant dans les lieux écartés pour s'y faire rechercher, je le trouvai chez lui. Après lui avoir dit le sujet de ma visite, M. S... me demanda si je connaissais un écrit sur les eaux de Bagnères, imprimé en 1819; il m'expliqua sans plus de détour sa nouvelle médecine, composée de plaisirs et de promenades. Chercher le plaisir, c'est souvent l'éviter, mais le docteur S... a pourvu à tout ce qui peut être utile ou agréable et même aux ressources de l'étranger en bonne santé, qui n'est indifférent ni au genre de société, ni à la dépense. Il est, en même temps, journal de locations, d'indications de bons gîtes, de restaurateurs, d'annonces de spectacle, de bals, de concerts, de fêtes à Frascati. Voici la formule de l'ordonnance du docteur à ses malades paralytiques qui ont des rhumatismes. « Ils » iront de grand matin faire des courses sur les » pentes escarpées qui environnent la ville, à » la Bassere, à Campan, à l'Esponne; ils s'entre- » tiendront d'idées romantiques. » Les mélancoliques ne sont pas oubliés. M. S... les conduit sur les coteaux et les hautes montagnes, où « il les » livre aux inépuisables jouissances de l'imagi- » tion, en compagnie des goutteux et des grave- » leux; il veut les voir à la fontaine d'Angou- » lême (1) dès l'aube matinale s'entonner d'eau » et lire dans un respectueux attendrissement » l'inscription de nos hommages. » Ma vénéra-

(1) Cette fontaine est un miracle; il a accompagné le retour des Bourbons en 1814. Elle parut pour la première fois au midi et au nord d'une montagne qu'on suppose entièrement minérale. M. Vauquelin y a trouvé une petite quantité de silice, d'oxide de fer et de muriate de potasse. L'inscription votive, en latin, placée à l'entrée, annonce plus de zèle que de talent. Le plus grand nombre de lecteurs n'entendront rien au miracle ni à la langue dans laquelle il est offert à la crédulité paresseuse, science trop commune dans ces contrées.

tion pour le médecin qui dégagera le plaisir de ce qu'il a de dangereux et de corrompu, m'engagea à prier le docteur de nous donner la signification du plaisir. Si l'homme a reçu un cœur fait pour sentir, si son imagination le promène, malgré lui, sur des projets, où des fantômes de félicité qui le flattent, laissez à son ame inquiète un vaste champ de jouissances à parcourir. Et comment réduire l'homme à se contenter de ce peu que des imposteurs, prétendus moralistes, prescrivent à ses besoins ? Comment fixer les limites du nécessaire qui varie avec sa situation, ses connaissances et ses devoirs? M. S... m'a promis de porter ses méditations sur ma question. Quant à ses promenades, les médecins des eaux recommandent surtout l'exercice, les partisans de la gymnastique, je suis du nombre, applaudissent : je rappellerai la réponse d'une femme faible et dans l'épuisement, que les docteurs voulaient obliger de promener pour rétablir ses forces. Elle leur disait douloureusement : Donnez-moi des forces pour que j'aille me promener. En résultat, que me reste-t-il jusqu'ici des théories, des in-folios d'observations présentées avec une sécurité fatale, un songe! Souvent un songe est un bonheur réel, un heureux présent du ciel et des mensonges. Rêver est tout; rêvons donc que nous sommes contents..... Dans ces dispositions, je ne conviendrai pas qu'elles soient bizarres, il me reste à épuiser la liste des médecins de Bagnères, qui ont publié des ouvrages sur les eaux. Un des plus anciens, intitulé : *Première cure des eaux de Bagnères*, commence par une folie, maladie de l'espèce humaine : les ridicules, les travers des hommes dérident le front du sage, et la curiosité a sa folie comme les autres passions. Descaunets raconte l'accident arrivé au dieu Mars, combattant au siége de Troie, où il fut blessé par Diomède; il reçut une complète guérison à Bagnères. Le séjour de ce dieu y attira plusieurs divinités de l'Olympe, parmi lesquelles Hébé fut guérie des pâles couleurs et d'une suppression par la source d'Artigue-Longue. Sensible aux plaisirs de l'amour, elle donna plusieurs preuves de fécondité. Dans cette étrange production, on voit une guerre de géans, après laquelle Vénus et Hébé, s'étant retirées aux Pyrénées, fondèrent la ville de Bagnères. On voit la jeune Hébé, passant plusieurs nuits au Vivac; Vénus, entraînée par le penchant décidé qu'on lui connaît, en faveur de la nature humaine, s'humaniser vingt-sept fois avec un habitant du pays, et lui donner vingt-sept enfants. Les Pyrénées sont arrangées circulairement de la main de cette déesse. Près d'elle se trouve le dieu Mars, frisé, parfumé à la poudre à la Dauphine et en bouro.

Xavier Salaignac, compatriote de Descaunets, donne pour fondateurs de Bagnères tous les dieux de l'Olympe; ils achètent chez lui l'esprit de cochléaria. Le poëte Dubartas termine les discussions sur la situation du paradis terrestre; il le place à Bagnères. Laissons les poésies de Dubartas.

Il y a un instinct poétique qu'on respire avec l'air des Pyrénées. Parny, Bertin, les plaisirs et la santé ont inspiré leur génie (1). Lemière a généreusement acquité la dette de la reconnaissance pour les eaux des Pyrénées.

> Des monts de l'Ibérie aux rives de l'Andelle
> . . . .
> . . . .
> Là parait le guerrier blessé dans les combats,

(1) Il existait une vierge Montjoie dans la maison de campagne du docteur Salaignac, à droite du chemin du Salut, elle disparut, et fit place à une fontaine. Le chevalier de Parny visita cette solitude charmante; il y laissa cet impromptu:

> Ici fut la Vierge Marie.
> Toi qu'un pieux hasard égara,
> Prend sa place, femme jolie,
> Le Saint-Esprit s'y trompera.

Par de longues douleurs racheté du trépas ;
Il trempe un bras débile en une eau secourable
Non comme dans le Styx pour être invulnérable,
Mais pour courir encore où le péril l'attend.
Je vois auprès de lui Lise se lamentant,
Rose décolorée et qui vient languissante
Refleurir dans le sein de cette eau bienfaisante ;
Un hypocondre Anglais de son spleen consumé,
Un livide Espagnol par la bile enflammé,
Le chanoine amaigri, scandale du chapitre,
Les vaporeux titrés, les vaporeux sans titres.
Ne croyez pas pourtant que la source des bains
Ne prodigue ses flots qu'à d'infirmes humains ;
Toujours le plus plaintif n'est pas le plus malade.
Il est des maux d'emprunt, des langueurs de parade ;
Un peuple féminin que Sénac fatigué,
Exprès pour s'en défaire aux bains a relégué.
D'autres vont d'habitude à cette eau salutaire,
Humecter tous les ans leur chef visionnaire ;
Plus d'un oisif y vient guérir son ennui,
Sans songer au secret d'en préserver autrui.
Toutefois, au milieu de ces fous aquatiques,
Sont esprit amusant, charmantes lunatiques,
Qui malades par air, faites pour le plaisir,
Se départent souvent du projet de languir.
Un nouveau Céladon a suivi sa bergère ;
Céliante alléguant un mal anniversaire,
Et pour fuir par semestre un importun mari,
Dans l'onde, autre Syrinx, a cherché cet abri.
C'est souvent l'amitié sensible avec courage,

Qui sert le cacochyme et se met du voyage.
. . . .
Là, par vanité même, on se croit tous égaux :
Tout est comte ou baron; le bourgeois de la veille
Sent de ces noms flatteurs châtouiller son oreille.
Mais les mêmes secours qu'ensemble on a cherchés,
Sont les plus doux liens des esprits rapprochés ;
On s'unit aussitôt et sans préliminaire ;
Le besoin rend égaux; les infirmes sont frères.
L'aimable liberté vers ces antres pierreux,
Sous des habits flottants se promène avec eux,
L'Espérance y paraît d'un air encor timide,
Et c'est là qu'Esculape est sans barbe et sans ride.

Après avoir consulté les annales de la médecine, il est bon d'ouvrir franchement celles de la philosophie : « Se baigner, a dit Montaigne, est
» salubre chez tous les peuples, et encore que je
» n'y aie aperçu aucun effet extraordinaire, mi-
» raculeux, ainsi que m'en informant un peu
» plus curieusement que ne se fait, j'ai trouvé
» mal fondé et faux tous les bruits de telles opé-
» rations qui se sèment en ces lieux-là, et qui
» s'y croient, comme le monde va se pipant ai-
» sément de ce qu'il désire, qui n'y apporte
» d'allégresse pour pouvoir jouir des compagnies
» qui s'y trouvent et des promenades et des exer-
» cices à quoi nous convie la beauté des lieux

» où sont communément assises ces eaux; il perd
» la meilleure pièce et la plus assurée de leur
» effet. A cette cause, j'ai choisi jusqu'à cette
» heure à m'arrêter et me servir de celles où il
» y avait plus d'aménité de lieu, commodité de
» logis, de vivres, de compagnies comme sont les
» bains de Bagnères. » Montaigne, dans ce court
exposé, en devançant tous les panégyristes des
eaux, a tout dit; il eût épargné des volumes d'apologies, et d'observations fastueuses et stériles...

Ceux qui croient qu'il en est des eaux de Bagnères comme de celles de Cauterets et de Barèges se trompent. L'œil n'y est pas choqué, comme dans ces dernières, par le spectacle effrayant d'une multitude de malades. C'est ici le lieu où l'on se porte le mieux et où l'on tire peut-être le meilleur parti de la santé.

> C'est ici qu'on a toujours santé fleurie
> Visage de chanoine, et panse rebondie.

Bagnères fait la fortune de l'Armagnac qui l'approvisionne d'ortolans, et du Béarn qui lui envoie des fruits délicieux; Bordeaux et l'Espagne lui envoient leurs vins : les ruisseaux abondent en écrevisses, en truites; et dans la quantité de gibier on compte, avec le ramier, la palombe de la grande espèce. Sorento et Pontoise n'ont pas du veau aussi bon que celui de Montgaillard. La science des cuisiniers n'est nulle part plus recherchée, et les pharmaciens moins occupés. En partageant les agréments de la société, de nombreux médecins trouvent encore des malades, et l'occasion d'entretenir l'espérance dans des conversations faciles, amusantes, quelquefois instructives.

Parmi tant de sources, il en est de préférées. Celle de Salut réunit ce qu'on appelle bien ou mal, bonne compagnie. Salut! que ce nom flatte également l'esprit et le cœur! Séjour du repos le plus doux, vous donnez à mes sens une nouvelle vie; santé, bonheur aimable, s'il est vrai que vous fussiez renfermés dans cette fontaine, j'irais vivre sous vos épais ombrages..... Mais tant de bonheur est toujours un mensonge.

C'est dans la vallée de Bagnères que se fabriquent les voiles et crépons que portaient autrefois les femmes du Bigorre; ajustement gracieux, costume national des Grecques anciennes et modernes, qu'on retrouve en Italie, en Espagne, à Venise. Familiarisées avec ce voile, tous les mouvements sont en harmonie avec ses ondulations : léger et diaphane, il ne cache pas le corps et laisse voir toutes les grâces d'une taille svelte; tantôt rejeté sur la tête, sur les épaules, quelquefois on le laisse flotter librement, on le laisse tomber par derrière, jeu, exercice charmant des coquettes. La mode depuis quelques années a fait adopter l'usage de ces voiles à Paris et dans une partie de la France, où ils sont connus sous le nom de voiles de Barèges, sans changer le volume si souvent grotesque des chapeaux des femmes.

Monuments trouvés à Bagnères après la destruction de la ville par les Goths.

Dans les recherches de l'histoire ancienne, on se plaît à suivre les traces de ce peuple gouverné par l'enthousiasme de la liberté, de la gloire et des arts; il respire encore sur les marbres des Pyrénées (1). Oïenard, dans la notice de l'une et l'autre Gascognes, indique quelques inscriptions trouvées à Bagnères, témoignages de reconnaissance des dons faits en paiement des miracles des eaux.

(1) La carte de Peutinger, rédigée sous les empereurs Théodose, Honorius et Arcadius, désigne tous les lieux de la Gaule où les Romains ont connu les eaux minérales, et où ils avaient construit des monuments remarquables.

Nimphis
Pro salu
Te sua se
Ver sera
Nus V. S. L. M. (1).

Une de ces inscriptions trouvée dans des ruines de la montagne de Pouzac, s'adresse au père des Gascons.

Marti
Invicto
Caius
Mincius
Potitus
V. S. L. M.

Le dieu Aghon, ou de la bonne eau (*ag*, eau; *on*, bonne) (2), dont on ne trouve le nom nulle autre part, avait un temple près du village d'Asté.

Aghoni IIII. A. E. O.
Ghoni
Aulini
Aurini
V. S. L. M.

(1) Le président d'Orbessan, si familier avec les anciens, explique ainsi la dernière ligne :

Vivens sanus luit merito, ou bien *vita salva*, ou *servata luit merito.*

(2) *Dictionnaire celtique.*

A. E. O.
Labusius
V. S. L. M.
Numini Augusti sacrum secundus
Sembedonis fit nomine
Vicanorum aquensium è suo
Posuit.

La route des bains présente le coup d'œil le plus piquant. Le désordre de la simple parure du matin, la liberté de la campagne, la familiarité dont on jouit aux eaux, font naître promptement des liaisons que le hasard et le rapprochement entretiennent, mais dont le sentiment fait rarement des liaisons durables. C'est un mouvement, une agitation, une rapidité d'équipages, une scène mouvante dont les acteurs varient sans cesse ; vous auriez une idée de féerie, d'aventures, de romans, dont la chronique pourrait se divertir, si la discrétion ne s'en mêlait.

SPA.

La fréquente comparaison de Bagnères et de Spa, célèbres établissements, qui attirent tous les ans un grand nombre d'étrangers, si elle est dégagée de toute partialité et de toute préférence, ne sera peut-être pas sans utilité pour les malades et même pour les riches désœuvrés qui cherchent un séjour agréable, où ils puissent trouver en même temps un remède et des plaisirs.

Le bourg ou la ville de Spa, à dix lieues d'Aix-la-Chapelle, à neuf lieues de Liége, dans un pays très montueux et humide, marécageux, couvert de bois et de bruyères, présente un sujet d'études au peintre et à l'observateur des formes de la nature sauvage. Le printemps s'y confond avec l'hiver; cependant on y éprouve de grandes chaleurs et des pluies abondantes qui altèrent les qualités des eaux. Spa est assez bien bâti, il y a de grands hôtels, les logements sont généralement commodes, les édifices publics, destinés aux réunions vastes et magnifiques. La redoute, le Vauxhall et la maison Lewez contiennent des salles pour la comédie et les jeux.

Les voyageurs n'ayant droit à la confiance qu'à proportion de celle qu'ils inspirent, je n'en réclame aucune. Je me borne à parcourir, en quelques lignes, tout ce que les savants ont observé depuis les temps anciens jusqu'à nos jours sur les eaux ferrugineuses qu'on trouve à Spa et sur plusieurs points des départements des Vosges et de la Lorraine, etc.

Pline, dont on cite l'autorité en faveur des

eaux de Spa, ne fait mention que de celles de Tongres; il s'exprime ainsi : *Tingri civitas Galliæ fontem habet insignem plurimis bullis stillantem ferruginei saporis*, P. l. 31, c. 2. Vers le seizième siècle des observations imparfaites, supposant l'existence des principes imaginaires, portèrent au loin la réputation des complaisants apologistes des eaux de Spa (1), jusqu'à la découverte des substances gazeuses et les lois de l'affinité appliquées à l'invention des réactifs; elle porte l'analyse des eaux à un grand degré de perfection, quoique ce soit encore un des problèmes les plus difficiles de la chimie. Elle était encore dans l'enfance, lorsque le Suédois Bergman, éclairé par les nouvelles découvertes, donna des notions précises sur la composition et les effets des eaux de Spa. C. Œdwin Godden-Jones a perfectionné, en 1814 et en 1816, l'ouvrage de Bergman. Il a démontré que les sources du Pouhon, de la Geroustère, la Savonnière, le Groesbeck, le Tonneles et le Watroz, n'ont d'autre différence que celle qui consiste dans les proportions plus ou moins grandes de fer

(1) Lucas, Williams, Lymbourg, Bergman. As, médecin anglais, a publié un traité sur ces eaux. Wolf a fait des recherches étendues sur la minéralogie, la géologie, la botanique de ces contrées.

et d'acide carbonique. Les autres principes y sont en si petite quantité, qu'on ne saurait croire qu'ils puissent avoir aucune part dans les effets que produisent ces eaux sur le corps humain.

Le docteur Jones (1) a porté ses recherches plus particulièrement sur l'eau du Pouhon, la plus considérable, la plus fréquentée, celle qu'on transporte à l'étranger; l'analyse de deux cent trente pouces cubes d'eau lui a donné :

1	Carbonate de soude....	2	23
2	Sulfate de soude.......	0	99
3	Muriate de soude......	1	16
4	Carbonate de soude....	9	87
5	Carbonate de magnésie.	1	80
6	Oxide de fer	5	24
7	Silice........	2	26
8	Alumine.............	0	29

(1) Docteur en médecine des universités de Montpellier et d'Edimbourg, membre du collége des médecins de Londres, etc., etc. Ce savant a publié, en 1816, sous le titre des *Eaux minérales de Spa*, des observations importantes imprimées à Liége. A l'appui de ses observations, le docteur Jones réunit celles de Sans-Deberg sur les eaux de Spa, publiées en 1790. Le Drou, sur le même sujet, en 1752; Hoffman, Sanders, Martin Wal, Rutti, Sparadane, tous ceux qui ont observé l'effet de ces eaux répandues aux environs, et celles de Pyrmont, possédant leurs mêmes qualités au même degré, tous s'accordent sur leurs effets.

L'auteur observe que la quantité de carbonate de chaux et de magnésie est augmentée dans l'eau du Pouhon dans les temps pluvieux, après les orages qui dénaturent toutes les eaux de Spa. Il indique, page 92, leurs effets immédiats les plus remarquables. Je copie.... « Peu de temps » après les avoir prises, elles portent à la tête, » et causent des vertiges, suivis quelquefois » d'assoupissement. Un grand verre d'eau pris à » jeun, et par un temps chaud, ne manque » presque jamais de produire des sensations » vertigineuses, ainsi qu'une espèce d'ivresse » qui continue le plus souvent plusieurs heures, » et qui est suivie d'un penchant au sommeil, » auquel il est difficile de ne point céder. C'est » un motif pour en défendre entièrement l'usage, » pour y substituer la saignée, soit générale, » soit locale, etc. »

Pour prévenir l'action dangereuse de ces eaux, on voit les Anglais se gorger d'anis, de dragées, de menthe poivrée, de carvi et de pâtisserie..... La science gastronomique vient au secours de la médecine.

On peut maintenant établir ce qu'on peut attendre des avantages du climat et des vertus des sources de Spa. Je n'ai rien dissimulé; j'ai indiqué des témoignages uniformes, irréprochables.

Rendez-vous de quelques altesses allemandes, et des fashionables arrivés des bords de la Tamise en plus grand nombre que les malades, si l'on compte les joueurs accourus de toutes les parties de l'Europe, Spa, au premier coup d'œil, présente le tableau d'une dignité froide et imposante, aux prises avec l'amour-propre d'une fierté offensante et ridicule. Des colonies d'Anglais inondent la Belgique, rivalisant d'ostentation et de luxe, cherchant les plaisirs et les trouvant rarement, promenant sans cesse, avec leurs grooms, sur des escalins (1), leur inquiétude vague et originale, de la belle promenade qu'on appelle de *Sept-Heures*, aux côtes escarpées des rochers et des précipices du Franchimont. Jamais la mélancolie n'a été mieux peinte que par ces Anglais; elle a jeté un voile sur leur climat; ils la rapportent sur le continent; je la retrouvai souvent dans leur rout, mais un jour, surtout, je vis avec étonnement de jeunes Anglaises, près de la Geroustère, assises sur un tombeau; elles semblaient sourire à la douleur. Les plaisirs de la roulette l'emportent incontestablement sur tous les autres : c'est là que s'humanisent l'orgueil de caste, les seize quartiers et les Bretons. Que

(1) Les *escalins* sont les chevaux du pays, maigres, efflanqués.

dira-t-on de la comédie et des bals de Spa (1)?
Il serait difficile d'expliquer pourquoi ce triste
lieu est plus fréquenté que tant d'autres en
France, en Allemagne, ou ailleurs; mais il est
impossible de trouver un contraste plus frappant
avec Bagnères de Bigorre, ville charmante sous
le beau ciel du midi. La gaieté naît dans l'air
pur qu'on y respire, dans le voisinage des belles
vallées de l'Adour, de Campan et des grands
laboratoires de la nature, d'où jaillissent tant de
fontaines. Les plaisirs de l'aisance, puissants
attraits de cette classe qui ne jouit que d'un
demi-jour, vient oublier l'uniformité des habitudes de la ville. Hommes et femmes, dans le
plus agréable abandon, forment des esca-
drons; on galoppe partout où il est possible de
galopper sur la race des chevaux navarrains,
petits et fort maigres, mais les seuls qui tiennent
pied dans les sentiers périlleux comme des chèvres. Les plus malades vont en voitures jusqu'aux montagnes. Arrivé à Grippe, on est assuré

(1) Dans cette grande affluence, on se répand en groupes,
à côté de grands valets bigarrés de livrées, de cordons de
toutes couleurs, de clefs de chambellans à toutes les poches.
Il est plus facile de compter les femmes laides que celles qui
sont jolies ou même belles : tout prend l'apparence d'un
bruyant café allemand.

de trouver des truites et un bon dîné. Ce n'est qu'une succession de fêtes joyeuses, de promenades, de pique-niques aux chasses des ramiers, au mont l'Héris, couvert encore des fleurs du printemps, au mois d'août. L'habitude de se voir met au niveau les rivalités tyranniques de la société, dans l'acception la plus libérale.

Les jeux de Paris avaient établi une succursale à Bagnères, et les prohibitions multipliées avaient opéré moins d'effet que les inconvénients même de ces jeux. Ils occupaient non seulement les étrangers, mais malheureusement la classe ouvrière : ce redoutable fléau est banni. L'usage de jouer, conspiration funeste contre la jeunesse et les jouissances de l'esprit, tourne les passions vers l'argent, qui n'est déjà que trop l'objet des désirs ; la vie triste et ennuyeuse, ne laissant d'autres craintes et d'autres espérances à ceux qui s'y livrent que celles d'être dupes ou fripons.

Voyez, pour la température des eaux minérales de Bagnères-Adour, pages 385 et 386.

COURTE NOTICE

SUR LE BIGORRE.

Quique sui, memores alios fecere merendo.
                                    Virg.

On reconnaît la difficulté de remonter aux temps héroïques, à l'existence, à la mémoire des Celto-Bigorrais, conservés dans les écrits des historiens grecs et romains (1). Après eux, les histoires se taisent : silence désespérant! on n'a plus que la sécheresse, l'ennui et les récits des dynasties ; on ne trouve presque rien sur les peuples et sur leurs origines. La connaissance de l'antiquité occidentale du midi serait cependant une source féconde de vérités ; elle pourrait, avec le temps, permettre de lever un des coins du voile qui dérobe l'existence des Hautes-Pyrénées.

(1) Diodore de Sicile, Strabon, Pline.....

Je laisse à des hommes plus habiles que moi le soin d'apprécier les traces d'un ancien peuple dans la qualification grammaticale du mot, le temps des verbes, les dénominations, les similitudes, l'analogie des langues, et les signes gravés sur les rochers qui auraient devancé l'origine de la plupart des nations et des langues modernes, celles mêmes de l'Attique et de l'Ausonie, objets si gracieux de notre idolâtrie. Il est permis au voyageur parvenu à la cime des Pyrénées de s'y reposer dans une étude plus ou moins étendue de l'histoire mémorable de ses anciens peuples. Séduit par le précis enchanteur de leur mythologie, je reconnais le temps qui devança la belle sculpture, celui où les Celtes adoraient Jupiter sous la forme d'un chêne, une souche, un tronc coupé; Thespis, Minerve, Apollon, représentés par des pierres carrées. Une pierre pyramidale était la Vénus de Paphos; de simples pierres, sans aucune figure particulière, représentaient les idoles de l'Amour; une pierre carrée servait en même temps d'idole et d'autel (1). J'étendrais cette énumération beaucoup plus loin, si je ne craignais de me donner l'apparence ridicule

---

(1) Clément d'Alexand., pr. ch. 4; Athénée, l. XIV; Plutarq., trad. Huet; Pausanias, l. VIII; Tacite, l. II; Porphyr., l. XI, c. 56.

d'une érudition vaine et fastueuse. Il me suffit pour être entendu de remarquer ce qu'on entend par les simulacres ou signes représentant des dieux invisibles ou des objets considérables. Quelques fictions mythologiques, poétiques, des traditions fidèles, généralement répandues, peuvent cacher des vérités affaiblies par le temps et l'ignorance. Je les livre aux laborieux archéologues; ils peuvent déterminer les époques où furent gravés des empreintes ou signes hiéroglyphiques, les noms de certains lieux, et les traces remarquables des commotions physiques qu'on trouve aux Pyrénées. L'indifférence et la paresse de leurs modernes habitants ayant tout oublié ou tout défiguré, je me contente aujourd'hui de citer une erreur populaire parmi celles qu'ils ont répandues..... On trouve sur une montagne l'empreinte qu'on imagine être la marque d'un pied de cheval. Un autre signe, peu éloigné du premier, serait la représentation, j'ignore s'il existe quelque ressemblance avec l'écu d'un chevalier ou à un simple palet qui conserve ce nom dans les jeux et l'idiome du pays. Quoiqu'il en soit de ces explications, ces bonnes gens, peu versés dans les connaissances de l'antiquité, rapportent ces souvenirs au passage d'un fameux guerrier, à Roland, et à ses hauts faits, vers l'an 800. Je crois, au contraire, que les simulacres ou signes dont il est ici question sont d'une antiquité reculée, vraisemblablement antérieure aux constructions des temples, aux débris, aux inscriptions romaines qu'on trouve dans toutes ces contrées; elles seraient en quelque sorte modernes. On sait que Rome n'existait pas à l'arrivée des Phocéens à Marseille, précédée long-temps avant de celle des Phéniciens en Espagne; on sait aussi que pour éterniser leur domination, les Romains détruisaient les archives et les monuments des peuples vaincus pour ne laisser subsister que les souvenirs de leur gloire; comme les juifs, destructeurs des monuments historiques de la chronologie, de la cosmogonie et de la liberté des peuples. Ces moyens odieux et barbares ne nous ont laissé souvent que des histoires apocriphes et mensongères, dont on peut difficilement se débarrasser (1).

(1) Les relations des Celto-Bigorrais avec les Phéniciens sont incontestables. Ces peuples éclairés et commerçants établirent des colonies en Espagne, et principalement dans les parties montagneuses des deux côtés des Pyrénées, dont ils exploitèrent les mines avec un succès prodigieux. Le nom de plus de 300 villages les plus anciennement bâtis, dérivé du grec, rappelait aux fondateurs leur ancienne patrie. Dans leur dégradation, les Pyrénéens conservent plusieurs coutumes

Les signes que j'indique présentent aux yeux les moins exercés une existence singulière qui serait antérieure au temps où les Romains vinrent troubler ces plages où régnait la nature paisible et solitaire. Une terre, qui n'avait vu encore que ses propres enfants ou des alliés paisibles et commerçants, s'émut quand l'aigle romaine parut sur son horizon sauvage, et n'osa cependant pénétrer jusqu'aux Hautes Pyrénées qu'à la faveur des traités réciproques.

Une tradition ancienne, également respectable, vient au secours d'une conjecture sen-

---

asiatiques. Les Romains ne doivent exciter que des regrets douloureux à ceux qui ne se contentent pas de retrouver des restes de monuments plus curieux qu'utiles. Après avoir semé la corruption et la division parmi les chefs de la fédération, qui sait de quel poids eût été la liberté gauloise, l'effroi des Romains, dans la destinée du monde! Au reste, les signes que je livre aux observateurs se distinguent encore des inscriptions romaines assez généralement conservées. On reconnaît des monogrammes des chrétiens, des croix funéraires sur la sépulture des voyageurs, surpris par la tourmente dans ces hautes régions. Je présente aux géologues du continent qui recherchent les établissements des Phéniciens sur les côtes occidentales, l'occasion d'ajouter à leurs travaux des découvertes précieuses; nouveaux argonautes, ils seconderont l'esprit du siècle, fatigué des erreurs serviles de la vieille Europe.

sible; elle représente les anciens Bigorrais, libres comme la nature qui les environnait, parmi les rochers, les vallées et les forêts, où rien ne rappelait la servitude et la tyrannie, recevant de tous les objets physiques des leçons d'indépendance. Chaque famille formait en quelque sorte une république séparée, jouissant de ses intérêts particuliers, et se réunissant promptement à ses voisins pour venger une injure commune. Ce séduisant tableau, d'un âge incertain, plus propre à exciter nos regrets que nos espérances, que l'imagination chérit, dont le sentiment de la misère humaine s'irrite; ce contraste de l'âge véritable qui déchire l'ame après avoir amusé l'esprit, quelques récits agréables échappés à la bienfaisance dans l'ardeur de ses souhaits pour la félicité de l'homme; enfin toutes ces idées de bonheur, on les croit réalisées quand on parcourt les belles vallées du Lavedan, et qu'on connaît leurs anciennes coutumes, à l'époque (1) où elles étaient la loi de tous les cœurs : la loi naturelle, lien d'une puissante harmonie entre des peuplades, dissipant sans bruit les nuages inséparables du tien et du

(1) Coutume, ou constitution bien antérieure à celle du comte Bernard, fils de Centulle, en 1099.

mien, dans des contrées bornées à l'économie pastorale. La probité y paraissait si nécessaire que celui qui ne la possédait pas suivant les anciens forts-coutumiers était proscrit sans retour, et par un arrêt irrévocable obligé de fuir en Espagne. La chasteté n'était pas l'unique dot, mais l'essentiel de la dot des filles, dans ces cantons si long-temps perdus entre deux grandes nations esclaves, si étrangement gouvernées par des tyrans cruels et imbécilles. La fille qui se serait mise hors d'état de l'apporter à son époux était bannie avec la même sévérité que le voleur; car les hommes simples, c'est à dire sages, pensaient que la perte de la chasteté était un vol fait à l'union conjugale. Vainement des législateurs ont proclamé des théories sublimes élevées par le génie; ces roseaux fragiles n'ont pu supporter les tempêtes des grandes sociétés. Ici, comme ailleurs, il n'est plus question que d'une bonne dot; la jalousie dans le mari serait ridicule, et dans la femme une envie impuissante. Un état si voisin de la perfection ne pouvait pas être durable. L'ordre naturel opprimé et renversé par une succession de barbares, l'innocence aimable et crédule, égarée, perdue dans des objets fantastiques et absurdes, se consola long-temps par de ridicules chimères et des habitudes insurmontables dont il reste peu de traces.

Dans ces changements marqués par le temps, favorables à toutes les grandes conceptions, à toutes les idées utiles, en remplaçant les superstitions surannées, elles laissèrent dans les Pyrénées une terreur idolâtre. On posséda, parmi d'inconcevables manies, celle des origines avec l'orgueil de ses caprices; des legendiers crédules, des chroniques absurdes apocriphes. Ne se contentant pas des améliorations dont nous jouissons, une curiosité souvent émoussée réclame aujourd'hui des annales avec des Tacites nouveaux. Mais où les prendre, dans un pays dénué de monuments des arts, au défaut de grands événements qui percent la nuit des âges et survivent aux révolutions ; dépourvu de noms célèbres et du souvenir de ses antiquités? Les historiens et les poëtes anciens et modernes ont célébré les charmes de la vie pastorale; aucun n'a cherché des matériaux pour l'histoire des peuplades nomades isolées.

Les farouches Bigorrais, *Hirsuti*, *Pelliti*, d'*Ausonne*, de *Paulin*, ignorant les premières notions de l'agriculture, dispersés dans les vallées, les landes arides et les forêts qui couvraient, il y a moins d'un siècle, les coteaux et la plaine jusqu'aux portes de Tarbes ; tenaient et tiennent encore aujourd'hui leurs cadastres et dans le petit commerce les livres de compte, leurs registres avec des bâtons de bois fendus appelés *tailles* (1). Leurs bibliothèques ne s'étendaient pas au-delà.

Avant de parcourir aussi brièvement qu'il me sera possible les époques mieux connues de l'état politique du Bigorre, jusqu'à sa réunion à la France (1607), je ne m'écarterai pas de l'objet de mon voyage et des notices sur ce pays, en fixant l'attention sur l'ouvrage d'un auteur contemporain. Entraîné sans doute par son esprit, malgré sa stérilité effrayante, il a essayé de placer le Bigorre au grand jour de l'histoire générale des grandes nations.

Deux volumes d'*Essais historiques sur le Bigorre*, annoncent cet écrivain abondant et labo-

(1) On parvient à peindre les mœurs d'un siècle et celles d'un peuple, en puisant dans les bonnes sources une suite de faits. L'avertissement placé en tête de ce voyage renferme la liste des écrivains qui, dans leurs diverses opinions, ont fait connaître le Bigorre. Si j'ose les citer à mon tribunal, c'est avec leurs propres écrits qu'ils s'y présentent au jugement impartial du public, moyen assuré après tant d'impostures et d'omissions achetées par l'argent et la crainte, d'avoir une histoire fidèle de la France.

rieux. S'il peint les malheurs particuliers d'un pays encore inaperçu et sans aucune physionomie qui le distingue, noyé dans les épouvantables irruptions des peuples du nord, les voyageurs malades, ou bien portants, les gens du monde, les savants, les philosophes qui veulent connaître cet agréable pays sont étrangement surpris d'être ramenés au siècle lamentable des soupirs et des larmes d'un peuple malheureux, prosterné devant un sacerdoce orgueilleux et dépravé, qui entraîna la période des changements qui unissent entre eux tous les Européens contre l'usurpation d'une théocratie absolue et furieuse; siècle bigarré de moines de toutes les couleurs, de marques de chevalerie, d'honneur et d'opprobre qui se confondent, anéanties pour jamais. L'immense recherche de cet historien de fondations d'abbayes, de monastères est effrayante. Chartes, dénombrements infidèles, titres décrédités, suspects, pancartes frauduleuses, concessions faites dans l'ombre, traités commandés par la violence, détruits par la mauvaise foi, dépôts extraits de la poussière des greffes et des chambres des comptes. A la vue de tant de reliques d'une piété égarée et humiliante, rien n'est oublié.....

On demande ce qui a pu déterminer l'auteur à exhumer ces œuvres des siècles de barbarie, d'ignorance et des plus honteux des antiquités ecclésiastiques, que la prudence exigeait peut-être de ne pas exposer à la critique d'un siècle qui ne fait grâce à aucune superstition.

L'historien apologiste n'est pas innocent dans son intention; mais pouvait-il espérer que la lecture de ses recherches historiques ne donnerait pas l'occasion à quelque observateur impartial de repousser, avec l'assentiment de tous les historiens, les éloges donnés aux fondations d'abbayes et de monastères, hypocrisie religieuse qui croyait racheter les plus détestables forfaits par des établissements favorables à un luxe inouï, à la paresse, aux superstitions nobiliaires et religieuses, que le bon sens du peuple a détruites pour toujours?

L'auteur des *Essais historiques*, trop instruit pour ignorer que chaque siècle se distingue de celui qui le précède, connaît le temps présent. On ne se couvre plus de cendre, on ne déchire plus ses vêtements, on ne mutile plus sa peau avec des crochets de fer, pour expier ses péchés; mais on tâche de se corriger. Tout est changé : un billet de Montrouge n'est pas un passe-port accordé pour obtenir une place sur la terre et dans le ciel. On veut être dévot, signalé catholique, mais à bon marché; il suffit de se montrer avec un eucologe brillant. Les cuisiniers préparent le suc des meilleures viandes avec la substance du poison. Après ces mortifications on court du cimetière du père la Chaise à l'Opéra, au rout (1). Enfin, en 1828, il n'est plus question de castration monacale, destructive de l'esprit du christianisme et de la population. Ce serait aujourd'hui une idée bien misérable de croire honorer Dieu par la paresse et l'hypocrisie, en vivant largement aux dépens des pauvres qui travaillent, crime tout à la fois et folie qui ne peuvent renaître. L'auteur des *Essais historiques* s'est donc étrangement mépris en reproduisant ses idées ascétiques; il s'est exposé à voir retracer l'histoire, témoin impartial qui dépose ce long tissu de crimes et d'erreurs dans la léthargie profonde où les peuples étaient ensevelis (2).

Plaignons encore cet auteur d'avoir négligé la terre qu'il habite, sur laquelle il ne peut faire un pas sans éprouver des sentiments d'admiration. Terre classique que les savants des contrées

(1) Ceux qu'on appelle plaisamment les *renards de l'évangile*. Les puissances chrétiennes, et Rome même, deviennent les alliées de Mahomet, contre les premiers chrétiens.

(2) Est-il bienséant de rappeler aujourd'hui les droits féodaux exercés par les prêtres et les nobles, rapportés par tous les historiens sous le nom de *prélibation*, *cuissage*; et

lointaines viennent visiter pour partager l'enthousiasme général sur la variété et la grandeur de ses richesses naturelles.

Quoi l'historiographe du Bigorre, qui nous cite les Goths, les abbés, les moines, rouvrira les tombeaux de la vanité, rappellera les beaux temps des barons, des évêques, des abbés féodaux, et n'accordera pas une ligne, un seul mot aux bons Bigorrais remarquables par l'active énergie qui les a défendus de l'oppression ; ne dira rien d'un sol fertile, de son gouvernement réparateur ? Il étendra un silence dédaigneux et affecté sur ces eaux salutaires, long-temps négligées, qui coulaient en plein air, en pure perte pour l'humanité, reçues aujourd'hui dans des bains de marbre et des bâtiments commodes, attirant les étrangers, donnant du mouvement et la vie au département, ressource annuelle attendue d'un pays privé de relations extérieures, et sans elles plus inconnu que le Kamtschatka Un oubli aussi injurieux est-il excusable ?

particulièrement par Ducange et Carpentier, au mot *Marchettes*, t. IV; t. II, pag. 249, dans le *Glossaire*. Quelle horreur n'éprouverait-on pas, si je rappelais le récit du curé Clerget, député à l'assemblée constituante, des outrages auxquels étaient soumis les habitants de la Franche-Comté. N'en souillons pas notre plume.

PREMIÈRE ÉPOQUE.

On doit, pour la connaissance du pays dans la latitude des Hautes-Pyrénées, remonter à des époques éloignées, suivre avec une attention bienveillante les Pyrénéens. Isolés au sein de leurs montagnes, ils conservèrent un courage, une franchise rude, mais cordiale, réunis à d'autres peuplades indépendantes protégées par les boulevards de cette longue chaîne qui commence à Perpignan et finit à Bayonne. Enchaînés par ces liens, il fallait pour les unir des nœuds plus étroits; l'indépendance, la beauté du climat, l'harmonie et la force du langage, un intérêt commun, une même patrie. Tandis que les Gaulois, encore barbares, croyaient, dans le silence de leurs forêts, prolonger leurs jours par le sang des victimes humaines, ce crime de toutes les nations, ne se retrouve pas chez le Pyrénéen, avant l'invasion des Vascons (1). Il est inutile

(1) Au sixième siècle. Grégoire de Tours, le plus ancien de nos historiens, est le premier qui ait fait mention du Bigorre, vers 544 de l'ère vulgaire, t. I, pag. 196. Les Vascons mangeaient les fesses crues et les mamelles de leurs ennemis. JUVÉNAL, *Sat.* XV, v. 93, 94. On a vu de nos jours l'antro-

d'entasser ici les témoignages des anciens pour prouver le culte et la simplicité de ses mœurs. Les hautes montagnes, asiles des hommes échappés aux grandes révolutions, devaient avoir naturellement part à ce tribut. *Lieux sacrés, vous avez été les premiers temples ! Chacun venait offrir le lait et le miel, les prémices des fleurs et des fruits. Le fanatisme n'avait pas divisé les hommes en sectes, en nations ennemies; ils étaient tous égaux..... Le cœur pur se croyait digne de présenter son offrande. L'impie eût été le fourbe orgueilleux qui aurait prétendu se charger de faire agréer les vœux de son frère* (1).

pophage le plus cruel, Blaise Ferraye, surnommé Sayé, se choisir une retraite dans l'antre d'un rocher, dans le Cominges, d'où il était originaire. Il enlevait les filles et les femmes, poursuivait à coups de fusil celles qui fuyaient, en abusait quoique mourantes et baignées dans leur sang. Il leur coupait le sein et les cuisses, leur arrachait les intestins et le foie, qu'il mangeait. Il marchait toujours armé d'une ceinture de pistolets, d'un fusil à deux coups, et d'une dague. Lorsque ce monstre fut exécuté à Toulouse, le 13 décembre 1782, il avait dévoré un marchand espagnol qui s'était égaré dans ces montagnes. On compte plus de quatre-vingts victimes de sa brutalité.

(1) Une inscription trouvée à Bagnères de Luchon, rapportée dans une dissertation de M. le président d'Orbessan, pag. 295, t. II; celle qu'on a trouvée à Beaudeau, près de

Il n'y aurait peut-être rien de nouveau dans ces ressemblances avec les commencements de tous les peuples, si, plus près de la raison et de l'instinct social qu'on trouve si rarement dans le cœur des hordes sauvages, ces sentiments ne distinguaient celles des Pyrénées de tous leurs voisins, et n'offraient à l'humanité une de ses plus intéressantes époques. On était étonné de voir jusqu'à nos jours une nation pauvre et courageuse, fière de sa liberté, méprisant l'agriculture et les arts comme des occupations serviles, conserver sa gaieté originelle, à côté de deux peuples, l'un sérieux, fanatique, souvent cruel, doué d'une raison mélancolique et l'autre peuple léger, inconstant et volage, se consolant de tous les désastres avec des vaudevilles et des chansons.

Pour avoir une idée du Pyrénéen et de sa

Bagnères de Bigorre, énoncent clairement la consécration d'un autel votif *montibus*.

> *Nos fecunda manus viduo mortalibus orbe*
> *Progenerat, nos abruptæ tunc montibus altis*
> *Deucalionæ cautes peperere.*
> CORN. DE HORT.

Issus d'une branche transplantée des peuples méridionaux, qui établit dans la Grèce plusieurs colonies, ses prêtres, suivant Diogène de Laërce, furent le modèle de la philosophie des Grecs.

dignité primitive dans ces contrées, il faudrait rassembler les fragments dispersés de l'histoire des anciens peuples d'Espagne. Quelques uns, liés, avec ceux de leurs descendants, vont faire connaître ces derniers. Je n'ai vu, s'il est permis d'insister sur ces détails que la philosophie ne jugera peut-être pas si dépourvus d'importance, aucune partie de l'Europe conserver aussi long-temps, comme le Bigorre, purs et sans mélange, ses habitants naturels : ils doivent tout à la nature, comme les autres doivent tout à l'industrie et au commerce. Les anciennes traditions indiquent des temps où les hommes environnés de besoins et de périls, indifférents sur leur origine, vanité des nations comme celles des familles, étrangers à l'état ancien de leur propre pays, ne marquant aucun empressement pour le connaître, surpris de voir des inconnus plus curieux qu'eux-mêmes des choses dont ils ne se sont jamais inquiétés. Comme les Celtes, leurs ancêtres, les Bigorrais nomades se contentaient de transmettre de vive voix les faits remarquables, de renfermer ce qu'ils connaissaient des principes religieux et politiques dans des allégories et des poésies énigmatiques. Ainsi jadis la poésie embrassait toutes les connaissances, et s'associait à la philosophie, c'étaient là leurs archives. Les lois des Espagnols, suivant Strabon, étaient écrites en vers; les lois, les titres qu'on trouve dans les actes de ce temps, dans la langue du pays sont quelquefois en espagnol.

L'incertitude de leur origine s'étend sur l'étymologie même du nom des Pyrénées. Πῦρ, *pur* ou *pyr* (1), *montagnes de feu*, désignent évidemment l'existence des volcans éteints, dont le nombre surpasse cent fois ceux qui sont encore enflammés. Les traditions, jusqu'aux premiers âges, dont les écrivains fassent mention, exigent d'en produire les preuves physiques et l'autorité de leurs savants interprètes (2). On ne peut lire avec indifférence une époque aussi curieuse, aussi ancienne dans l'histoire du monde.

Diodore de Sicile nous apprend qu'un grand incendie changea le nom primitif de monts *Ry-*

(1) Le fond de la langue basque est grec; elle était celle des anciens Espagnols et des habitants des Pyrénées, comme le breton est l'ancienne langue anglaise. Basque, ou Vasque, *vasco*, *wasco*, en langue basque, signifie *homme*. Voyez le *Dictionnaire* de Lavamandy, édition de 1748, sous le titre pompeux : *El impossibile vincido; arte della lingua Bascongada*, imprimé à Salamanque.

(2) Origine des premières sociétés des peuples, des sciences, des arts, des idiômes anciens et modernes. *Multa tenens antiqua*. ENNIUS IN FRAG.

phées en celui de *Pyrénées*, synonyme de πῦρ, *feu*, *ur*, *pyr*, flamme, *pyros*, *pyra*, *pyrenos* et d'autres dérivés.

Platon prétend que ce nom est de l'idiôme hellénique et que l'embrasement de ces montagnes est attribué à la foudre qui brûla les forêts dont elles étaient couvertes (1).

Hésiode, dans sa *Théogonie*, partage cette opinion.

Lucrèce est du même sentiment.

> . . . . . *Flammeus ardor*
> *Horribili sonitu, sylvas excedere altas*
> *Ab radicibus et terram percoxerat igni.*
> *Manabat venis ferventibus in loca terræ*
> *Concava, conveniens argenti pondus et auri,*
> *Æris autem et plumbi, etc.*

Arnobe parle de cet incendie le plus ancien dont on ait conservé l'origine. Il commença au centre des Hautes-Pyrénées, il a pu durer un

---

(1) Événement rapporté avec des détails intéressants à l'année 906. Strabon, l. XV, p. 733. *République des anciens Français*, ch. 7, fol. 25, Paris, 1585. Strabon fait mention d'une mine près de Tarbes, l. IV. Quoi qu'il en soit de l'origine du nom des Pyrénées, il a été aussi celui d'une montagne de la Perse Arménienne, sur laquelle les mages gardaient un feu perpétuel, et offraient des sacrifices.

siècle et fondre les métaux qui attirèrent dans ces contrés, entre autres peuples asiatiques, les Phéniciens. On concevra la durée présumée de l'incendie des Pyrénées, si on le compare avec celui de la petite île de Madère qui a duré six ans. On sait, avec plus de certitude, que tous les métaux dédaignés et inconnus des habitants des Pyrénées, étaient abandonnés aux Phéniciens. De cette découverte à la métallurgie, l'intervalle paraît effrayant. La fable vient ici au secours de l'histoire ; suivons-la, elle embellit l'imagination d'idées riantes, allégoriques, ayant un sens moral qu'il faut chercher. Personne n'ignore que les Pyrénées ont donné lieu à une fiction ancienne et très répandue (1). Au milieu de ces fictions

(1) Le père des Gascons, Hercule le Phénicien (nom sous lequel sont désignés d'anciens et grands capitaines qui se sont ouvert des passages à travers les Pyrénées), se rendait dans les vastes campagnes du triple Gério. Pris de vin dans le redoutable palais de Bebsice, il laissa la déplorable Pyrène déshonorée. Un dieu, s'il est permis de le croire, un dieu fut la cause de la mort de cette infortunée. A peine s'était-elle aperçue qu'elle avait donné le jour à un serpent, qu'elle frémit d'horreur, en se représentant l'indignation de Bebsice; et, toute troublée, elle renonça aux douceurs de la maison paternelle. Alors retirée dans des antres solitaires, elle pleura la nuit qu'elle avait passée avec Hercule, et raconta aux sombres forêts les promesses qu'il lui avait faites. Gémissant

fabuleuses, on découvre le germe d'une tradition précieuse pour l'observateur que l'éloignement des temps et leur obscurité ont rendu indifférente à la plupart des hommes. Si le tableau de ces anciens habitants les moins connus et les plus difficiles à décrire était présenté avec les vraies couleurs et les seuls traits naturels qui doivent en faire le caractère, on évaluerait la force et les appétits de la nature. On verrait l'ame à découvert et tous ses mouvements, et peut-être y découvrirait-on plus de douceur, de tranquillité et de calme, on verrait peut-être que le vice n'a pris naissance que dans la société. Il ne s'agit pas sans doute des sauvages féroces et farouches qui vivent dans les bois, dans les déserts éloignés.

ainsi de la passion de son indigne raviseur, elle fut déchirée par des bêtes féroces. En vain lui tendit-elle les bras, et l'appela-t-elle à son secours, Hercule revenant victorieux, aperçoit ses membres épars, les baigne de ses pleurs, et tout hors de lui ne voit qu'en pâlissant le visage de celle qu'il avait aimée; les cimes des montagnes frappées des clameurs du héros, en sont ébranlées. Dans l'excès de sa douleur, il nomme, en gémissant, sa chère Pyrène. Soudain il réunit ses membres dans un tombeau, qu'il arrose pour la dernière fois de ses larmes, perpétue ainsi la mémoire de son amante, dont le triste nom vivra à jamais dans ces montagnes. (*Sil. Ital.*, pag. 53.)

Mais des Pyrénéens associés par des communications fréquentes, aux Phéniciens, aux Phocéens, peuples les plus éclairés de l'ancien monde (1). Tout, dans ce premier âge, est colossal; sur ce théâtre, tout est grand, sublime, et souvent cette grandeur, qui paraît gigantesque dans les méridionaux, n'est que l'expression, même imparfaite des sensations qu'ils éprouvent. Si ce n'est pas un songe d'expliquer les monuments et les faits qui remplissent l'histoire des anciens peuples, on les voit environnés d'une obscurité vénérable qu'on aime à percer, mais forcé de se contenter d'une tradition orale et d'une étymologie dont les connaisseurs jugeront la valeur; elle établit, au défaut des monuments, l'identité des rapports, et une conformité incontestable entre les Ibères et les Celtibères, fixés des deux côtés des Pyrénées : c'est le berceau des Bigorrais.

Nos Celtis genitos et ex Iberis (2).

(1) L'histoire des Celtes conserve les circonstances de l'expédition d'Hercule à Gades (Cadix). Les monuments existaient sur la montagne de Gibraltar; on sait que le nom d'Hercule était celui de tous les grands conquérants. La tradition mythologique était conservée dans la mémoire des paladins de l'armée de Charlemagne.

(2) L'espagnol Mart., *Ep.*, lib. I, pag. 26.

Des savants à origines, frappés de leur ressemblance, les regardent comme la tige des grandes sociétés de l'Europe; mais le nom d'Ibériens ne leur est pas si particulier, qu'il n'ait de même été porté par d'anciennes nations ; il semble désigner le nom de tous les peuples errants. Ces origines seraient le complément le plus utile pour arriver à la connaissance de l'histoire politique et géographique, dont personne ne s'est occupé, et que peu d'écrivains instruits peuvent entreprendre. L'archéologie, science mystérieuse, exige le talent, l'érudition et les succès obtenus par M. E. Johanneau, les vœux des Pyrénéens appellent ce savant modeste d'une communication facile, pour dissiper les ténèbres qui enveloppent encore l'antiquité de leurs montagnes : il justifiera l'épigraphe.

At Pyrænei frondosa cacumina montis
Turbatá Pænus terrarum pace petebat;
Pyrene celsa nimbosi verticis arce
Divisos Celtis latè prospectat Iberos,
Atque æterna tenet magnis divortia terris (1).

Il y a souvent si peu d'agrément à voir le genre

(1) Appien et Strabon font venir les Ibériens d'Europe de la Colchide, d'où ils avaient été chassés par les révolutions de la terre; de là sont issus les Celtibériens, les Canta-

humain tel qu'il est, et tant de plaisir à le considérer tel qu'il devrait être, qu'on est tenté d'attribuer à cette cause le goût universel qu'on a pour les chimères et les romans. Il faut cependant avouer que ces idées ne sont pas nées dans la seule imagination des poëtes. On les retrouve dans cette multitude de noms celtes qui désignent les montagnes, les rivières et les anciennes habitations (1). Si l'on peut présumer la vieillesse d'une nation du sol qu'elle habite, et

bres, les Artabres, les Insubriens; il semble que nous agrandissions l'espèce humaine en reculant son origine.

(1) Le *D* ou *T* s'employait indifféremment par les Celtes; ainsi ils disaient *tour* de même que *dour*. L'Auvergne a le *Dor*; le Bigorre l'*Adour*, auquel, en joignant l'article *a*, on a fait en latin *oturus*, *ayrus*, Γωτος; terre, district, canton. De ce mot grec dérive immédiatement le mot *gave*, *gau*, *gabe*; aussi on dit le gave de Cauterets, d'Azun, d'Oléron. Ce mot est générique à tous les grands torrents du Bigorre et du Béarn, pays qui n'en composaient originairement qu'un seul. *Big-or-re*, lieu élevé à la pointe d'une rivière. *Nés*, *Neste*, *Gavaret*, en arabe petit fleuve, rivières de ces montagnes. *Lavedan*, colline à la main de l'eau; l'*Escurry*, village auprès de l'eau. *Lutillous*, *Bastan*, *Aigue*, sont des dénominations celtiques conservées en Bigorre. Brochat, tom. I, pag. 196. *Bigoer*, pays froid. *Baya* et *Ona*, bon hâvre ou bon port. Les Espagnols appellent les riverains *Bigerri*, selon Pline, *Bigerrones*, selon César; gais, vifs, railleurs.

l'entrevoir dans la simplicité originelle de ses institutions, l'invariabilité de ses usages, il faudra regarder le Pyrénéen comme celui qui a le plus conservé des titres de son ancienneté, et dont on a le moins parlé. Il retrace encore à nos yeux l'image des plus anciennes générations. Heureux si cette antique simplicité de mœurs eût toujours été le fruit de la raison plutôt que celui des circonstances; mais on la verra souvent mêlée à une ignorance trop grossière pour exciter une juste admiration.

Le temps réduit à des abrégés les histoires les plus étendues, ou plutôt les nations réputées modernes n'en ont point. Lorsque tout est lié dans l'histoire des contrées limitrophes, considérées relativement à leur importance, il est plus difficile qu'on ne pense de trouver dans les décombres de la barbarie de quoi construire un bâtiment qui plaise : quelques amis de leur pays ont inutilement essayé jusqu'ici de fixer l'attention générale sur le Bigorre, auquel il n'a manqué, dans ces derniers temps, qu'une plus vaste étendue pour entrer dans l'association des grandes nations.

L'histoire générale se retrouve dans le Bigorre; pour assurer sa fidélité, il faut la suivre, au risque de quelques redites. On est forcé de revenir au temps où Rome et Carthage se disputaient l'empire du monde. Les Vascons n'étaient ni sujets, ni alliés de Rome ou de Carthage, vérité affaiblie par le temps et trop négligée des historiens. La ruine de Sagonte jeta dans le parti d'Annibal tous les peuples qui habitaient l'Espagne et les Gaules. Les Vascons lui furent d'un grand secours aux batailles de Thrasimène et de Cannes. Ils s'y firent remarquer, dit un poëte romain, par leur bravoure, leur agilité et l'usage où ils étaient de combattre sans casque. *Vasco insuetus galeæ .... Subiere leves quos horrida misit Pyrene populi...... Nec tectus tempora Vasco... Vasco levis.* Scipion négocie en Espagne, traite avec tous les peuples de ces contrées, les engage à rappeler leurs troupes qui étaient dans l'armée d'Annibal. Depuis cette époque, on voit les Vascons et quelques autres peuples celtibériens dans les armées romaines (1). Auxiliaires

(1) TITE-LIVE, troisième décade, liv. IV. Tous ces traits d'histoire, dit M. Polverel, étaient bien connus de M. de Marca, auteur de l'*Histoire du Béarn;* mais il les a défigurés pour en conclure que les Vascons furent soumis aux Carthaginois et aux Romains. Voyez *Lettres sur les Basques*, par M. Garat; *Mercure de France*, année 1785; Marca, liv. I, chap. 3. César, lui-même, écrit que les Gascons, les habitants de l'Aquitaine et du pays qui confine à la province de Narbonne, étaient les meilleurs hommes de guerre.

de Carthage, étrangers à la solde, ils devinrent alliés et non sujets de l'empire romain. Ce n'est pas seulement la paix que Scipion va contracter avec divers peuples des Pyrénées; mais une ligue offensive et défensive : il tire d'eux quelques corps de troupes auxiliaires. *Partim renovendis societatibus, partim novis instituendis, romanæ ditionis fecit..... Non maritimos modo populos, sed in mediterraneis quoque ac montanis ferociores jam gentes, nec pax modo apud eos, sed societas etiam parata est* (1). Suivant cet auteur, ils bravaient également le soleil, les frimas et la faim. Dès que la lente vieillesse avait blanchi leurs cheveux, ils prévenaient avec courage la décrépitude en se précipitant d'un rocher. Toute la vie sous les armes, la moindre paix pour eux était un opprobre. Le centre des Pyrénées, funeste à ceux qui ont voulu l'asservir, fut

---

(1) Troisième décade, liv. 1. Pourquoi les peuples du Bigorre se seraient-ils soumis à plus de soixante lieues de la contrée où était Crassus ? Le récit de César n'est, en plus grande partie, qu'une énumération orgueilleuse des quatre cents peuples qu'une expédition passagère lui avait soumis. FLORUS, liv. IV, chap. 12, considère ces peuples sous Auguste, *immunes imperii*, ne se contentant pas de maintenir leur liberté, voulant au contraire envahir celle de leurs voisins, les noms de *Camp* et de *Bains de César*, sont impropres; il n'entra jamais en Bigorre à son retour d'Es-

toujours impénétrable aux fureurs de la tyrannie. Ne passons pas légèrement sur une des époques la plus intéressante, la plus certaine et la plus glorieuse pour les Pyrénéens.

Réduit à une guerre purement défensive, ayant tout à craindre des peuples de ces montagnes arides et glacées, qui seuls en connaissent les abîmes et les défilés, César, auquel il fut donné de tout vaincre, se voit tout à coup arrêté au milieu de ses vastes conquêtes. S'il compte les Bigorrais-Bigerri, les Tornates, les Campani au nombre des vaincus (c'est par une vanité excessive), il est forcé d'avouer que le questeur Crassus, pressé et dans de grands embarras pour regagner la Gaule Narbonnaise, trop faible pour lutter contre le climat et les mœurs de ces peuples, n'osa pénétrer dans leurs vallées (1).

pagne par Bayonne; il dirigea son voyage vers Narbonne. C'est ainsi qu'on fait assiéger Lourde par Charlemagne, défendu par Mirat, et qu'on répandit la fable ridicule d'un poisson apporté par un aigle. Ce Mirat aurait donné son nom au château, changé en celui de Lorde, *Lorda*. Charlemagne, en allant en Espagne, et après la défaite de l'arrière-garde de son armée, à Roncevaux, suivit la direction de Bordeaux sans s'en écarter. *Lapurda* (Lorda) *quanta fuit ipsa ruina docet.* M. S.

(1) *Ultimæ nationes anni tempore confisæ, quod hiems*

La conquête des Gaules ne changea rien à l'état du Bigorre, ni à celui des pays voisins. On sait combien les nations ibériennes apportèrent de répugnance à subir le joug que Rome voulait leur imposer. Plus de deux siècles s'étaient écoulés depuis l'entrée des armées romaines en Espagne jusqu'à son asservissement (734). Leur domination y fut toujours chancelante, quoi-

suberat, id facere neglexerunt. César, *Commentaires*, liv. III, chap. 20. Il ne fait aucune mention des Béarnais, quoiqu'il désigne, ainsi que Pline, les Tornates et les Campani au nombre des peuples du Bigorre. Un des historiens dont l'Espagne s'honore le plus, Mariana et le P. Monnet, assurent que les Bigorrais et les Béarnais composaient un même peuple. Ce mélange des deux nations a déplu à Marca, né à Gand en Béarn; il se donne beaucoup de peine pour corriger le texte de César, et l'oubli de tous les anciens écrivains, en avouant, cependant, liv. I, pag. 43, qu'il combat pour l'ornement de l'antiquité de son pays. Voilà un beau prétexte à un fameux prélat pour consacrer une erreur, il est vrai, à peu près indifférente, s'il n'eût été historien trop cité. Pan n'existait pas. On cherche la ville désignée sous le nom de *Beucharrum* : on ne connaît pas exactement le lieu où elle exista.

Ausone place les Crébéniens, inconnus aujourd'hui, au nombre des anciens Bigorrais.

Arbitror qui nunc Tarbienses, Benearnenses, Aquenses, Bayonenses nuncupantur omnes, hos quondam Tarbellos (Bigerros) fuisse appellatos, Vinct. Carm. II.

qu'ils n'eussent rien négligé pour faire goûter les avantages de l'obéissance et de la paix à des peuples vaincus quelquefois, et jamais domptés (1). On connaît leurs ménagements pour les peuples qui pouvaient défendre ou permettre leur passage des Pyrénées.

(1) *Cantaber serà domitus catenâ.*
Hor., Ode 8, liv. I.

Cantabum indoctum juga ferre nostra.
Id., Ode 6, liv. II.

Cantaber non ante domabilis.
Id., Ode 14, liv. IV.

Ni l'âpreté du sol, ni le froid ne donnent aux hommes l'énergie de la liberté. Suivant Strabon, les Gaulois furent vaincus beaucoup plus tôt, qu'ils eussent été attaqués plus tard par des trahisons, et parce qu'ils opposaient aux Romains de grandes armées, dont ils perdaient la plus grande partie dans un seul combat. Les peuples désignés sous le nom de *Cantabres*, s'opposaient les uns après les autres et par petits corps. Les Bigorrais se distinguent à Roncevaux, confondus dans toutes les guerres avec les Vascons.

DEUXIÈME ÉPOQUE.

En soulevant des décombres comme les amateurs se passionnent pour découvrir quelque traces de l'antiquité, l'obscurité couvre encore le Bigorrais; je les cherche inutilement dans l'âge de la nation à demi-civilisée, temps de la valeur et des vertus guerrières, parmi lesquels éclosent les premiers germes de la poésie française.

Cette seconde époque, vers 1400, fut celle de la chevalerie errante, des bardes, des troubadours, suivie de l'époque brillante des beaux arts; durant ce temps un Bigorrais fameux, Barbazan (1), est proclamé le sauveur de la France. Les peuples sont comptés pour rien, les annales du Bigorre tiennent à peine une ligne dans l'histoire générale de la France, on les retrouve dans

(1) Barbazan-Bigorre, fils de Meynaud de Barbazan et de Rose de Menan, attaché à Charles VI, se signala dans un combat de sept Français contre sept Anglais (4 mai 1404). Membre du conseil de Charles VII. Fait prisonnier à Melun, après une belle défense, il resta neuf ans prisonnier dans les cachots de Château-Gaillard. Il périt à la bataille de Briqueville, en 1431. Porté à Saint-Denis dans les tombeaux des rois. Il n'eut qu'une fille de son mariage avec Sybile de Montant. Mézerai, tom. I, fol. 621; Martial d'Auvergne, Monstrelet.

les fondations des monastères et dans les chartriers féodaux.

Cet enchaînement de calamités dura trois siècles. Enfin le commerce, la philosophie, la physique générale remplaceront ces premières époques. On reconnaîtra la science de la nature cultivée; elle donnera de toutes parts une pente universelle vers cette étude; le Bigorre devient une contrée célèbre et nécessaire pour la marche et la maturité de nos connaissances. Des voyageurs infatigables ont illustré ce pays par des découvertes, parcourant chaque année ces chaînes de monts groupés comme des brouillards grisâtres, gravissant lentement la cime des pics couronnés de neiges, afin d'arracher à la nature de nouveaux tributs; le domaine de la science s'enrichit de leurs travaux, augmentant journellement les productions de notre sol. Ils sont enfin trouvés les hommes sublimes, éminemment utiles. Voilà des généalogistes fidèles, dignes d'écrire l'histoire du Bigorre en présence des tours du Marboré et du Pic de Roland, colosses prodigieux qui étonnent l'imagination et dont l'enchantement se prolonge dans toute l'étendue du grand cirque de Gavarnie.

Arrêtons-nous ici : c'est l'époque moyenne de ce régime affreux qui a pesé sur la France et la réduisit au dernier degré de misère. Un noble, à cheval et couvert d'une armure de fer, faisait trembler tout son canton. Beaucoup d'hommes libres renonçaient à la liberté ; chacun pouvait frapper, mutiler et même tuer son serf : tout dans les choses humaines tend à l'abus, et l'abus amène la résistence.

L'ancien gouvernement du Bigorre avait disparu. L'Aquitaine, partagée en deux grandes provinces, après avoir été une des divisions de la Gaule, s'étendait depuis les Pyrénées jusqu'à l'Océan et la Garonne. Une troisième Aquitaine comprenait, du temps d'Adrien, la Novempopulanie ou Gascogne (1). Les Bigorrais et

---

(1) Depuis Grégoire de Tours, le premier écrivain dans lequel on trouve le nom de *Vascogne*, ou *Gascogne*, quelques géographes, par une extension plus considérable, ont donné ce nom, non seulement à l'Aquitaine entière, mais encore au Languedoc et à toutes les provinces au sud de la Loire, à cause de l'accent de tous les habitants du midi.

Les neuf peuples de la Novempopulanie étaient les Vivisques, les Médoquiens, les Boyens, les Auscitains, les Comingeois, les Conserans, les Bigorriens et les Tarbelliens. Ortel. adv. Novemp.

Le traité de Saint-Denis fixa, en 635, les limites des Vascons. La fidélité aux traités convenus ne fut jamais une des vertus de ces peuples ; Rome ancienne leur en donna l'exemple.

les Béarnais, unis par le nom générique de Bigorrais Occidentaux et Orientaux, distingués à peine par quelques diversités dans la langue et par les circonstances de leur position locale, étaient les plus redoutables de ces neuf peuples enveloppés dans le cours des conquêtes. L'étendue de leur pays, borné par la Navarre, par l'Océan et des montagnes que leur pauvreté fait méconnaître, avait suivi le cours des prospérités ou des revers de leurs oppresseurs. Des plaisanteries sur les Gascons n'effacent pas les monuments de l'histoire. Maîtres de l'Aquitaine et d'une partie de la France, vainqueurs à Roncevaux (1), dans les beaux jours de la Grèce, le succès eût couronné leur généreuse audace; mais le temps d'être libre était perdu pour l'Européen. Tout fut circonscrit, tout changa et se

(1) On voyait à Blaye le tombeau du fameux Roland. L'*Arioste* n'a eu qu'à recueillir la féerie des peuples méridionaux et celle des romanciers du dixième siècle. Les Bigorrais allaient en pélerinage visiter l'armure de ce héros. Ce tombeau conserve à Blaye une épitaphe qu'on croyait composée par Charlemagne lui-même, avant qu'on n'eût appris que peut-être ce grand homme ne savait ni lire ni écrire.

Tu patriam repetis, tristi nos orbe relinquis
Te tenet aula nitens, nos lacrymosa dies;
Sed qui lustra geris octo et binos super annos.
Ereptus terris, justus ad astra redis.

reproduisit par les mêmes causes et par les mêmes moyens. Les peuples n'ont pu conserver une existence qu'au milieu des rochers et des précipices. C'est là qu'à l'abri de l'envie ils ont échappé long-temps aux vices de la société; vivant du produit des pâturages, privés de tout commerce, ils présentent encore les plus charmantes images de la vie et le caractère le plus élevé. Le temps fait d'étranges révolutions, tandis qu'un mouvement et un instinct particulier portent les peuples septentrionaux à s'élancer vers le midi; la frivolité, l'activité indomptable des méridionaux, long-temps exercés en guerres civiles, s'exhalera dans les villes, et on les rencontre, sur toutes les parties du globe, en plaisirs, dans la culture assidue des arts. Associés comme membres de la législation, dans une sorte d'égalité, ils retrouvent dans leurs mœurs et dans leurs maisons l'image d'une monarchie libérale : c'était le doux gouvernement de nos pères.

Il n'est pas étonnant que, dérobé au continent, ce pays soit devenu, dans les temps les plus anciens, l'asile des hommes fatigués de la servitude. D'immenses boulevards l'isolent et n'exigent aucun moyen de défenses extraordinaires ; sa position lui procure des communications avec les différentes parties des Pyrénées par des dé-

filés connus d'eux seuls, indépendamment des *ports* ou *portes*. Trois de ces portes, changées en voies consulaires, traversaient le Roussillon, le Cominge et le Labour (1). Ignorés dans les gorges et les vallées profondes, grâce à leur obscurité, les Bigorrais formant une tribu à part, n'avaient essuyé jusqu'alors que des maux passagers. Michel Montaigne confirme ce qu'on croirait aventuré sur l'antiquité et les mœurs des Pyrénéens. « Ils s'étaient continués de toute an-
» cienneté en une condition si heureuse, qu'au-
» cun juge n'avait été en peine de s'informer de
» leurs affaires, ni étranger appelé pour éteindre
» leurs querelles. Ils fuyaient les alliances et le
» commerce de l'autre monde, pour ne pas al-
» térer la pureté de leur police. Ils avaient une
» façon à part, les mœurs, les vêtements à part;
» régis et gouvernés par certaines coutumes par-
» ticulières reçues de père en fils, auxquelles ils
» s'obligeaient sans autre contrainte que la révé-
» rence de leur usage (2) ». Telle était enfin dans toutes ces contrées l'amour de la liberté, qu'on

(1) Le port le plus voisin connu des Romains, celui d'Oléron, conserve les traces du passage des armées romaines : la vallée de Campan et la vallée d'Aure offrent les mêmes traces.

(2) *Essais* de Montaigne.

voyait jusqu'à des associations connues sous le nom de républiques des filles. Il subsistait des traces de ces Amazones dans la ville de Rentevia, près de Fontarabie, dans la Biscaye. En citant l'existence d'une république de filles, on doit surtout s'appuyer d'autorités puissantes (1).

Invasion des barbares.

La même révolution qui donna un maître à Rome, soumit les Vascons à la domination des barbares. L'Aquitaine seconde, la Novempopulanie virent leurs champs ravagés, leurs habitants massacrés, leurs villes pillées et brûlées (2). Cette déplorable et cruelle dévastation causée par l'invasion des peuples du nord et de l'Afrique, fut le signal d'une barbarie (750), que vingt siècles n'ont pas fait oublier. Cependant le Bigorre obtint, après tant de malheurs, un accroissement

(1) Curieux antiquaire de Berkenmayer, tom. I, pag. 35. Olhogaray et Bertrand Elic rapportent les preuves de l'existence de cette république des Pyrénées, plusieurs siècles avant l'invasion des Gaules.

Cet usage des sauvages de l'Amérique, qui voulait que le mari se mît au lit lorsque sa femme était accouchée, se pratiquait chez les Celtibériens, suivant Strabon, liv. VIII, pag. 3, et dans l'île de Corse, suivant Diodore de Sicile.

(2) En 406, les Vandales, repoussés par Messelin à la tête

de population. Les Goths, chassés de l'Espagne, se refugièrent dans les montagnes, et le croira-t-on, leur gouvernement fut assez équitable ; le canal d'arrosement qui commence à Mont-Gaillard et finit à Rabastens, fut ouvert par le roi Alaric; il conserve son nom. Aux chaumières éparses, à des hameaux isolés, succédèrent des habitations plus policées ; la rudesse et la férocité s'adoucirent. Les muses exilées de Rome et de l'Orient, trouvèrent, durant trois cents ans, un asile à Toulouse, capitale des rois Visigoths, jusqu'en 507. L'Espagne devint le centre des connaissances du gouvernement des Arabes, peuple penseur, guerrier et conquérant, déjà fameux par ses livres d'histoire, d'astronomie, de médecine, par ses romans même, tandis que l'Europe était ensevelie dans l'ignorance, peuple dont l'imagination vive et ardente offre la peinture de cet amour brûlant qu'il respire avec les feux du soleil. On dit que sans lui l'Europe serait

des Bigorrais; *Annales de Toulouse*. Isidore de Badajos leur fraie une route par la vallée d'Azun. On a fait un saint du prêtre Missoulin, vainqueur des Sarrasins à l'Ane-Mourine (733, 24 mai). M. Macaya assure qu'on voyait la statue équestre, en bois, de ce guerrier, dans l'église du village d'Aruzac. Une tradition religieuse réunissait tous les ans les jeunes filles; elles paraient de fleurs Missoulin : c'est le fait le plus marquant de cette époque.

moins galante; qu'elle n'aurait pas eu des tournois et des romances : les tournois exigeaient la force et l'adresse des combattants. Les jeunes gens d'aujourd'hui, fatigués d'une course au bois de Boulogne, se sont débarrassés des exercices incommodes, et les urlandini ont chassé la romance plaintive.

Ce n'est pas le temps, c'est l'éducation qui polit les hommes, c'est l'opinion ; et tel est leur pouvoir, qu'elles triomphent des latitudes et des tempéraments. L'attachement des Bigorrais à leurs anciennes idées, cédait lentement et avec peine aux arts qu'ils voyaient fleurir dans les contrées voisines. L'accès facile des écoles de Bordeaux, de Toulouse et de Montpellier (1), ralluma le flambeau des lettres, que plusieurs siècles d'ignorance avaient éteint. Elles éclairaient les provinces méridionales, sans avoir jeté la moindre lueur sur le reste de la France. Les troubadours d'Aquitaine, Guillaume et Arnaud de Marsan, ne cédaient pas aux Provençaux la gloire de l'ancienneté (2). L'esprit d'ana-

(1) Les Arabes fondataires de l'université de Montpellier, avant 1200.

(2) La trop forte accentuation de l'é, n'est pas seule commune aux Gascons. Si les parisiens s'offensent des gasconismes, ils trouveront des hispanismes, des germanismes....

Le goût des méridionaux pour le style oriental se retrouve

lyse et de discussion n'avait pas encore desséché le germe des arts. La poésie avait ses héros ; le génie allégorique de la nation et la fécondité des expressions, l'avaient rendue familière (1130). Axius Paulus fut l'orateur et le poëte le plus célébre de son temps (1). Jamais climat ne parut plus propre à faire naître de grands poëtes, que les

jusque dans les *Lettres Persanes;* il a fait connaître plusieurs poëtes de ces contrées.

En adoptant la langue française, qui leur est plus étrangère qu'aux Suisses, aux Savoyards, aux Piémontais, ces peuples ont apporté d'Espagne l'habitude qu'ils ont de confondre le *V* et le *B*. Elle a donné lieu à la plaisanterie de Scaliger : *Felices populi quibus bibere est vivere.* Suivant cet écrivain, *Benearnenses purissimâ vasconi loquuntur*. Scaliger, ou plutôt l'Escale, était de ces contrées. Le dialecte du pays, hérissé de proverbes, indiquant la maturité des peuples qui le parlaient, mâle, signifiant, quoiqu'informe et rude, formé de termes celtiques, espagnols et romanes, a servi jusqu'à nos jours aux tribunaux, aux coutumes et aux actes publics. Les livres de religion, Lafontaine, etc., sont imprimés dans cette langue.

(1) Originaire des montagnes du Bigorre, où il habitait une maison de campagne appelée *Crebenus*. Voyez les *Lettres d'Ausone*, Scaliger.

Le Languedoc avait déjà la gloire d'avoir donné l'exemple des sociétés littéraires. Sept troubadours toulousains se réunirent en 1323, époque de l'institution des jeux floraux. Cette société fut appelée insigne et supergaie, *sovra gaia*.

bords de l'Adour. Les habitants de ces heureuses régions prennent, sans effort, le goût de la méditation. Enchantés, séduits par les attraits d'un climat où l'on ne saurait faire un pas sans être tenté de faire des rapprochements et des parallèles; la vue des montagnes et des forêts, le séjour habituel des champs, l'air salutaire de la liberté, l'esprit patriotique sans cesse aiguillonné par la jalousie des peuples voisins, la vanité qui donne l'audace de la pensée, portent la sensibilité et l'imagination au plus haut degré d'énergie. Que d'actes inconnus de vertus et de courage ont ennobli ces déserts, auxquelles il n'a manqué, pour être sublimes, *que d'être datés des Thermopiles!*

Malheureusement la seule tradition utile, celle qui lie les temps par les connaissances des hommes étant perdue, la barbarie, dans ses révolutions, occupe de si longs intervalles, qu'on ignore le nom des Bigorrais qui s'adonnèrent aux sciences et aux arts. Ce rayon de lumière, perdu dans les siècles suivants, dont nous ressentons encore les commotions, réduisit le plus grand nombre de montagnards à la garde de leurs troupeaux et à la défense des défilés des frontières. Rentrés dans l'oubli, ils reprirent les mœurs avec la vie pastorale. Libres, mais sauvages, leur peu de commerce avec les nations policées, l'ignorance des commodités, tout contribua à éloigner long-temps le luxe de leurs cabanes. Les habitants de belles plaines couvertes aujourd'hui de riches maisons, n'offrant que de vastes forêts, allaient en course faire leur récolte sur les terres de leurs voisins, et, selon Froissard (1), jusqu'au Languedoc.

Depuis cette époque on les perd de vue, les citations historiques manquent entièrement. On voudrait suivre le fil des événements qui conduisirent les peuples à des résultats si différents. La reconnaissance d'un peuple vaincu tient rarement contre le sentiment de la liberté. Après l'expulsion des Sarrasins (509), le Bigorre redevenu indépendant et libre, n'eut cependant que des moments d'éclat trop chèrement achetés. Tout

(1) On n'a pas encore oublié dans ces contrées deux fameux brigands, Pierre Anchin et le Mangeant de Lourdes (commandants dans cette ville encore au pouvoir des Anglais), réunis avec le châtelain de Mauvoisin, ils portaient leurs incursions jusqu'aux portes de Nîmes et de Barcelone. Après avoir surpris Ortingas, ils revenaient chargés de butin, accompagnés de deux cents hommes. Attaqués par un pareil nombre de gens qui tenaient pour le duc d'Anjou, ils se joignent près de Montgaillard; le combat s'engage d'homme à homme; il ne reste aucun des brigands des deux partis.

préparait une révolution et favorisait l'ascendant des Méridionaux, lorsqu'une politique habile, en les livrant à des divisions intérieures et à l'opposition de leurs propres forces, trouva un puissant moyen de les assujettir.

Les Comtes de Bigorre.

On n'aurait aucune connaissance des chroniques de la France si on ignorait la naissance des ducs, des comtes, des centeniers rendus dignes de ces emplois par l'intrigue et la bassesse, et devenus ennemis de la prérogative royale, elle donna les villes pour asile aux opprimés.

Le Bigorre eut un chef et non un maître absolu, l'apanage d'un comte, sous le titre modeste de *cadet*. Long-temps électif et le premier défenseur de la liberté commune, son pouvoir fut dirigé par les lois, éclairé par les conseils des sages. Le droit de voter pour le bien public prescrit l'obligation de s'instruire à montrer des besoins plutôt qu'à faire parade de ressources, à peindre des maux réels au lieu de feindre le bonheur imaginaire, d'un pays borné, impénétrable à toute relation industrielle et ravagé par les seigneuries.

L'administration civile des Basques, des Béarnais, des Bigorrais, des pays des Quatre-Vallées et du comté de Foix, résida dans l'assemblée annuelle des états, mais avec des différences dans leurs constitutions ; nul réglement, nul acte d'autorité ne pouvait avoir force de loi, s'il n'avait le vœu des anciens, appelés *Ricos hombres*, ou *sages* en Aragon et en Navarre. Jamais peuple libre n'eut plus d'occasion d'exercer son pouvoir contre ces Armagnacs, trop fameux du temps de Charles VI (1), vassaux incommodes et redoutables, attachés aux Anglais et à la faction olygarchique, durant le quartorzième

(1) Le comte de Foix et celui d'Armagnac, divisés sur leurs droits au comté de Bigorre, réunissent, l'un le vœu de suzerain, appuyé d'une puissante armée, l'autre, le vœu du peuple. Les états de l'année 1242, assemblés dans l'église de Seméac, font choix du dernier, à cause de son courage. En 1264, le roi d'Angleterre laisse aux anciens états le choix du comte.

Le peuple, n'ayant pas appris à se gouverner lui-même, par tout pays, aime mieux avoir un souverain de son choix, soumis à des lois positives et responsables, comme les rois d'Aragon, que cent tyrans. Le plus fort chaînon des assemblées (l'aristocratie), toujours à portée de s'agrandir, changea souvent la non réclamation en titre formel : le zèle, les lumières, tournèrent à reproche contre les fidèles communes. La coexistence des trois ordres formant le nouveau pacte d'une institution qui remplaça la constitution originaire avec l'organisation des états-généraux de France. Les nobles réunirent habituellement l'influence et l'unité du pouvoir, il ne

et le quinzième siècles. Jamais de plus puissants motifs n'ont excité le courage. Faible dédommagement! ombre vaine d'un pouvoir qui n'exista plus, mais dont la douceur de la solitude, l'oubli et la paix consolèrent long-temps le Bigorrais.

Le Béarn eut des vicomtes pris dans les fa-

---

resterait réellement que deux ordres dans l'état. L'opinion n'offrirait plus au culte du peuple que les titres de la noblesse, l'aristocratie en avait l'autorité: c'était une vraie conjuration contre le peuple; si l'on considère qu'on ne recueillait pas les voies, qu'on ne mettait en délibération que ce que le président permettait d'y mettre: on voit quelle était dans ce congrès l'influence de quelques députés asservis et annuels, choisis sans épreuve, et dans l'impuissance d'arrêter les efforts de l'intrigue, à deux cents lieues de la capitale, ignorant jusqu'à la langue qu'on y parle. Il faut cependant convenir que les richesses et les honneurs ne rendaient pas la noblesse plus difficile; elle paraissait dans tout son éclat, et permettrait au tiers-état de payer les tailles, les dons gratuits, l'abonnement des droits-réunis, les frais considérables d'entretien des routes dans un pays où elles sont si multipliées, celui de fournir à la caisse des fonds extraordinaires aux frais d'assemblée, de gages, et jusqu'à l'indemnité accordée à chaque membre des états appelés, dans la langue du pays, tailluquet, *petit morceau*, annonçant par ce nom la simplicité et l'économie du nécessaire à un peuple agricole, dépourvu d'argent, etc. La forme de perception des impositions était une autre organisation particulière de ces états. En Bretagne et dans les autres pays, les mesures de précaution prévenaient la moindre milles du pays et dans le comté du Bigorre. Ainsi divisées, ces contrées suivirent le torrent des révolutions et le sort de l'Aquitaine. Un stérile orgueil remplaça la vertu purement belliqueuse. Le Bigorrais, au lieu d'une subordination judicieuse, connut, pour la première fois, ces distinctions humiliantes pour la plus grande por-

---

idée de concussion dans le maniement des finances : ces admirables combinaisons variées rendaient la fraude extrêmement difficile. On a cru ajouter un frein plus fort pour réprimer l'infidélité. Plus généreux, les notables du Bigorre en corps rendaient les impositions solidaires et en répondaient par leur signature; que le trésorier fasse banqueroute ou de grands profits, ce n'était pas aux dépens de l'état. La nomination des échevins et des députés devint un travail peu important pour des esclaves indifférents. Le peuple, comme on l'imagine, voyait avec mépris le retour de ce simulacre de l'ancienne liberté, à l'extérieur, conservant son importance. Deux gardes couverts de casaque aux armes du Bigorre (deux léopards), un galoubet et un violon annonçaient l'heure de l'auguste assemblée. La noblesse n'était jamais plus brillante et ne tenait son rang avec plus de rigueur. On y comptait douze barons, quatre-vingt-quinze nobles, quatre abbés, Saint-Sever, Rustan, Sabin la Réole, Saint-Pé. Les députés des villes et des vallées, l'évêque de Tarbes, président né des états, se trouve depuis Antonomarius, qui assista au concile d'Elvire, en Espagne, en 315, environ le quarantième; pris en partie dans les maisons de Grammont, de Castel-Loubon, Pardailhem, Palas Castelnau.

tion des citoyens, élévation idéale et chimérique, d'où l'on ne reconnaît plus ses semblables et ses égaux. Par une contradiction trop ordinaire dans nos mœurs, ces antiques déprédateurs furent honorés, tels sont les restes barbares de cet absurde gouvernement féodal, génie, institution des Goths, des Vandales imposée aux peuples vaincus, naturellement ennemi du commerce, des arts, de toute police régulière des droits personnels et de l'influence politique acquise par les villes; gouvernement militaire, chassé par les lumières, souillé d'événements atroces et insensés. Lorsque l'anarchie féodale enchaîna le Bigorre de ses chaînes d'airain, on ne trouve à chaque pas, sans la moindre interruption, sans aucune diversion consolante, qu'un état permanent de guerres et d'assassinats. Les querelles encore plus sanglantes de quelques ambitieux sous le nom de la religion, suivies de cette longue série de crimes, ne furent suspendues que par la lassitude et la misère des combattants. Ils restèrent encore long-temps sous le glaive du fanatisme. Il importe de savoir que le Lavedan, moins souillé que la plaine par les tyrans féodaux, n'étant pas soumis à la servitude de la glèbe, dans un espace d'environ trois lieues, n'en avait pas moins une riche abbaye, un prieuré et quarante-trois abbayes laï et héréditaires. Devenus propriétaires de terres, nobles, évêques, abbés, moines, comme des avalanches précipités des montagnes, se répandirent dans toute la France (1). Le Bigorre ne fut pas oublié dans le partage d'une oppression la plus brutale et la plus honteuse qui ait jamais existé : suivez les peuplades pyrénéennes, les Basques exceptés, eux seuls ont conservé leur origine immémoriale.

(820) Inigo Sanchés, surnommé *Arisca*, dans la langue du pays, *léger*, *déterminé* (qualités qui distinguaient alors un héros) a seul échappé à ces temps obscurs perdus pour l'histoire (2).

(1) On lit, au monastère des religieuses de Montargis, l'épitaphe d'Ulis, comtesse de Bigorre, en ces mots : « Fille » de Guy de Montfort, qui, pour la foy, mourut contre les » bougres et Albigeois. » Pierre Mathieu, *Histoire des Louis*, pag. 206.

(2) Vers l'an 961, cette première dynastie des comtes de Bigorre, condamnée à l'oubli, figure à peine dans la chronologie des souverains. Leur vie, sans caractère et sans physionomie, importe peu à la raison éclairée du dix-huitième siècle, mais peut trouver ici quelques souvenirs.

Donat Loup, frère d'Arisca	840
Loup Donat	880
Raimond I	945
Louis.	960

Appelé au trône de Navarre par le vœu unanime de la nation, il reçut à Tarbes l'hommage de ses nouveaux sujets. Les conquêtes de ce prince sur les Maures, celles de ses descendants, qui régnèrent en Castille et en Aragon, établissent ces rapports et cette longue correspondance qu'on trouve entre deux nations que des barrières inaccessibles (qu'aujourd'hui l'œil de l'imagination franchit à peine) et des haines nationales ne séparaient pas. Les vallées de Broto, de Tena, d'Aran jusqu'aux portes d'Huesca (1), une partie

Arnaud.	962
Garcie Arnaud.	980
Bernard Roger.	1032
Bernard I.	1055
Raimond II.	1064
Béatrix, sœur de Raimond II.	1080
Bernard II, qui rédigea les coutumes de son pays	1088
Centulle	1113
Béatrix, fille de Centulle.	1138
Centulle II.	1163
Stéphanie, fille du précédent	1187
Pétronille, fille de Stéphanie et du comte d'Acqs.	1199
Esquivar de Chabanois.	1251
Laure, sœur d'Esquivar.	1283
Charles, fils de Philippe-le-Bel.	

(1) C'est à Huesca qu'on conserve une prétendue chaire qui a servi à Ponce-Pilate, professeur en droit dans l'univer-

de César-Auguste étaient liées au Bigorre. Ces rapprochements remarquables sont à peine indiqués par les historiens.

On sait et il n'est pas inutile de rappeler aux absolutistes la manière dont tous les souverains de ce pays rendaient hommage au peuple; elle justifie l'idée qu'on a conçue de la liberté qu'il avait conservée dans toutes ces contrées, des deux côtés de ces montagnes. En Aragon, ce n'était pas le peuple qui prêtait foi et hommage au prince; celui-ci à genoux, la tête nue devant le magistrat souverain assis et couvert, jurait l'observation exacte des lois et des priviléges. Le peuple, en le reconnaissant pour roi, lui disait : « Nous qui valons autant que vous,
» vous faisons notre roi et seigneur, à condi-
» tion que vous garderez nos priviléges et fran-
» chises, et non autrement. »

Lorsque plusieurs siècles après, la liberté a commencé à fuir les plaines de l'Europe, et qu'on apporta quelques modifications à cette loi, Pierre-le-Cruel, en donnant en échange plusieurs priviléges aux Aragonais, prit d'une

---

sité de cette ville ; un christ, auquel les moines font solennellement la barbe et les ongles des pieds deux fois l'an, au grand contentement du peuple qui assiste à cette toilette.

main le parchemin sur lequel cette loi était écrite, et tirant de l'autre son poignard, en perça la main qui tenait l'acte, disant aux états assemblés : « L'abolition d'une telle loi ne peut » se faire que par mon sang royal (1). » De pareils traits peignent admirablement le caractère élevé, l'existence fière d'une nation qui, sous le joug des préjugés politiques et religieux, perdit la fierté des anciens Celtibères.

L'histoire qui rabaisse les panégyristes des plus grands hommes, aura peu de chose à faire, si elle parle des comtes de Bigorre. Puissants pour persécuter leurs vassaux qui combattent constamment contre l'oppression ; trop faibles pour attaquer leurs voisins, dans un état perpétuel de guerre, on se demande avec douleur ce qu'ils ont fait pour le bonheur du pays ; on répondra qu'ils ont fondé des abbayes et des monastères : voilà leurs principaux exploits; cependant deux de ces comtes souverains se sont fait remarquer, l'un, Pierre de Marsan, fonda la ville de Mont-de-Marsan, dans les landes de Bordeaux, Bernard Ier (2), bienfaiteur des moines

---

(1) Cet événement est conservé dans la salle des états à Saragosse.

(2) Le gouvernement des comtes de Bigorre, pendant les six siècles suivants, n'est qu'une suite de faiblesses et d'in-

occupés alors à défricher la terre, se signala par
des établissements où Dieu et les saints semblent
commercer de leur crédit et de leur réputation.
Une crainte superstitieuse s'empara de son ame
égarée ; il se rendit au Velay, accompagné de
Constance, sa femme, et de ses principaux vassaux, pour offrir ses états et une redevance annuelle à la vierge du Puy, reconnue aujour-
d'hui pour une Isis apportée d'Egypte (1). Qu'on

fortunes. L'indigence d'actions éclatantes se tourne en superflu du côté des événements particuliers. On distingue à
peine quelques vertus dans ces landes historiques, comme
on aperçoit un petit nombre de vallées fertiles et riantes dans
la longue chaîne de rochers et de précipices de ces montagnes.

(1) M. Faugeas de Saint-Fond, célèbre naturaliste. J'ignore
s'il n'y a pas un peu d'idolâtrie dans la manière dont les
moines ont établi l'adoration d'une vierge qu'on voit à Bagota
(Colombie), à la place d'un temple des Incas, dédié au soleil. Cette statue est ornée de 1358 diamants, 1295 émerau-
des, 59 améthistes, une topase, une hyacinthe, 372 perles.
Le piédestal seul, est enrichi de 609 améthistes. Le travail
de l'artiste a été payé 4,000 piastres. Le peuple admire ces
folies, et les moines qui le trompent, et ce peuple meurt de
faim. La toilette des vierges, en Europe, moins riche, est plus
élégante; on change souvent leurs vêtements; ils sont élégants,
accompagnés de bijoux, de fleurs; l'Italie, la Belgique sur-
passent les autres pays : la vierge Del Pilar, chargée de diamants, est, jour et nuit, éclairée par une grande quantité de
lampes d'or et d'argent.

ne dise pas à ceux qui se contentent de reconnaître l'existence d'un Dieu suprême que l'adoration de la vierge satisfait des ames passionnées, et que ce culte après tout est indifférent. Voyons ce qui arriva.

Après la mort de Bernard, les chanoines, zélés défenseurs de cette nouvelle comtesse de Bigorre, paraissent à la tête des prétendants, épuisent le Bigorre par leurs exactions et le révoltent par leur orgueil. Enfin Philippe-le-Bel, l'un d'entre eux, fait un accord avec la vierge, et le fils de ce prince, depuis Charles-le-Bel, prend le titre de comte de Bigorre.

Pour mieux connaître les mœurs d'un peuple, il est permis de rapprocher les faits, de les comparer avec ceux de ses voisins. On a remarqué que la dévotion pour la vierge est dans toutes ces contrées porté au plus haut point de ferveur (1). En général, les hommes cherchent à

(1) Il y a en France trente-trois cathédrales et trois métropolitaines qui lui sont dédiées, sans compter des milliers de chapelles. Louis XI, créa la vierge comtesse, et lui donna le comté de Boulogne; Louis XIII, lui consacra sa personne, sa famille, son royaume. A la naissance de Louis XIV, il envoya le poids de l'enfant en or à Notre-Dame de Lorette. Louis XIV renouvela son dévouement à Notre-Dame de Paris. Charles X vient de lui envoyer une grande vierge en argent.

joindre aux idées spirituelles du culte des idées sensibles qui les flattent. Ils savent qu'en tout pays on ne tire de l'affection des rois que ce qu'ont résolu leurs ministres; ils envisagent la cour céleste sur le modèle des autres : de là le culte de la vierge plus approprié au penchant superstitieux pour les miracles, la vénération des images aux petites pratiques mystiques de sacristie, aux réunions familières des ames faibles, ne pouvant s'élever à la majesté et à la simplicité d'un culte à l'Éternel (1).

Erasme a prétendu que la coutume de saluer la vierge en chaire venait des anciens. Tout Espagnol se fait chevalier de la vierge; celle du Pilar de Saragosse reçoit des sérénades, des bouquets, des compliments et toutes les marques possibles d'hommages..... Il serait difficile de rendre la vénération qu'on a pour elle et pour les deux présents qu'elle a faits à l'humanité, le *scapulaire* et le *rosaire*. Peu de femmes sortent, se promènent, jouent, font l'amour sans avoir ces pieux instruments à la main; les hommes les ont pendus à leur col. Dans les comédies, si l'on enchaîne le diable, c'est avec un rosaire. On ne se contente pas de dédier à la vierge des ouvrages sacrés, on joue des comédies à son honneur et à son profit; on donne des bals, des courses de taureaux pour les ames du purgatoire. Ainsi, un sentiment raisonnable en soi a produit mille extravagances, et entretient les ames d'un trop grand nombre d'hommes dans l'abrutissement.

(1) Une religieuse de Vienne, en Autriche, dont le jeune cœur aimait très tendrement la jolie image de la vierge Marie,

L'obscurité qui environne l'existence de ces comtes dispense de les suivre dans leur domination violente et leur vie domestique, doit attacher aux personnages qui ne partageaient pas toutes les erreurs d'un siècle à la fois ignorant, féroce et dévot.

Distingué par les talents, le courage et la

---

répondit avec candeur à un ambassadeur qui la chicanait sur cette espèce de culte : « Qu'elle savait qu'il était de son devoir
» d'adorer le créateur de l'univers, et qu'elle s'en acquittait
» le mieux qu'il lui était possible; mais qu'elle ne saurait
» vaincre une certaine timidité dans le culte qu'elle lui rendait,
» ainsi qu'à Notre Seigneur; que la bienheureuse Marie étant
» du même sexe qu'elle, et connaissant parfaitement les fai-
» blesses et les imperfections auxquelles il n'était que trop
» sujet, elle avait moins de peine à lui ouvrir son cœur,
» qu'elle n'en aurait à s'adresser à aucune des personnes de
» la Sainte-Trinité. Regardez sa physionomie, ajoutait-elle,
» en montrant son portrait. Dieu qu'elle est douce! mon
» Dieu! qu'elle est gracieuse et jolie! » Les moines surtout ont favorisé le culte et inondé le monde de discussions sur la naissance de la vierge, exempte du péché originel..... Cette innovation, combattue par le bon et vertueux Espagnol Molinos, condamné à une prison perpétuelle pour avoir assuré que toutes les adorations devaient être adressées à Dieu seul, doctrine des premiers chrétiens, de Fénélon, des ames pures, ennemies des jongleries qui déshonorent le bon sens, mais favorables aux réunions d'oisifs, et contraire à l'esprit du christianisme.

générosité, Gaston de Foix, surnommé *Phébus*, à cause de sa beauté, avantage frivole en soi, mais qui en impose à la multitude, se signala en Espagne dès l'âge de quinze ans. Il dissipa la fameuse bande des Jaquets et les chassa de la ville de Meaux. Prisonnier au châtelet de Paris, pour avoir refusé l'hommage de ses terres au roi Jean, sa liberté fut le prix de sa fermeté. Gaston aimait passionnément la chasse et le déduit des chiens (1). Sa cruauté ternit la fin d'un règne dont le commencement avait été si glorieux. Ainsi la chasse qui accoutume aux fatigues, endurcit le cœur aussi bien que le corps. « Un violent

(1) Suivant Froissard, il en avait dix-huit cents qui ne le quittaient pas dans tous ses voyages. Il a laissé un Traité curieux sur la Chasse, et des Mémoires imprimés en 1520, sous le titre de *Miroir de Phébus*. Voyez Duverdier, à l'article *Gaston*.

Gaston ayant chassé Agnès, sa femme, le jeune Gaston, prince de Foix, reçut, dit l'histoire, de Charles II, roi de Navarre, son oncle, une poudre pour mettre sur les viandes qu'on servirait à son père, en lui faisant entendre qu'elle le guérirait de son fol amour pour une maîtresse préférée. Cette poudre était un poison. Le jeune prince fut enfermé à Orthez, y mourut d'ennui en 1382. Gaston retint dans la même prison son cousin, le vicomte de Castel-Loubon, qui n'en sortit qu'en payant quarante mille livres. Gaston, disent les mêmes historiens, récitait tous les jours un nocturne du

» exercice, dit Rousseau, étouffe les sentiments
» tendres. L'amant et le chasseur sont diverse-
» ment affectés. Les ombrages frais, les bocages,
» les doux asiles du premier, ne sont pour l'au-
» tre que des viandis, des forts, des remises
» (termes de chasse), où l'un n'entend que ros-
» signols, que ramage, l'autre se figure les cors
» et les cris des chiens. L'un n'imagine que drya-
» des, l'autre que piqueurs, meutes et che-
» vaux (1). »

psautier, vigiles des morts, heures de Notre-Dame, fondait messes et couvents, *et était planté d'oraisons.*

La plupart des successeurs de Gaston, semblables à la foule des princes, ne méritent guère d'en être tirés par un article particulier. On voit un autre Bernard empoisonné, suivant la chronique d'Aimar, par les enchantements de plusieurs femmes; la comtesse Péronelle et ses cinq maris, cause des révolutions aussi oubliées que son testament, dans lequel elle reconnaît une dette de dix-huit sols, pour des souliers envoyés à la reine d'Angleterre. Cette magnificence de la souveraine du Bigorre, apprendra aux ministres les remontrances de la noblesse de France à Charles VI, sur la dépense de deux cents livres employées à faire un habit à son chancelier.

(1) ÉMILE, tom. III, pag. 223.

Les Anglais en possession du Bigorre.

On arrive assez tristement au règne de Louis VII, fameux et malheureux par ses imprudences et par son divorce avec Eléonore d'Aquitaine. Cette époque remarquable rapproche les Anglo-Gascons des événements de l'histoire générale, première étincelle, si l'on en croit les historiens, de trois cents ans de guerre entre deux nations faites pour s'estimer.

Les Anglais qui conservent parmi nous quelques anglomanes, sont regardés par la généralité des Français comme les sauvages de l'Europe, déguisant sous le nom de *spleen* un caractère féroce, jouissant des faveurs de notre climat et de l'empressement hospitalier qu'ils reçoivent de nous. Forcés d'être nos tributaires, ils remportent dans leur pays la haine qu'ils essaient vainement de changer en mépris. On ne désavouera pas mylord Littleton dans le jugement qu'il porte de ses compatriotes dans ses *Nouvelles Lettres persanes* ; il les accuse de former une nation d'agioteurs sur les effets publics, fondement de la puissance britannique ; d'une cupidité insatiable, plus avides du désastre du monde que de la paix, n'étant, pour le troubler, arrêtés par aucune barrière, ni retenus par aucun frein; usuriers de profession, ennemis de tous les peuples qu'ils agitent à leur gré en les armant contre les gouvernements et les gouvernements contre les peuples; achetant à tout prix les secrets des cabinets et leur honte en leur accordant des subsides, et s'étant, par d'infâmes trahisons, rendus maîtres de l'Inde; ayant massacré les gouvernements paisibles de ses habitants; faisant servir les trésors qu'ils en retirent à soulever l'univers pour augmenter leur agiotage.

Je sortirais des bornes de ces courtes notices si je disais tout ce que mon ame indignée raconterait du mélange de despotisme royal et d'aristocratie féodale, du despotisme de ses ministres. Le gouvernement corrompt, trompe et commande. Il a couronné tous ses travaux en nous cernant de 1,500 000 stipendiés, après nous avoir dicté des conditions honteuses dont il surveille l'exécution avec une lâche arrogance. Héritiers politiques de William Pitt qui a osé dire en 1793 que la France était détachée du monde commercial, avoir excité les événements malheureux de cette époque jusqu'à Quiberon, les avoir payés avec plusieurs millions, avait prolongé la guerre impie d'extermination. Quelle main scélérate a distribué des instruments de mort, des haches aux sauvages de l'Amérique, des fusils aux Vendéens, des stilets aux esclaves de la tyrannie ; qui a bâti ces pontons où plus de 40,000 Français ont péri faute de nourriture ; qui a fait porter à Mont-Réal, au milieu de l'armée britannique la chevelure sanglante de l'innocente et belle miss Réal, l'ornement de New-York ; qui a organisé parmi nous des ateliers secrets de crimes ; qui a imaginé des canons avec des graisses qui, enflammées, embrasent les vaisseaux ; qui a osé faire périr au-delà des Alpes des législateurs français, leur interdire le séjour de la Belgique?.... La nature indignée de tant d'outrages arrête ma plume : mais non, la mesure des forfaits n'est pas comblée. Il faut être juste, les Anglais ont donné les premiers l'idée du gouvernement régulier de l'Amérique septentrionale ; ils ont eu Newton, et si Castlereagh, associant une politique infâme à sa vengeance, nous a laissés dans une infériorité honteuse, Canning a voté la liberté générale de toutes les nations.... Les États-Unis de l'Amérique septentrionale sont appelés par leur position et leurs relations commerciales, à réduire les Anglais à la possession de l'île d'Albion.

Le Bigorre, d'assez grande importance alors,

faisait le désir et l'ambition des Anglais ; il venait de leur être abandonné par le traité de Bretigny (1). L'incertitude des bornes des possessions donnait lieu à des querelles inépuisables. Henri II était plus occupé des avantages que lui procurait le divorce de Louis VII que de la vertu d'Eléonore. A peine dans sa seizième année, elle avait les deux qualités de son sexe les plus séduisantes, la beauté et l'esprit. Ses plaisanteries sur le changement de parure du roi, vêtu d'une aumusse, en cheveux courts et plats, aigrirent ce mari trop ombrageux. Pour la rendre plus méprisable à ses yeux, on l'accusa d'avoir eu des liaisons avec plusieurs seigneurs de sa cour. Ce n'était pas assez : suivant les historiens contemporains, on plaça sur la liste de ses amants un Turc de la race du diable.

Si toutes les parties des nouvelles passions d'Henri, nécessairement disjointes par le gou-

(1) Les Anglais furent chassés de la Guyenne par Antoine de Chabanes Dammartin, issu des anciens comtes de Bigorre. (COMINES, tom. II, fol. 320.) Les Anglais conservèrent le Bigorre pendant trois cents ans, jusqu'au règne de Charles VII. En quittant la Guyenne, ils emportèrent les archives, qu'ils offrirent de vendre au cardinal Mazarin pour cinquante mille écus. C'est dans ces archives, qu'on a consultées pour la rédaction de cet Essai, qu'il faut chercher l'ancien état du

vernement féodal, eussent pu combiner leurs intérêts et leur direction, ces contrées eussent pris un ascendant formidable, c'en était fait de la monarchie française. Assez peu de gens savent qu'un Bigorrais en devint le restaurateur. C'était Arnaud Guillun de Barbazan. Son nom serait probablement dans l'oubli, si son tombeau, conservé à Saint-Denis à côté de Turenne et de Duguesclin, ne rappelait ses services et les regrets de Charles VII (1404). Barbazan fut un des héros de ce temps, et celui qui contribua le plus à l'expulsion des Anglais. Vainqueur dans un combat singulier livré à la tête des deux armées ennemies (ce qui arrivait plus souvent aux chevaliers français dans les combats singuliers que dans les batailles générales, qui demandent plus d'ensemble et d'habitude d'une discipline exacte) s'il eut le titre de *Restaurateur de la France*, il eut celui plus glorieux encore de *chevalier sans reproche*.

Bigorre. Les Anglais ont publié ces titres ou rôles gascons. Les ménagements pour les prêtres mariés (voyez leurs priviléges de l'année 1355, *pro tonsuratis conjugatis, quod sint quieti de vinis propriis* ; et un autre du 16 septembre 1318, *pro clericis conjugatis*, rapportés dans ces rôles), prouvent qu'à cette époque le mariage des prêtres catholiques subsistait encore.

La Féodalité.

On voit dans les époques suivantes le Bigorre désolé par une soldatesque licencieuse, plus à redouter dans la paix que dans la guerre. Excités sous une apparence d'ordre, quatre-vingt-quinze *cavers* ou chevaliers, en langage du pays, *domingers*, *donzerous*, *damoiseaux*, réunion de tous les nobles Bigorrais, prétendaient rétablir l'ordre parmi le peuple, en le livrant au pillage et à toutes sortes de violences; car dans le langage des tyrans, on appelle règle tout ce qui établit une servitude durable; trouble et dissension, tout ce qui peut maintenir une honnête liberté. Les communes ont brisé lentement ces chaînes féodales, si fortement rivées; elles n'exercent aucune représailles sur l'indigence oisive. L'orgueilleuse paresse retenue dans les gentihommières, atteinte des préjugés, livrée à toutes les imbécillités des anciens temps, fière dans ses foyers, comme au douzième siècle, dans un état perpétuel de jalousie pour la conservation de ses prérogatives, dans toute la grossièreté de la vie braconnière, croirait au renversement de l'empire, si elle se livrait à quelque espèce d'occupation, daigne se raprocher et s'humaniser (1). Cependant elle consent à occuper des préfectures, des sous-préfectures et même des mairies de village pour exercer sur le peuple une domination à laquelle elle ne peut renoncer. Ce n'est pas d'aujourd'hui que la noblesse de Bretagne donne l'exemple du travail, de l'économie et de la liberté dont jouissent tous les Bretons, celui du travail et de l'économie rurale. Dans cette province, une lance héréditaire à l'extrémité du sillon, annonçait un gentilhomme

(1) On se plaint que la considération et les intérêts soient livrés à cette classe d'hommes sans cesse épuisée par le luxe, et ne se réparant jamais par le travail. Solon valait bien un gentilhomme; il descendait de Codrus, dernier roi d'Athènes. Avant de donner ses lois immortelles, il rétablit sa fortune par le commerce. L'histoire, qui vante les Bouchard-Montmorency, célèbre aussi les Fabert, les Catinat, les Clisson. La noblesse moderne (dont la manie a chargé de fictions les nobiliaires) étant innombrable et l'apanage perpétuel des familles, a cessé d'être une récompense nationale. Toute une nation serait devenue noble à la fin, ce qui produirait une léthargie fatale aux arts et aux métiers, comme il est arrivé en Espagne; cette superfétation de nobles rappelle qu'en 1370, Charles-le-Mauvais, roi de Navarre, charmé d'un bon souper que lui donnèrent les habitants de Cherbourg, les créa tous barons. Personne n'ignore que madame de Pompadour obtint des lettres de noblesse pour le médecin de son épagneul, *e tutti quanti!*

qui labourait, on la saluait comme le laurier triomphal qui couronnait la charrue de Camille et de Cincinnatus.

Les hobereaux bigorrais ne suivaient pas des exemples aussi honorables: toujours en guerre, oppresseurs, et opprimés tour à tour, ils accablaient les peuples de leur force ou de leur faiblesse. Deux ou trois bourgades composaient un petit état qui combattait contre l'état voisin. Ce qui ne fut d'abord que le gage de la reconnaissance envers les protecteurs, devint, avec le temps, la dette d'un sujet envers son seigneur. Le mot *senior* ne signifie encore aujourd'hui dans toutes ces contrées que l'*ancien* ; on n'y attacha jamais les mêmes idées que ce mot réveilla dans leurs descendants. Le droit des seigneurs devint si peu affermi, qu'on pouvait en changer et en secouer l'autorité. Mais la faction étant parvenue au pouvoir absolu, elle changea ces donjons, dont la vue est encore menaçante, en autant de prisons; il n'y eut pas de rochers dont la cime élevée ne portât une tour, l'effroi de la contrée. On en compte en Bigorre plus de deux cents, placées sur les bords des rivières ou aux passages des montagnes. Ces tours communiquaient souvent avec des lieux éloignés par des galeries souterraines, dont l'ouverture était cachée. Elles recclaient les prisonniers ; on s'y retirait pour se dérober aux surprises. Les traditions, les romances, sont remplies d'anecdotes funèbres dont ces tours ont été le théâtre et le dénouement.

Parmi la multitude de pouvoirs destructifs, aucun n'était armé d'une puissance tutélaire; l'attention des chefs, fixée sans cesse par leur intérêt personnel, excitait nécessairement des résistances dans des circonstances pressantes où la faim et le désespoir rendent le peuple terrible à ses maîtres. Irrités de tant de calamités et de mépris, les Bigorrais s'armèrent enfin pour la défense de leur liberté. On précipite les émissaires du comte du haut d'une roche, on les brûle dans la vallée d'Azun. Sur la foi de quarante otages, Centulle II ayant osé pénétrer dans celle de Barèges, se voit arrêté au château de Montblanc, et ne doit la vie qu'à sa fuite à travers les précipices de l'ancienne route. La vengeance et la haine étaient promptes et redoutables, comme la reconnaissance et l'amitié étaient sans bornes. Qu'on ne s'attende point à voir cette nation, semblable aux populaces modernes, dont l'éducation semble jeter tous les hommes au même moule, et remplir leur esprit d'une égale mesure de préjugés. On reconnaît toujours le Bigorrais à une empreinte originale et particulière; une guerre sérieuse ne pouvait lui convenir. Son caractère, dans les occasions les plus graves, distrait tout à coup par une gaieté, saisit le côté plaisant et perd de vue ses intérêts les plus chers; voilà les Gascons. Ils s'étaient vengés de la mère de Centulle, tournée en dérision par des vaudevilles et des chansons (*escharnide*), disent les chroniques du pays; ils s'apaisèrent de même. Combien il est aisé de rendre heureux des hommes simples, plus instruits par la nature que par les opinions lugubres des interprètes menteurs qui le trompent. Accoutumés à lutter contre les éléments, à l'abri, parmi leurs rochers, des menaces et des entreprises de la tyrannie, ils résistaient avec le courage de tous les instants aux bandes de miquelets espagnols, aux incursions subites et journalières de ces maraudeurs hardis et cruels. Cette situation déchirante fut suivie de l'irruption, des peuplades entières, que la misère et l'oppression chassaient de l'Armagnac : elles infestaient le plat pays, et le rendaient, suivant Belleforest, *une retraite à toute volerie et la proie du premier venu*. Qu'on ne dise pas que les longs malheurs, dont j'abrège le récit, sont d'un temps éloigné et sans intérêt pour les Français sous une monarchie tempérée, que les fureurs nobiliaires ont cessé par l'instruction et sont remplacés par le sentiment et la douceur du gouvernement. Joly de Fleury, ministre de Louis XVI, dans une séance du conseil-d'état, définit le Français, peuple serf, *corvéable et taillable à merci et miséricorde.*

Rendons grâces à la bienfaisante civilisation qui a répandu l'esprit général d'une humanité réparatrice, détruit les préjugés injurieux entre les nations, écarté les germes de divisions entretenues par la tyrannie. Le règne des lois est établi, elles ne feront plus de toutes les nations qu'une même famille unie par le commerce, les mœurs et le génie. Un nouveau monde moral a relevé sa force; le bon sens du peuple a perfectionné l'esprit social; les fureurs impuissantes d'une caste tristement célèbre se perdent dans la conscience des nations. N'en déplaise aux benins partisans des paladins, courtois bardés de fer, détroussant sur les grands chemins, ce mélange de cours d'amour et de fourches patibulaires, de Baillées, de Roses et de Villenage, je me réjouis d'être venu à la bonne époque.

Tous ces événements qui agitaient les provinces, paraissent ridicules au peuple crédule et oisif des villes; il ignore qu'il n'y a souvent entre les grands événements et les petits que la différence du théâtre.

Les guerres de religion apportées en Bigorre.

Le milieu du seizième siècle voyait changer rapidement la religion et le système de l'Europe. De nouveaux dogmes, fortifiés par les désordres de Léon X et de sa cour, mêlés à des intérêts puissants, agitaient le Béarn, centre du protestantisme, tous les pays voisins liés aux deux partis. Les Bigorrais entre autres, laissaient à Dieu le soin de punir les ennemis de son culte; mais bientôt, plus zélés qu'éclairés, ils se laissèrent entraîner dans la calamité générale. Après son expédition de Normandie, Montgommeri passe la Garonne et surprend Tarbes (1). Condamné à perdre la tête pour avoir blessé Henri II dans un tournois, échappé aux massacres du 24 août, il en devint plus cruel. Les catholiques étaient commandés par Sarlabous, compagnon de

(1) Le 20 janvier 1570, Montamat, à la tête des Béarnais, détruit ce qui a échappé aux flammes et au pillage. En 1571, le même vient enlever à quelques habitants qui s'y étaient rassemblés, le reste de leurs dépouilles. En 1573, Sarlabous, chef des catholiques, sous prétexte d'arrêter le juge-mage, pille la ville: l'excès du ridicule se joint souvent aux horreurs d'une guerre cruelle, quand on voit le chanoine Lavedan, à la tête d'un parti de cavalerie, attaquer Montgommeri et

Besmes, l'assassin de l'amiral, qui ne justifia que trop l'idée qu'on devait avoir des exécuteurs de la Saint-Barthélemy. Tarbes ouvrit ses portes au premier brigand qui s'y présenta. Les montagnes, asile de la liberté, évitèrent les malheurs de la guerre civile; une faible garde défendit l'entrée des vallées aux combattants des deux partis. Durant ces querelles théologiques que personne n'entendait, le bon sens du peuple montagnard donna un grand exemple de prudence en défendant de parler de Dieu ni en bien, ni en mal, jusqu'à la fin des hostilités. La plaine n'offrait pendant long-temps que des villes prises d'assaut, reprises et brûlées; d'horribles pillages désolaient les campagnes : on se lasse d'écrire une guerre horrible, moins dangereuse pour l'état, mais plus cruelle pour les provinces que les grandes guerres de Condé et de Coligny. Les revers s'étant succédés sans relâche,

---

l'obliger de quitter les faubourgs. Passinoles, autre chanoine, bon tireur, tue les soldats de Montamat au clair de la lune. En 1574, Lisier, partisan béarnais, s'empare de la ville; le chapitre, retranché dans le clocher de la cathédrale, soutient le siége. Le brave chanoine Galupio obtient une capitulation honorable; on croirait, sans tant de malheurs, lire le Lutrin. Les missionnaires des deux partis, toujours armés, avaient bien plus à cœur le pillage, les rapines, que le salut des ames.

ce pays, abandonné à son apathie accoutumée, on ne pouvait rien attendre de sa nullité, lorsqu'un homme de génie, un intendant auquel on doit un éternel souvenir, attacha le Bigorre à la communication générale de la France dont il était isolé, en perçant le flanc des plus hautes montagnes, en construisant des ponts et des chaussées, en arrêtant des torrents impétueux. Ces grands et utiles chemins font oublier les longues, les dures corvées et l'argent qu'ils ont coûté. Le zèle, le courage et le désintéressement de l'intendant Detigny n'ont pas eu de successeurs; mais nous n'aurons pas sujet de nous plaindre, si nous trouvons dans la comparaison d'un autre âge des institutions que nous puissions aimer.

État du Bigorre avant 1789.

Les ennemis de la révolution sont forcés de convenir qu'avant qu'elle ne se manifestât, la circulation générale des lumières sur les gouvernements et sur toutes les branches des connaissances, avait produit une apathie fâcheuse; elle s'étendait sur le dogme religieux et sur les prêtres si puissants jusqu'alors dans les campagnes, mais déjà n'en imposant plus. La France gardait depuis long-temps dans son sein des germes qui, à des époques plus ou moins éloignées, devaient l'arracher à ses vieilles habitudes et au despotisme le plus insensé de ministres imprévoyants, de courtisans insatiables d'argent et de dignités, à celui de confesseurs fallacieux et de maîtresses avides, et aux intrigues d'un clergé jouissant pauvrement et dans la misère du peuple, d'un revenu annuel de cent vingt-un millions deux cent quatre-vingt-dix-neuf mille cinq livres.

La magistrature, ennemie des grands talents, arrangeait son ambition avec le gouvernement; enfin les intendants souverains, régnant dans les provinces avec leurs subdélégués, et des lettres de cachet, tous ces dissipateurs divisés dans le partage des faveurs de la cour, mélange bizarre de bassesse, d'opulence et de misère, d'ambition et d'indolence présomptueuse, se réunissaient toujours contre le bien général, incompatible avec des priviléges devenus odieux à la nation.

Je n'écris pas l'histoire de la révolution, pour offrir ici l'impression profonde qu'avaient laissée dans les provinces le despotisme et sa marche incertaine, les banqueroutes, les billets de Law, ceux de confession, le déficit, des guerres insensées, impolitiques, durant les longs règnes des deux prédécesseurs de Louis XVI, que ses imprudents et malhabiles conseillers entraînèrent dans tous les événements. Ce peuple folâtre, d'enfants, de singes et de renards, fatigué de ses plaisirs, ne riant plus du poids de ses fers, s'avisait de raisonner jusque dans le plus petit village du Bigorre. On cite, entre mille preuves du peu d'intérêt du gouvernement pour ce pays, l'épizootie affreuse qui enleva tous les bestiaux nécessaires à la culture des terres et à l'existence de ses habitants, ressource la plus considérable. Cette perte, évaluée à plusieurs millions, cette calamité, présentée par les états à la sollicitude du ministère déplorable, obtint le secours humiliant et inhumain de 30,000 francs. Les états sans force et sans volonté, l'administration de l'intendant, oppressive ou languissante, livraient le pays à un abandon honteux. Le tocsin du 14 juillet fut accueilli avec transport des habitants; on les a vus excités par le sentiment de l'indépendance dans les phases d'une révolution agitée par les ennemis secrets et connus de tous les gouvernements, les esclaves de la faiblesse, les émissaires stylés de la corruption et de la terreur, conservant le jugement sévère des événements, appréciateurs de la paix, défenseurs constants et intrépides de leur indépendance.

Quel est le tableau, en particulier, du Bigorre depuis 1789? La France présentait l'étrange bigarrure de coutumes, de lois, de mœurs, d'habitudes, de priviléges, d'administrations diverses, la confusion des autorités, impénétrable cahos d'oppositions contraires dans la même nation, son gouvernement encore barbare, n'ayant jamais tenté de le ramener à l'unité d'un seul. Cet état subsista jusqu'à la mémorable division conçue et exécutée par l'assemblée constituante. Le Bigorre, sorti d'une médiocrité inconvenante, fraction de la généralité d'Auch, élevé au rang des quatre-vingt-trois départements, sous le nom des *Hautes-Pyrénées*; son territoire agrandi des quatres vallées d'Aure, Barousse, Magnouac, Nestes, et d'une partie de Rivière-Basse, jouit de tous les avantages d'une constitution libérale. Le peuple affranchi des droits féodaux et des dîmes, oh! contraste vengeur! Appelé aux élections des députés, aux assemblées départementales et communales, a retrouvé le noble sentiment de l'honneur; à la frivole administration d'un intendant, parcourant en poste des contrées qu'il ne cherchait pas même à connaître, ont succédé un préfet sédentaire, un conseil de préfecture, établissements qui demandent une amélioration. La justice confiée à l'indolence d'un juge-mage, rapprochée des contribuables. Ce département possède un établissement qui doit favoriser la reproduction de la belle race de chevaux navarrains. Un commandant surveille l'exécution des lois militaires. Les changements qu'un petit nombre d'années ont produit, sont d'autant plus remarquables, que des traces de l'ancienne barbarie subsistent encore; mais tout se perfectionne : un torrent de lumière dissipe les préjugés, favorisés par une oisiveté inquiète et funeste, d'heureux présages annoncent l'étude des sciences et des arts qui éclairent et font le bonheur des peuples.

Tout est mode dans notre nation ; tout le monde veut être naturaliste, ou le paraître. Ce pays offre des spectales variés et nous venge du reproche de frivolité dont on nous accuse. De riches amateurs affluent, encourageant le génie indigent pour former de riches collections, des cabinets de curieux. Les artistes qui se plaignent de ne plus retrouver les vraies proportions de l'homme, peuvent au besoin prendre les indigènes pour modèles. Un voyage aux Pyrénées doit entrer dans le plan d'une bonne éducation.

Il me reste, en terminant mon voyage, à rappeler la pensée d'un poëte qui me servira d'excuse : *Difficile est proprie communia dicere* (1), et à rapporter une observation géologique importante pour les géographes et les investigateurs d'archéologie. La ligne de séparation physique, depuis l'embouchure de la Garonne jusqu'à sa source aux Hautes-Pyrénées; de la pointe de Graye, ou du Verdon, en se dirigeant sur la pointe la plus élevée, on gagne les coteaux de l'ancien duché d'Albret, qui se prolongent dans l'Armagnac, où dominent deux pentes opposées à l'est et à l'ouest, où coulent, soit dans la Garonne, soit directement dans l'Océan, la Leyre, le Ciron, la Douze, le Midon, la Losse, la Baïse, la Gelize, le Gers et toutes les eaux qui vont grossir leur cours. Si l'on s'écarte à gauche, selon les sinuosités formées par les sommets principaux, on arrivera entre Aveiron et Vic-Fez-en-Sac, où le passage se rétrécit pour la première fois; puis à Thilac, à Trie, où il se rétrécit encore. On arrive insensiblement à Tournay, où il s'élargit en s'élevant vers les Pyrénées, dont on monte les premiers gradins au Nebouzan. En parcourant ensuite la crête aride qui forme au nord la délicieuse vallée de Campan, on laisse à gauche la Neste à droite de l'Adour, et l'on par-

(1) Hor., *Epis.*, *ad Pison.*

vient au terme de son voyage, après avoir fait un trajet à peu près de cent lieues. C'est donc à la pointe de Grave, vis-à-vis Royan, que finit le système des Pyrénées, et que se termine au nord la base de ces montagnes.

Sed non immensum spatiis confecimur æquor,
Et jam tempus equum fumantia solvere colla.
Virg., *Georgicon*, l. II.

Mais ma seconde course a duré trop long-temps,
Et je dételle enfin mes coursiers halletants.
Delille.

FIN.

NOTES.

Degré de chaleur des eaux minérales de Bagnères-Adour.

Artigue longue.	N° 1	34
	2	36
	3	29
Lasserre.	N° 1	28
	2	38
	3	27
Mora.	1	$44\frac{1}{2}$
	2	29
Petit bain.		44
Lagutière.	1	33
Douches, 2 à 40	2	
Salies.		47
Cazeaux		36
Foulon.		13
Théas		46

Roc de Lanes.	17
Bains des pauvres	35
Saint-Roch.	43
La Seirie	26
Piera	24
Grand Salut	29
Petit Salut	28

Il y a trois bains de plus qui sont à 28 degrés.

Dauphin.	29
Petit Pré.	18
Grand Pré	33
Santé.	28
Versailles.	26
Vigneste.	27
Arqué.	27
Lannes Chaud.	36
Délices.	26
Grand Prieur.	29
Petit Prieur.	32
La Reine	43
Fontaine nouvelle.	17
	42
	42 $\frac{1}{4}$

On ne garantit pas l'exactitude de ces calculs.

MARBRES DES HAUTES PYRÉNÉES.

De Lourdes, de deux espèces, gris blanc.
D'Aspin, vallée de Valsuguère, noir et blanc, quartier de Peyre Male.
De Sui, vallée de d'Avantaigne.
De Bordes, blanc, vallée de d'Avantaigne.
D'Arran, vallée d'Azun, quartier Saint-Barthélemi.
D'Arcizas, même vallée, quartier de la Pres...
De Cauterets.
Darrieu-Mau, quartier de Luz, vallée de Barèges.
Trouvé dans le torrent du Bustan, quartier de Luz, vallée de Barèges.
Des Bains de Barèges.
De Pierre-Franche-du-Bayet, de Viella et de Barèges.
De Notre-Dame-de-Héas, quartier de Gèdre.
De la montagne d'Aoussoué, quartier de Gavarnie, vallée de Barèges.
De Bagnères, au-dessus de Medoux à Escornebouen.
D'Asté, au-dessus du four à chaux.
Autre carrière, à Asté, près la Behe.
De Campan, jaspé de vert isabelle.
De Sarrancolin.
De Beyrède, près de Sarrancolin, vallée d'Aure.

La liste des marbres qu'on trouve aux Hautes Pyrénées, peut être augmentée de ceux qu'on découvre journellement entre Lourdes et Argellez. On les emploie pour les usages les plus communs.

DE
L'ÉCONOMIE PASTORALE
DANS LES HAUTES PYRÉNÉES,
DE SES VICES ET DES MOYENS D'Y PORTER REMÈDE.

Lorsqu'on connaît le parti que les habitants des Hautes Alpes tirent de l'éducation du bétail, on ne peut voir sans surprise à quoi se réduisent dans les Hautes Pyrénées, les produits de l'économie pastorale. Ces montagnes sont pareilles, les herbages y sont de même qualité; l'exposition, le climat sont semblables; et si une scrupuleuse comparaison fait découvrir d'un côté quelques avantages, ils sont tous en faveur des Pyrénées, qui étant sensiblement moins élevées, ont moins de rochers arides, moins de neige, peu de glaces; d'où il résulte qu'à espaces égaux il y a plus de lieux fertiles; qu'à hauteurs égales elles sont plus accessibles; que les ravins sont moins étendus, les torrents moins considérables, les lavanges moins dangereuses, les vallées supérieures plus long-temps habitables.

Dans les Hautes Alpes, cependant, après avoir pourvu à toutes les consommations intérieures, il se fait une exportation considérable des produits de l'économie pastorale. Les Italiens viennent acheter sur les lieux des milliers de quintaux de fromage qu'ils paient à raison de dix à quinze sols la livre. Ils emportent encore une quantité de cuirs. La Lombardie, Milan, Gênes, l'état de Venise s'y fournissent de mules et de chevaux de deux ans, qu'ils paient 120 livres l'un portant l'autre. L'Allemagne et la France en tirent des bœufs superbes de trois à quatre ans. En temps de guerre les états voisins y trouvent même une quantité de salpêtre préparé par les montagnards, sans fouilles, sans recherches incertaines, et produit par des moyens aussi réguliers que simples, enfin outre ces grands objets d'exportation, on a une multitude de petits produits très lucratifs; et, par exemple, ce sont les Alpes suisses qui fournissent tout le sel d'oseille et le sucre de lait qui est dans le commerce. Aux profits qui résultent de la vente de ces productions se joignent les économies qui résultent de la simplicité des mœurs. Le peuple des Alpes vit de ses laitages et n'aime pas autre chose. Il fournit donc beaucoup de denrées à la plaine, et en tire fort peu. La balance du commerce est toute à son avantage, et il n'y a point de père de famille qui n'ait de gros capitaux en argent qui lui donnent le moyen d'étendre sa culture par des avances bien entendues. Ces capitaux lui servent encore à établir ses enfants, en sorte que la division des propriétés n'est jamais nécessaire, et que les nouvelles familles sont en état ou de faire des établissements nouveaux à la montagne, ou d'aller enrichir la plaine de l'excédent de sa population et de ses biens. Or, tout cela se fait avec peu de travail, parce que le travail n'excède jamais quand il est bien dirigé. Jamais on n'y verra une femme accablée à la fois du soin du ménage et des pénibles occupations de la campagne. Les femmes entretiennent à la maison l'ordre et la propreté ; les enfants jouissent au moins de leur prérogative humaine, et ne sont pas plus mal tenus que le bétail.

Dans les Hautes Pyrénées, c'est un tout autre spectacle. La masse du travail y est énorme et les produits sont nuls. Les hommes sont fatigués, les femmes excédées, les enfants à l'abandon, les cabanes sans meubles, sans linge, sans ordre et sans propreté ; le gros bétail est dans un tel état de dégradation qu'il n'y a peut-être nulle contrée pastorale où il soit aussi faible : quand une vache rend le tiers du lait d'une vache commune de Suisse, elle est réputée excellente. Les laitages ne fournissent pas à la moitié de la consommation locale. On n'exporte que du beurre, pas un seul fromage. On ne voit pas un bœuf dans toute la contrée, et l'on ne mange que du veau. Il y a quelque commerce de mules; mais l'espèce est petite, parce que les juments sont faibles et les beaudets de la plus chétive espèce. La pénurie des fourrages d'hiver tourne les spéculations vers les moutons dont on vend la plus grande partie en automne, et encore cette spéculation est si étroite, que jamais les habitants du canton de Barèges ne sont parvenus à peupler leurs pâturages, dont ils ont de tout temps loué la meilleure partie aux Béarnais, et, ce qui est plus déplorable, aux Espagnols.

Ce qu'il y a d'affligeant dans cette comparaison des Pyrénées aux Alpes, ne doit pas être mis sur le compte des contributions publiques, qui sont faibles là et fortes ici. Jamais les contributions n'ont étouffé l'industrie et découragé la culture quand le système d'administration a été bon et le peuple laborieux. On paie fort peu en Italie et en Espagne, et l'on y est gueux. Les impôts sont très lourds pour quiconque consomme plus qu'il ne produit; et au contraire, ils tournent à l'avantage de celui qui produit plus qu'il ne consomme, car ils rehaussent le prix de ses denrées. Les peuples les plus riches et les plus commerçants de l'Europe en fournissent la preuve.

Ce n'est assurément pas non plus au caractère du peuple des Pyrénées qu'il faut s'en prendre du mauvais état de son économie pastorale. Il est naturellement aussi perfectible que celui des Hautes Alpes; il est plus actif, plus ingénieux, plus entreprenant. La France n'a pas de race plus belle, plus spirituelle, plus élégante, plus agile. Ces hommes déjà robustes et nerveux surpasseraient en force ceux des Alpes s'ils se nourrissaient mieux, s'ils savaient vivre de leurs laitages, si leurs aliments n'étaient pas un grossier mélange de mauvaises farines, de mauvaises viandes, de mauvais légumes, s'ils ne se livraient pas aux vins malsains de la contrée. Ils ont été dégradés comme leur bétail par l'oppression qui engendre la pauvreté, par la pauvreté qui, quoiqu'on en dise, est la mère de l'ignorance et non de l'industrie. En resserrant les moyens des familles, elle a énervé la culture, rétréci les prairies, exténué les troupeaux, détruit les bois, lâché la bride aux torrents et aux lavanges, rapetissé tous les travaux à la mesure du présent; et la faim journalière a incessamment dévoré les espérances de l'avenir.

Une fois qu'un peuple se dessaisit de l'économie pastorale, faute d'être en état de faire les avances qu'elle exige, il faut qu'il cherche sa vie dans un labeur plus approprié à la faiblesse de ses moyens. Les montagnes ne sont pas propres à une bonne agriculture; mais elles se prêtent à cette petite culture qui ne demande qu'une pioche et des bras. Les habitants des Pyrénées ont donc fait de mauvais champs en dépit de la nature. Ils cultivent un peu de seigle et d'orge, et d'autres menus grains; et ils se sont adonnés pour leur nourriture à des farines dont ils ont pris l'habitude, et qui, ne pouvant être produites chez eux en quantités suffisantes, les ont mis dans une dépendance absolue de la plaine : ils paient ce qu'ils en tirent avec leur bétail ; mais comme ils n'ont pas le temps de le laisser croître, ils ne vendent que de chétifs élèves, point d'animaux formés, et la plaine aussi mal servie que la montagne par ces défectueux échanges, n'est pas moins dénuée de bœufs, de fourrages, de cuirs et des autres produits du bétail, que si elle était à cent lieues des pâturages.

Actuellement ces mauvaises habitudes sont tellement enracinées, que les riches même ne sortent pas de la routine des pauvres. Ils ne piochent pas leur champ, ils le font labourer par des vaches. Il est impossible d'imaginer un plus triste spectacle pour un ami des troupeaux.

De même, vivre des produits de la plaine, est une mode qui a pris tous les caractères de la nécessité. Il faut à tout le monde du froment, du seigle, ou au moins du maïs et du vin en abondance. Que diraient ici ces patriarchales familles de pasteurs formées dans les Hautes Alpes, qui ne voient jamais dans leur cabane ni pain ni vin, ni viande, ni farine, et qui n'en produisent pas moins les hommes les plus grands et les plus vigoureux de l'Europe, et les plus riches entre tous ceux qui vivent de l'honorable travail de leurs bras ?

Il résulte des goûts factices des habitants des Hautes Pyrénées et de leur culture mélangée, qu'ils ont perdu l'orgueil des pasteurs, et ce préjugé salutaire qui fait que les hommes préfèrent à tout leur propre pays et ses productions naturelles. Ce ne sont point leurs pâturages, mais leurs champs qu'ils comparent à ceux de la plaine ; et l'infériorité est si évidente qu'ils en conçoivent du mépris pour leurs montagnes. Quand on leur parle de leur pays... Ah ! c'est un mauvais pays; disent-ils; que l'on consulte ces Suisses qui vivent dans un pays bien plus rude, ils ne connaissent rien sur la terre qui lui soit préférable. Un montagnard qui revient dans sa patrie après quelque temps d'absence, baise sa terre natale, ses belles vaches, les murs de sa cabane, et se livre à des transports de joie lorsqu'il entend la cornemuse des bergers.

Si le berger n'est pas fier de ses troupeaux, et s'il envie le laboureur; si le laboureur ne se complaît pas dans l'agriculture et convoite les douceurs de la vie pastorale, il n'y a ni moissons ni troupeaux; tout est mal fait; les particuliers sont pauvres et l'état languit.

Telle est la situation actuelle des choses dans les Hautes Pyrénées. Il n'y a pas de remède prochain aux goûts des habitants ; mais ces goûts peuvent se corriger à la longue par l'amélioration de l'économie pastorale ; et pour opérer cette amélioration, il faut, d'une part, perfectionner les procédés et de l'autre rendre aux bergers la fierté de leur condition. Si je n'en proposais pas les moyens, je n'aurais fait qu'une inutile critique et de décourageantes comparaisons.

Le premier objet de spéculation d'un peuple pasteur doit être de proportionner ses fourrages d'hiver à ses herbages d'été, c'est à dire ses prairies à ses pâturages. Dans toutes les Pyrénées, la disproportion est considérable, dans les vallées de

Cauterets et d'Aure, et surtout dans le canton de Barèges, elle est énorme. La multiplication des troupeaux, et par conséquent la population s'arrêtent aux limites des prairies ; et ce qui reste de pâturages non représentés par des fourrages d'hiver, indique l'accroissement dont elles sont susceptibles.

On utilise ces pâturages de diverses manières. La plus mauvaise est celle que l'on emploie le plus fréquemment dans les Hautes Pyrénées : en y amenant des troupeaux étrangers, car c'est se contenter du prix de l'herbe et abandonner aux autres le profit du bétail : acheter de jeunes bêtes au printemps pour les revendre l'automne, est une spéculation plus raisonnable ; cependant elle est toujours moins avantageuse à celui qui fournit le pâturage qu'à celui qui fournit le bétail. Ce n'est jamais que de l'herbe louée un peu plus cher, et il n'y a rien de gagné pour la population.

Améliorer et étendre les prairies, voilà le but où doivent tendre une bonne administration et une économie pastorale bien entendue.

On améliore les prairies par le choix des herbes qu'on y cultive. Tout le monde, hormis les habitants des Pyrénées, sait que le foin n'est pas à beaucoup près la meilleure récolte qu'on puisse faire dans un pré. Il existe des plantes qui fournissent de trois à cinq fauchées, et dont chaque fauchée produit une fois et demie ou deux fois autant de foin, qu'une fauchée de gramens qui croissent dans la meilleure prairie. Les trèfles offrent plusieurs de ces avantages. On en sème un dans le Lavedan et la vallée de Campan, savoir, *le ferron* (*trifolium incarnatum*), mais cette culture ne fait pas de progrès et n'en doit point faire, parce que ce trèfle est annuel, et par conséquent au nombre de ceux qui exigent le plus d'avances et produisent le moins. Le trèfle de pré vaut bien mieux, et le trèfle *alpestre* (*trifolium alpestre*), qui croît spontanément dans ce pays, est encore préférable parce qu'il s'élève davantage. La luzerne rendrait de grands services dans les lieux secs, et remplacerait à Barèges le sarrasin qui certainement ne produit pas en pâte et en *truses* ce qu'elle produirait en lait, en beurre et en viande. Que serait-ce si l'on semait ici la vesce bisannuelle et le mélilot de Sibérie, qui, se soutenant mutuellement, fournissent une herbe de six pieds de haut ? un journal de ces deux plantes rend autant que quatre journaux de foin, les regains compris. Ailleurs on fait encore des semis d'orge et de carrotes mêlées. L'orge croît plus vite que la carrote et en étouffe l'herbe au profit de la racine qui gagne en valeur. On les fauche en vert, et il en résulte un excellent fourrage. Puis on déterre les carrotes que l'on hache l'hiver pour les donner aux vaches, mêlées avec leur foin. Il n'est aucune nourriture qui fasse autant de lait et une crème aussi épaisse. Tous ces végéteaux, au reste, ne doivent point faire le fond de la culture, parce qu'on ne peut les donner au bétail sans mélange; mais le propriétaire qui leur consacrera le quart de ses prairies doublera ses foins.

A ces mesures d'amélioration des prairies il faut réunir celles de leur exécution, et les Pyrénées ouvrent un vaste champ à ces conquêtes. Il n'y a point de commune, de hameau, de grange qui n'ait à sa portée des communaux que la paresse laisse incultes; j'en pourrais indiquer des milliers de journaux. Quelques bergers plus entreprenants y font de petites récoltes; mais ce n'est point par la culture qui exige des avances et un travail suivi. Ils vont enlever une fauchée de foin dans les vallées élevées où la nature en est prodigue: cette ressource n'est à la portée que de ceux qui ont des granges dans le voisinage. C'est ainsi que les habitants de Gèdre fauchent sur le Coumelie, et ceux de Gavarnie dans la vallée d'Ossouë. D'autres, plus hardis, s'exposent sur les plus affreux précipices. Les habitants de la vallée de Bastan parcourent ainsi les pentes dangereuses du pic d'Ereslid où ils dérobent aux ysards quelques herbages que le bétail ne saurait atteindre. Ils en font des bottes qu'ils jettent au bas de la montagne et qu'ils portent de là dans leurs granges. Il serait moins périlleux et plus utile de défricher les communaux que j'indique ; mais les expéditions hardies conviennent mieux au génie aventurier des montagnards ; et ils préfèrent une botte de foin enlevée d'assaut à une bonne récolte obtenue par un travail régulier.

Les lois leur apprendront à mieux diriger leurs efforts. Le partage égal des successions va multiplier les familles et la division des communaux susceptibles de culture présentera aux nouvelles familles des terrains à défricher. Ainsi les prairies gagneront un peu sur les pâturages, et les produits respectifs se rapprocheront de l'équilibre. L'effet de ces choix ne peut aller jusqu'à faire défricher la partie des vallons supérieurs qui en est susceptible. Là il y a d'autres obstacles à surmonter, et les hommes en sont repoussés par des inconvénients locaux auxquels il faut porter remède.

L'imprévoyance y a détruit les forêts, et ce

sont les premiers qui ont disparu de la face des Pyrénées, parce que c'est dans les vallons supérieurs que les hivers sont les plus longs et les plus sévères, et que le besoin de combustible était le plus pressant. Ces forêts détruites, les lieux circonvoisins sont devenus inhabitables; on ne peut y former actuellement des prairies, parce qu'on ne saurait transporter les foins à la distance où les habitations se sont retirées. Ainsi les fécondes vallées d'Asp, d'Ossouë, de Cambielle, d'Estaulée ne présentent que d'immenses pâturages d'été. La vallée de Héas n'a plus que neuf maisons, et cessera bientôt d'être habitée, et la partie supérieure de la vallée de Bastan est inculte. Si ces deux dernières vallées ne sont pas aussi abandonnées que les autres, elles le doivent, l'une à sa madone, et l'autre à ses eaux minérales. Ces deux établissements ont excité les habitants à des efforts qui les y ont maintenus, et qui prouvent qu'un travail bien dirigé est capable de peupler les plus sauvages déserts des Pyrénées. Les Alpes, qu'il faut bien que je cite encore, sont à cet égard un modèle qui doit exciter notre émulation. Là on trouve des granges et des maisons jusqu'à onze cents toises au-dessus du niveau de la mer, et à côté des glaces éternelles, c'est à dire à la hauteur du Courmalet et du port de Gavarnie, et dans une situation plus froide. On trouve des hospices au sommet du Saint-Gotard, du Saint-Bernard et de tous les ports semblables, et ces hospices sont habités durant l'hiver, parce que c'est alors que leur secours est le plus nécessaire aux voyageurs. Dans les Pyrénées je n'ai jamais vu une habitation régulière au-dessus de huit cents toises, et les hospices sont honteusement cachés au pied des montagnes, où ils ne sont utiles qu'à l'hospitalier. Ce que peut la patience des Suisses n'est assurément pas impossible au courage des habitants des Pyrénées. Il ne faut que régénérer les bois dans les hauts vallons, et on les rendra habitables. Tant qu'ils demeureront dans l'état où ils sont, il est impossible de rétablir l'équilibre entre les fourrages d'hiver et les herbages d'été.

Des dispositions qui précèdent il suit une augmentation numérique du bétail et l'expulsion des troupeaux étrangers; mais en faisant tout ce que je propose à cet égard, il n'y a rien de fait encore pour l'amélioration des espèces qui sont absolument dégradées.

En effet, l'immense étendue des pâturages, au lieu d'engager les habitants à étendre leurs prairies, ne les a induit qu'à mettre leur bétail hors de toute proportion avec le produit de ces dernières; et si en augmentant les prairies ils suivaient les mêmes procédés pour la multiplication du bétail, on ne multiplierait que des squelettes et l'on n'étendrait que la misère. Tel propriétaire qui n'a de foin que pour cinq ou six vaches, en mène dix au pâturage et les réduit l'hiver à la plus austère diète. Ce n'est pas là le procédé d'un petit nombre, c'est celui de tous; et comme l'ignorance et la pauvreté n'ont jamais introduit une mauvaise pratique qu'ensuite l'amour-propre et la crédulité n'aient essayé de justifier, on est persuadé dans le canton de Barèges que les vaches ne se porteraient pas bien, si elles ne souffraient la disette la moitié de l'année; mais pour peu que l'hiver se prolonge, des foins mesurés si juste manquent tout-à-fait, et alors il y a de grandes mortalités. Il y en a encore par l'excès de nourriture que ces bêtes affamées prennent au printemps; et outre ces pertes qui contribuent déjà à rendre illusoire la population factice des troupeaux, il y a le déchet intrinsèque que souffre l'espèce entière. On ne voit pas un animal vigoureux, pas une vache qui ait du lait; ce sont des demi-vaches, des tiers de vache que renverserait la plus mince génisse des Hautes Alpes. Assurément il y aurait plus de bétail s'il y en avait moins ; il y aurait plus de lait, les veaux pèseraient davantage : mais tels sont les calculs de la pauvreté; elle ne voit la richesse que dans les nombres et jamais dans les qualités. Le Lavedan et la vallée de Campan offrent cependant des objets de comparaison aux habitants de Barèges. Là il y a moins de disproportion entre les prairies et les pâturages, le bétail est mieux nourri l'hiver. A Campan surtout, on a eu le bon esprit de tenir peu de compte de la culture des champs et de faire beaucoup d'herbe; cela seul fait la supériorité des vaches de ce canton, car d'ailleurs l'éducation du bétail y est aussi mauvaise qu'à Barèges.

En effet, là comme partout, l'abstinence a sa part. Quelque médiocre que soit la quantité de lait que produit une vache, jamais son veau n'en a la jouissance ; voué à la faim dès qu'il voit le jour, à peine on le laisse suivre sa mère, on l'enferme pour se ménager l'avantage de la traire, on le sèvre avant qu'il soit en état de brouter : étrange économie! on fait état du lait qu'on lui dérobe, et on ne songe pas à la chair qu'on lui ôte!... c'est la santé du veau, dit-on... trop de lait lui donnerait des vers.... La nature n'aurait fait que des bévues, si ces habiles gens n'avaient été là pour la réformer; et il est clair que les veaux meurent de la colique dans ces immenses déserts où les vaches ne sont pas encore soumises à la surveillance humaine.

Mais tout cela n'est rien en comparaison d'une autre cause de dégradation des troupeaux que je ne sais comment qualifier, tant elle est extraordinaire. Croirait-on qu'il n'y a pas un taureau dans les Hautes-Pyrénées? On a beau le voir : on ne pense jamais l'avoir bien vu. Il n'y a pas un taureau, il faut le dire, dans le pays même, pour en être cru; et l'on n'oserait avancer un pareil fait dans les lieux où l'on a la moindre idée de ce que c'est qu'un troupeau. Ce qu'on emploie ici, en guise de taureaux, ce sont des veaux de l'année, à qui les cornes ne sont pas encore venues; et aussitôt on les réduit à la condition de bœufs, qui sont encore veaux quand on les mange : car il semble qu'on ait résolu de ne rien attendre, et de consommer d'avance toutes les espérances de l'avenir. Quand un malfaisant génie se serait glissé dans les Pyrénées pour enseigner aux bergers l'art funeste de détruire leurs troupeaux, et de tarir toutes les sources de leur prospérité, il ne leur aurait inspiré rien autre que leur économie pastorale; et ce qui étonne, ce n'est assurément pas qu'ils aient un mauvais bétail, mais qu'ils en aient encore.

Lorsqu'on élève des vaches, faire l'économie du foin et du taureau, c'est agir précisément comme le laboureur qui ferait dans son champ l'économie de la semence. Un taureau vigoureux, et dix vaches fécondes, ne consommeraient pas en hiver une moitié en sus de ce que consomme pareil nombre de vaches souffrantes, et rendraient au moins le double en tout genre de produits; et ceci n'est point une hypothèse, puisque les vaches des Alpes rendent le triple de celles des Pyrénées. Or, je l'ai dit, ce n'est point le miracle du sol, du climat, des herbages; tous les avantages sont du côté des Pyrénées. On le verra ici quand on voudra : il ne s'agit que de laisser téter le veau, manger la vache, et croître le taureau.

L'éducation des chevaux et des mules est un peu meilleure, parce qu'on ne s'est pas avisé de voler aux poulains le lait de leur mère; mais les propriétaires les plus aisés n'ont pris aucun soin de leurs espèces. Il n'y a pas de choix dans les étalons, et on les traite ordinairement à la manière des taureaux. On ne voit dans le gros bétail que les baudets qui aient le privilége de la virilité; c'est un petit avantage, vu la petitesse de l'espèce. Il faudrait jeter ici quelques beaux ânes pris dans nos départements maritimes : en en facilitant l'achat et le convoi, on les mettrait à la portée des propriétaires industrieux.

Au reste, l'éducation des mulets et des chevaux ne doit être considérée que comme un objet très secondaire dans les hautes montagnes. Il ne faut nourrir l'hiver que les juments et les étalons, et vendre les poulains l'automne, pour épargner les foins qui sont plus utilement employés à la nourriture des vaches; d'ailleurs ces espèces ne prennent jamais, dans les hautes montagnes, la taille qui convient aux usages de la plaine. On ne doit y élever que ce qu'il faut pour utiliser les pâturages que l'on ne peut pas couvrir de vaches.

Il n'en est pas de même des moutons : c'est une des plus importantes éducations des montagnes, et elle convient spécialement aux Pyrénées. Quelque chose que l'on fasse, les herbages d'été excéderont toujours les fourrages d'hiver, et il n'y a que les moutons qui puissent remplir le vide. On sent, d'après cela, que la nature de cette spéculation ne comporte point l'hivernage des moutons. Ceux qui en élèvent pour les nourrir de foin durant la mauvaise saison ne sauraient avoir de grands troupeaux et font un très mauvais emploi de leurs fourrages. Ceux qui achètent des agneaux au printemps, pour les revendre l'automne, font un peu mieux, mais ils se réduisent à la condition de courtiers et n'ont pour leur part que la plus mince portion des bénéfices. Il existe une bien plus belle spéculation, née dans les Pyrénées, et qui réunit tous les avantages. Avant la guerre, des habitants de la vallée d'Aure prenaient en Espagne des pâturages d'hiver en échange des pâturages d'été qu'ils cédaient aux Espagnols. Cet échange était parfaitement conforme à la nature des deux versants des Pyrénées. Au nord, les herbages sont superbes en été, et au midi ils sont desséchés. En hiver, le midi a de l'herbe et le nord n'a que des neiges. Malgré l'excellence de cette méthode, elle a été peu adoptée; cependant je n'ai entendu faire contre elle qu'une objection : c'est la perte qu'éprouvent les propriétaires des troupeaux par l'infidélité où la négligence des bergers, auxquels ils sont forcés de les confier pour cette migration. C'est assurément une bien mauvaise raison, car toutes les infidélités et les supercheries qui se font sous nos yeux par les *mayorats*, qui conduisent ici les troupeaux de l'Aragon, n'empêchent pas que leurs propriétaires ne fassent d'immenses fortunes. Les habitants du canton de Barèges pensaient-ils faire de moindres pertes quand ils louaient pour 14,000 francs des pâturages qui en valaient deux cent mille aux Espagnols, et qui les auraient valu pour eux-mêmes?

Si les circonstances favorables à ce salutaire échange devaient ne se plus représenter, il serait impossible de perfectionner l'éducation des moutons, à moins que les troupeaux ne trouvassent des pâturages d'hiver dans nos départements maritimes. Mais bientôt les deux versants des Pyrénées seront libres, et alors il faudra interdire toute location en argent de pâturages, et statuer qu'il ne pourra être introduit au nord des troupeaux méridionaux que jusqu'à la concurrence de ceux auxquels il sera assigné des pâturages d'hiver au midi. Cette mesure, bien exécutée, assure aux Hautes-Pyrénées l'emploi complet de tous leurs herbages vacants, une considérable multiplication des moutons, sans aucune dépense de fourrages d'hiver, et des laines égales à celles de l'Espagne, parce que toute la supériorité de ces laines résulte de ce que les moutons voyagent sans cesse et hivernent en plein air. On n'en obtient jamais que de grossières des moutons casaniers.

Je ne m'étendrai pas sur la manière d'employer les produits d'un bétail vigoureux. Il faut posséder d'abord ce bétail. Alors il sera temps de parler du meilleur parti que l'on peut tirer du lait, de la fabrication du fromage, des spéculations sur les bœufs, les moutons, les laines, des profits secondaires, comme le sucre de lait et autres objets de petites manufactures rurales. Avec des prairies étendues, de belles vaches, des élèves bien portants et beaucoup de lait, on sentira bien vite qu'il est absurde que les habitants du pays ne vivent pas des productions naturelles de leur sol, et ridicule qu'on ne mange pas du bœuf à côté d'une contrée pastorale; qu'il est plus lucratif de vendre des bœufs que des veaux, par la même raison qu'il est plus lucratif de vendre des veaux que du foin ; que le commerce du beurre est misérable, parce qu'on ne vend qu'une seule des trois parties du lait, et qu'il faut le remplacer par le commerce du fromage, parce qu'alors on en vend deux..... De même que l'aisance appelle l'aisance, l'industrie appelle l'industrie. Mettons seulement les habitants des Pyrénées sur la bonne route, et laissons-les faire. Les établissements humains sont parfaits quand ils sont perfectibles.

Seulement les circonstances ne permettent point de taire les avantages que l'on retirerait dès à présent, d'une bonne disposition des étables, pour y pratiquer des nitrières artificielles à la manière de celles des Alpes. Je les ai indiquées et décrites ailleurs. Il me suffit de les rappeler.

Cette disposition des étables n'est pas plus coûteuse que toute autre lorsqu'on les construit à neuf. Dans ce cas, donc, l'administration a le droit de la prescrire ; mais elle exige des dépenses si l'on veut y accommoder les étables construites sur le plan ordinaire, et, dans ce cas, ici on ne peut l'ordonner sans faire les avances, et ces avances étant trop considérables pour être proposées au gouvernement, on doit se contenter, à cet égard, d'engager quelques citoyens zélés à montrer l'exemple ; l'on encouragerait ensuite les moins diligents à les imiter, tout en leur démontrant le profit qui résulterait pour eux de la vente de leur salpêtre à l'état, qu'en statuant que ceux qui auraient une nitrière artificielle seraient exempts, dans tous leurs édifices, des fouilles des salpêtriers.

Il ne s'agirait maintenant que de donner la première impulsion à l'amélioration des troupeaux : cette amélioration consiste, premièrement, à en augmenter le nombre, et, secondement, à perfectionner les espèces.

Le moyen de multiplier les troupeaux est renfermé dans une opération générale. Augmenter le produit des prairies, en sorte qu'il y ait plus de proportion entre les fourrages d'hiver et les herbages d'été. Je résume les mesures particulières qui paraissent propres à produire cet effet :

1° Encourager la formation des prairies artificielles par quelques avances de semences que ferait l'état, et par la publication des bonnes instructions, secondées de l'exhortation de l'autorité locale, on trouvera toujours des habitants disposés à faire les essais, et ils seront promptement imités, car ce peuple a, au nombre de ses bonnes qualités, celle d'être moins opiniâtre qu'aucun autre dans ses vieilles habitudes;

2° Partager les communaux les plus voisins des habitations, et en assigner des portions à défricher dans tous les lieux où une famille voudrait former un nouvel établissement. Pour que cette mesure ait tout son effet, il ne suffit pas que les défrichements soient exempts des charges publiques durant l'espace de temps déterminé par les lois; il conviendrait encore d'accorder à celui qui les opère un soulagement sur les contributions qu'il paie à raison de ses autres propriétés ; mais la condition expresse de cette faveur doit être que les défrichements seront faits en nature de prairies, car il ne faut nullement encourager ici les champs : ce n'est pas leur place ;

3° Rétablir les bois dans les vallons élevés, où l'on ne saurait, sans leur secours, former des établissements pastoraux.

On pourrait, sans doute, en faire une opération d'administration, et exécuter les défrichements et les semis comme travaux publics; mais la conservation des semis sera toujours fort aventurée, si elle n'est que le résultat des mesures ordinaires. L'époque actuelle offre d'autres ressources; et, si elles ne sont point efficaces, il n'y en a aucunes qui le soient.

Il faut d'abord instruire les habitants des montagnes, et leur montrer le but où l'on veut tendre. C'est aux corps administratifs et municipaux à exercer cette respectable magistrature, et c'est aux sociétés d'agriculture à imprimer autour d'elles le mouvement qui fera passer de la persuasion à l'exécution : c'est, en un mot, une expédition civique qu'il s'agit de faire. Des membres des autorités et des sociétés iront à la tête des citoyens de bonne volonté reconnaître, circonscrire, défricher, semer, les lieux où il est à propos de former des bois. Le canton de

Barèges en est le plus dépourvu. Il en faudrait un dans la vallée du Bastan, aux avenues du Pic du Midi; un autre au-delà de Héas. Il faudrait semer des pins dans le vallon d'Eslaubé, au-dessus du pâturage des Agudes. Dans la vallée d'Ossouë, on placerait le bois vers les Sauces-d'Avat. Dans la vallée d'Aspet, il ne s'agit que d'étendre et conserver les restes de la forêt de Saint-Savin. Le Cambielle, la Comnelie, Allans et le Pinseni ont aussi des restes de forêts qu'il est facile de remettre en bon état. Au milieu de ces travaux, on se permettra de respecter et de défendre son ouvrage. On le permettra à la patrie, à ses frères, à ses enfants, auxquels on prépare des habitations, des ressources et de plus heureux jours..... Si l'amour du bien public, si la connaissance de leur propre intérêt, si la religion du serment et le sentiment de l'honneur ne rendent pas tous les habitants de ces vallées gardiens et défenseurs de ces nouvelles propriétés conquises dans l'ardeur d'un beau mouvement civique, tant-pis pour ce peuple; il n'est pas encore digne de la liberté; il n'y a ni bois à semer, ni bois à conserver; les réglements, les prohibitions, les amendes n'atteignent pas ces lieux reculés : il faut attendre des temps plus heureux et des hommes plus sages.

Mais ne doutons pas du succès de pareilles mesures. Il ne faut que de l'instruction et des moteurs à des hommes qui ont la raison saine, le cœur droit, et de ces ames qui ne sont jamais demeurées froides à l'aspect d'une belle entreprise.

Ce serait encore une excellente mesure que d'exiger que chaque propriétaire plantât, autour de ses granges de la montagne, un nombre d'arbres forestiers, fixé par celui des têtes de bétail qu'il possède. Il y aurait peu de réglements aussi utiles que celui-là, aussi facile à exécuter, et aussi propre à garantir les forêts des assauts que leur livre le besoin.

Quant aux besoins existants, il sera facile de convaincre les communes qu'elles doivent régler les coupes qui y sont faites. Mieux dirigées, elles augmenteront leurs profits, bien loin de mettre des bornes à leur jouissance. Quand on coupe mal dans un bois des montagnes, on prépare sa ruine : les ravins se forment; il naît des torrents nouveaux, de lavanges inusitées, et vingt arbres mal à propos enlevés par les hommes, en font périr deux cents par les accidents : toutes les Hautes Pyrénées en offrent la preuve. Quelles que fussent les dévastations des hommes, il était impossible qu'ils parvinssent à épuiser les forêts. Mais en ouvrant le passage ici aux vents, là aux torrents, plus loin aux lavanges, ils ont détruit par leur imprudence tout ce qu'avait respecté leur cognée. Il n'y a pas d'éboulement, de grève, de monceau de pierres, qui ne soit rempli d'arbres déracinés, et le sol en renferme peut-être plus qu'il n'en a jamais porté à la fois.

Il est inutile de répéter, car tout le monde le sait, qu'il faut interdire au bétail l'entrée des forêts : c'est à ses ravages que l'on doit d'avoir de vieilles forêts, où l'on ne rencontre pas un jeune sujet, et qui s'épuisent faute de se renouveler. Si le canton de Barèges abondait en bois et manquait d'herbages, on concevrait que ses habitants envoyassent leurs troupeaux brouter des feuilles. Mais il est impossible de se défendre d'un mouvement d'indignation, lorsqu'on trouve au milieu d'une forêt dévastée le bétail qui devrait être sur les pâturages déserts. On punit les contrevenants d'une amende. Il faut les punir en les privant pour l'année de leur part du bois. Ils l'ont mangé d'avance; ce n'est pas de l'argent qui la rendra, c'est le temps. Qu'ils attendent que le temps ait réparé le dommage qu'ils ont fait.

On comprend, par ce que je viens de dire, que je n'entends point que les particuliers coupent individuellement, et à leur guise, dans les bois communaux. On ne doit jamais le souffrir; c'est toujours au profit du plus riche ou du plus impudent. Il n'appartient qu'à la communauté entière de marquer les arbres, indiquer et exécuter les coupes, faire les partages par têtes, et non pas en raison des propriétés. Celui qui a besoin d'une plus forte portion, s'accommodera avec ceux qui n'emploient pas toute celle qui leur revient. Cette disposition est au profit des pauvres; il ne faut pas qu'elle tourne contre le malheur. L'habitant qui aura perdu sa maison par un incendie, un débordement, une lavange, sera fourni de bois de construction par une petite coupe extraordinaire. On aura le même égard pour celui qui entreprend un défrichement et qui forme un établissement nouveau.

Quant à la manière de couper, on doit s'interdire, absolument dans les montagnes, la coupe blanche et tout ce qui y ressemble. Jamais la terre ne doit être dépouillée, dut-on même laisser des baliveaux, et en grand nombre : cela ne suffit point pour protéger les jeunes sujets contre les ouragans, et préserver le terrain des excavations que forment bientôt les eaux et les éboulements. La fameuse ordonnance des eaux et forêts a détruit plus de bois de montagnes, par la coupe réglée, que n'en a pu détruire tout le déréglement des coupes arbitraires.

Il faut couper en jardinant et par souches, et jamais une coupe annuelle ne doit enlever plus d'une souche par vingt-cinq ou trente, suivant les localités et la nature du bois. Cette quantité même ne doit point être répartie également sur la totalité de la forêt; il faut la ménager beaucoup dans sa partie supérieure, qui est plus exposée aux neiges ; il faut la ménager aussi du côté du vent, et de ces deux côtés on doit avoir attention qu'elle ne présente jamais des courbes rentrantes, où s'engouffrent les vents et les eaux. On la ménagera encore dans toutes les dépressions naturelles du terrain, de peur qu'il ne s'y creuse des ravins, et l'on retrouvera ces ménagements sur le centre de la forêt, dans sa partie inférieure et du côté opposé au vent, où l'on coupera plus serré.

Une forêt ainsi aménagée, et d'ailleurs bien défendue des ravages du bétail, deviendra de plus en plus épaisse, et fournira aux usagers deux fois autant de combustible et de bois de construction qu'ils en retirent annuellement.

Tels sont les moyens propres à multiplier les établissements pastoraux. Il reste à indiquer ceux qui peuvent produire l'amélioration du bétail, et c'est la partie la plus importante de l'ouvrage; car on gagnerait beaucoup plus à perfectionner les espèces, sans multiplier les troupeaux, que l'on ne gagnerait à multiplier les troupeaux sans perfectionner les espèces, et, je répète, qu'en diminuant d'un tiers le nombre des vaches des Hautes Pyrénées, il est possible d'en doubler les produits.

Les lumières doivent précéder toute démarche, et l'instruction préparer la voie aux mesures administratives; car, en vain, encouragerait-on l'amélioration du bétail, si les bergers ne savent pas ce que c'est que du bétail, et comment on l'améliore. Il faut bien qu'ils apprennent d'abord qu'une vache des Pyrénées doit rendre deux ou trois fois autant de lait qu'elle en rend habituellement; que pour obtenir ce produit, il faut premièrement de beaux élèves, et qu'on ne les obtiendra pas sans un taureau de trois ans; qu'ensuite il faut bien nourrir la vache, et ne pas laisser la génisse mourir de faim.

Mais un taureau est une avance dont le produit est éloigné. Il faut faciliter cette avance au pauvre, et c'est dans ce cas que les primes sont nécessaires. On accorderait à celui qui en éleverait un, ou une récompense pécuniaire ou un soulagement sur sa contribution foncière, lequel soulagement cesserait après la seconde année, parce qu'alors le taureau paierait amplement son entretien.

On ne doit pas appliquer la même espèce d'encouragement à la bonne éducation des élèves, parce qu'on ne peut apprécier et surveiller la fidélité du berger à en remplir les conditions. Ici, ce sont les résultats qu'il faut juger, en y appliquant des récompenses qui exciteront l'émulation, attacheront les bergers à leurs troupeaux et leur apprendront que leurs succès font partie de la prospérité publique.

Que dans chaque canton il soit accordé trois prix pour les trois vaches qui auront produit le plus de lait dans le cours de la belle saison. Que ces prix soient adjugés avec appareil, mais qu'ils coûtent peu à l'état. Il ne s'agit pas ici ni de faire des avances ni d'indemniser des avances faites, car les avances sont remboursées avec usure par le bénéfice qu'elles ont produit.

Avant le départ des troupeaux pour les hautes montagnes, c'est à dire du 20 au 30 avril, on convoquerait une assemblée de bergers dans le chef-lieu du canton. Cette assemblée aura lieu en présence de la municipalité, et n'aurait pas d'autres officiers que le maire pour président et le greffier pour secrétaire. Elle nommerait seulement des scrutateurs, et procéderait ensuite à l'élection de neuf commissaires chargés de vérifier le produit des vaches, que leurs propriétaires jugeraient dignes d'être mises au concours. Ces vaches seraient présentées aux commissaires qui ne pourraient jamais agir en moindre nombre que celui de trois. Elles seraient aussitôt marquées d'un fer chaud dont l'empreinte figurerait le bâton des pasteurs surmonté de leur bonnet. Les vaches seraient vérifiées trois fois dans le cours de la saison, savoir une fois au commencement du mois de mars, une fois à la fin de juillet, et la dernière fois à la mi-septembre. On additionnerait les trois produits mesurés à ces diverses époques. Cette méthode est sûre pour constater ce que rend une vache. On l'emploie à cet effet dans le Haut-Valais, où les troupeaux sont menés à la montagne par des bergers communs, et où les fromages étant faits sans distinction de lait, sont partagés entre les propriétaires de vaches, proportionnellement au produit de ces vaches ainsi estimé. Les commissaires feraient leur rapport dans une assemblée convoquée à la fin de septembre, et l'on déclarerait les trois vaches qui auraient rendu le plus de lait. Enfin, vers cette époque, tous les bergers seraient assemblés, les trois vaches amenées, et les prix distribués par un commissaire de l'administration du canton.

En cas d'égalité de produit entre deux vaches, la primauté serait accordée à la beauté et à la force, ce qui serait jugé sur-le-champ à la pluralité des voix. Je l'ai dit : ce n'est point une récompense coûteuse à l'état qui doit fait l'intérêt de la fête. Le pasteur intelligent est payé de ses succès. Il s'agit d'apprendre aux bergers à observer leurs vaches ; d'attirer sur ceux qui les élèvent le mieux les regards de leur canton ; d'exciter le désir de les surpasser, et de rendre les usages pastoraux intéressants à ceux qui les pratiquent sans amour et sans zèle. On choisirait le prix dans les instruments mêmes de l'économie pastorale. Ce serait une belle cloche bien fondue et élégamment ornée de feuillages en relief; ce serait un seau propre à recevoir le lait, fabriqué à la manière du pays, d'un tronc de pin, et décoré selon l'usage, mais avec plus de travail et de goût, de fleurs en étain coulé; ce serait un bâton de pasteur joliment ciselé et le bonnet de la couleur de la laine. Dans le cas où l'on décernerait des prix pour l'éducation des moutons, on donnerait le sac au sel avec sa cinture. Il faut honorer les ustensiles des bergers et leur conserver leur forme tant qu'il n'est pas indispensable de la changer. Dans tel canton de la Suisse, un montagnard dont tout le vêtement ne vaut pas 20 francs, pend au cou de sa belle vache une cloche qui vaut 300 livres. Ce luxe est utile, car il ne subsiste que de l'amour des troupeaux. Si ce berger changeait ce vieil usage et l'objet de sa dépense, si de la cloche de sa vache il se faisait un habit à la manière de la plaine, tout changerait avec ses goûts : la vache pâtirait, le bétail se dégraderait, et ces montagnes si fécondes deviendraient stériles.

J'ai rapporté cette petite solennité à la grande fête départementale des récompenses, parce qu'elle semble y rentrer par son objet comme elle y touche par son époque naturelle. J'ignore si l'ordonnance de cette fête souffrira l'épisode que je propose ; mais qu'on l'y réunisse où qu'on l'en sépare, il importe que le caractère de la fête particulière soit entièrement pastoral. Le but est manqué si elle pouvait s'accommoder à toute autre circonstance. Distinguons soigneusement les fêtes locales des jours de grandes solennités, où l'on distribuait des prix, où le préfet et les principaux agronomes assisteraient comme à la réunion annuelle de Rouville, et où l'on couronnerait le vainqueur : leur but est différent.

L'ordonnance de celles-ci est nécessairement uniforme dans toute l'étendue du royaume, et doit, pour ainsi dire, rendre tout le peuple présent à chaque section du peuple. Les grandes époques de notre délivrance, le triomphe des lois, le succès de nos armes, les vertus publiques, les actes de reconnaissance d'une nation rentrée dans ses droits, envers l'éternel auteur de la liberté et de l'égalité, tels sont les magnifiques sujets de ces fêtes, dont l'uniformité rappelle à chaque Français le lien qui les unit tous. Les fêtes locales ont un autre objet; elles doivent attacher les hommes au sol même qui les nourrit, à la profession qu'ils exercent, aux usages particuliers qui conviennent à leurs travaux; elles doivent leur inspirer la fierté de leur profession : donnons-leur le caractère des lieux et des choses. On ne fait pas un berger des mêmes éléments qu'un laboureur. Le peuple romain sacrifiait en commun aux dieux protecteurs de Rome; mais ensuite le vigneron célébrait ses dionysiaques, et le laboureur ses céréales. Je voudrais que l'on plaçât ici les courses de taureaux. La sainte inquisition les a proscrits en Espagne, et elle a eu raison. De pareils jeux ne conviennent point au despotisme; les hommes libres les revendiquent : qu'on les éloigne des villes où ils ne seraient que le spectacle des oisifs et le métier des saltimbanques ; qu'on les éloigne des champs où il faut honorer le bœuf soumis au joug, et non pas le taureau indompté. Mais qu'on les appelle au sein de ces pâturages, où les troupeaux doivent être fiers et farouches, et où leurs gardiens doivent apprendre à les gouverner. Quelques imprudents se tireront mal du combat. Mais une nation qui veut avoir des hommes, considère-t-elle un maladroit blessé d'un coup de corne, ou une population entière que perfectionne une salutaire gymnastique? Et je demande s'il convient ou non que les bergers n'aient pas peur du taureau?

Je ne sais si je m'abuse, mais il me semble que les moyens que je propose sont propres non seulement à améliorer la condition du berger, mais encore à la lui faire aimer, et cela doit être facile, car de toutes les professions qu'admet l'état social c'est la plus voisine de l'indépendance naturelle. L'agriculteur resserré dans un cercle plus étroit, n'exerce la domination de l'homme que sur des espaces bornés; sa vie a peu de charme et point de variété, ses passions ont rarement un essor légitime; il n'y a point de membre de la société qu'enveloppe à ce point la puissance civile. L'enfant sans cesse sous les yeux de son père est façonné de bonne heure à la dépendance, et ne s'habitue qu'imparfaitement à avoir une volonté personnelle; il n'a pas atteint l'âge viril qu'il a déjà mesuré le sillon sur lequel il se courbera toute sa vie. Autour de lui rien qui ne sente le poids de la nécessité, et le joug qu'il impose au bœuf docile a enseigné au tyran à s'y soumettre lui-même.

Le berger naît libre, à peine il a l'usage de ses membres qu'il devient maître de ses actions. Il échappe à la domination paternelle pour exercer la sienne sur un troupeau de chèvres, et certes ce n'est point un empire paisible. Tantôt il gouverne, tantôt il est gouverné; ici il peut les conduire, là il faut qu'il les suive; partout il doit mesurer ses forces, combiner des mesures, prendre des partis, user d'adresse, de courage, de patience pour maintenir sa prérogative humaine; vingt chèvres capricieuses et mutines sous la garde d'un enfant de huit ans, l'empire d'un homme commis au moindre de ses rejetons, quel spectacle pour le philosophe, quelle école pour des hommes simples! L'enfant grandit, et à chaque époque de sa vie il fait des découvertes qui étendent la sphère de ses idées et exercent son intelligence. Il pénètre dans des vallées nouvelles; il devient chef de troupeaux plus considérables. Envoyé à la montagne avec des vaches, il y trouve un monde que toute sa vie ne suffit pas à lui faire connaître, il construit sa hutte, en choisit le site, en invente l'ordonnance. Il y règne, il dispose du lait, fait son beurre et son fromage, décide de ses migrations, traite avec ses pareils des limites des pâturages dont il jouit par droit de premier occupant. Il a son fusil et poursuit l'yzard à travers les rochers et les précipices, cherche les aventures, essaie des passages inusités, apprend à se conduire dans les dangers qu'il n'avait pas prévus. Son caractère s'affermit, ses passions se règlent en se développant, son esprit acquiert de la vivacité, son ame de la trempe, ses idées de l'étendue. Dans la fleur de l'adolescence il est homme, il le sent, il est capable de tout ce qui peut honorer l'humanité.

Habitants de la plaine! vous avez vu quels auxiliaires vous a fourni la montagne, vous avez vu ces bataillons de jeunes bergers si adroits et si lestes, d'une contenance si modeste et si fière, de figures si élégantes et de mœurs si douces, intrépides dans les dangers, ingénieux dans les positions difficiles, réunissant l'habileté de l'âge mûr à l'impétuosité de la jeunesse. Que vous en semble? y avez-vous reconnu des hommes libres de par la nature? et pensez-vous que vos pauvres frères de la montagne sachent défendre avec vous l'héritage commun? Encouragez, honorez la profession qui vous fournit de pareils compagnons; ils vous apportent le tribut de leurs forces, portez-leur le tribut des vos lumières.

N. B. Ces observations, recueillies en partie dans les premières années de la révolution, ont reçu quelque changement par la suppression des dîmes et l'introduction des pommes de terre, jusque dans les plus hautes vallées. L'aisance, et un commencement d'instruction ont donné plus de propreté. Il reste tout à faire pour l'amélioration des troupeaux; si l'on demande l'origine de ces observations sur l'économie pastorale, je me contenterai de répondre que je me suis emparé du bon, partout où je l'ai trouvé.

FIN DE L'ÉCONOMIE PASTORALE.

TABLE DES MATIÈRES

CONTENUES DANS CE VOLUME.

Avertissement.	j
Voyage aux Pyrénées françaises et espagnoles.	1
Vallée d'Azun.	104
Vallée de l'Extrême de Sales.	122
Température des eaux de Cauterets.	144
Eaux minérales.	158
Départ pour Barèges.	189
Vallée de Barèges.	195
Gavarnie.	209
Pic du Midi.	233
Vallée de Campan.	249
Vallée d'Aure.	261
Vallée Larboust.	269
Vallée de Bagnères de Luchon.	270
Bagnères-Adour, ou de Bigorre.	283
Monuments trouvés à Bagnères après la destruction de la ville par les Goths.	298
Spa.	300
Courte notice sur le Bigorre.	308
Première époque.	323

Deuxième époque. 338
Invasion des barbares. 344
Les Comtes de Bigorre. 350
Les Anglais en possession du Bigorre. 365
La Féodalité. 370
Les guerres de religion apportées en Bigorre. 376
État du Bigorre avant 1789. 378

Notes. — Degré de chaleur des eaux minérales de Bagnères-Adour. 385
Marbres des Hautes Pyrénées. 387
De l'Économie pastorale dans les Hautes Pyrénées, de ses vices et des moyens d'y porter remède. 389

FIN DE LA TABLE DES MATIÈRES.